한국 현대시의 형상성과 풍경의 깊이

한국 현대시의 형상성과 풍경의 깊이

임 환 모 저

전남대학교출판부

PROLOGUE

책머리에

이 책은 한국 현대시를 어떻게 읽을 것인가를 고민하고 어떤 시가 좋은 시인가를 가늠하기 위해서 씌어진 것이다. 시인의 체험이 어떤 풍경의 깊이를 만들어내는가를 살핌으로써 그 시적 형상성과 아름다움을 밝히고자 하였다. 독자들이 난해하다고 하는 현대시를 어떻게 향유할 것인가에 초점을 맞추어 시를 독해하고 해석하는 방법적 원리를 체득하도록 책을 구성했다. 이왕이면 예향인 남도, 그중에서도 광주·전남의 시인들의 시적 체험을 주된 연구 대상으로 삼았다.

본래의 저술 목적은 일반 독자들이 시를 읽고 해석하는 방법뿐만 아니라 그것을 향유하는 방법적 원리를 밝혀 제시하려는데 있었다. 대학에서 문학을 가르치면서 느끼는 점이지만 문학을 전공하는 학생들도 심각할 만큼 현대시를 읽어낼 만한 능력을 가지고 있지 않다. 이런 현상은 단순히 체험의 부족에 기인하는 것만은 아니다. 대부분의 학생들이 시를 향유적 기능이 주도적인 예술의 한 영역이라기보다는 단지 국어 능력을 판단하기 위한 읽기자료 정도로 인식하는 경향이 강하기 때문이었다. 설령 시를 언어의 예술로 인식하고 있을지라도 시 텍스트를 읽어내는 방법적 원리를 터득하지 못했기 때문에 시를 즐기고 향유하지 못하는 것이다. 그래서 이 책은 무엇보다 먼저 시 텍스트를 해석하고 의미부여하는 방법을 보여주어 시를 일상생활에서 즐길 수 있도록 하였다.

여기에서 조금 욕심을 내어 필자는 시인의 체험이 어떤 풍경의 깊이를 만들고, 이것이 어떻게 시적 형상성을 확보하는가를 밝히고자 하였다. 남도의 순수 서정의 세계를 구축한 촉기의 시인 김영랑, 공존에의 의지와 생명에 대한 사랑을 노래한 여전사 고정희, 피로 씌어진 언어의 화살로 대동세상을 꿈꾼 김남주, 온몸으로 사랑을 노래한 김준태, 경험의 질서와 원시적 생명력을 예찬한 범대순, 아름다운 영혼과 절제의 미학을 보여준 정재완, 그밖에 이향아, 오탁번, 김명인, 유자효, 최하림, 오규원, 이형기, 이진명, 이지엽 등의 시를 해석하여 시의 내적 형식과 아름다움을 탐색하고, 이것을 바탕으로 시인론을 쓰고자 한 것이다. 그래서 굳이 책의 제목을 '한국 현대시의 형상성과 풍경의 깊이'라고 붙이게 되었다. 또 주로 호남, 특히 광주·전남의 시인들의 시를 연구대상으로 다룸으로써 이 지역문화 연구에 일조하고자 하였다. 지역의 특성화는 곧 국가 경쟁력을 높이는 일이기 때문이다.

필자의 이러한 의도가 어느 정도 실현되었으면 좋으련만, 책으로 묶으려고 하니 많은 부분 의욕만 앞서고 주관의 객관화에

미흡한 점이 눈에 띈다. 부족한 감수성을 무딘 이성의 힘으로 대체하려는 무모함도 엿보이지만 그래도 시를 두고 함께 공론의 장에서 연찬의 기회를 갖는 것도 나쁘지 않다는 믿음에서 출간하게 되었다. 독자제현의 엄정한 질정을 바란다. 끝으로 이 책의 출판에 심혈을 기울여 주신 전남대학교출판부 관계자에게 고마움을 전한다.

2007년 7월 31일
용봉서재에서
임환모 삼가쓰다

CONTENTS

목 차

Chapter 1

시 텍스트 읽기전략

— 이상화의 「나의 寢室로」를 중심으로 —

1. 머리말

오늘날 문학 비평은 부분적이고, 가정적이며, 임시적인 성격을 띠고 있다. 이러한 파행성은 아마도 우리의 문학과 사회의 분열된 상태를 반영한 것일지도 모른다. 개별 비평가는 작가들처럼 고립된 영역에서 자신만의 독특한 방법론을 개발하고, 이 방법론적 시각을 적용하여 작품을 분석하는 고독한 작업을 계속하고 있다. 덩달아서 문학비평 교육도 비평의 개념과 원리는 도외시한 채 비평의 방법론만이 비평의 전부인 양 가르치고 있는 실정이다. 올바른 비평교육이 되려면, 모든 방법론들이 근간으로 삼고 있는 비평의 개념과 원리가 먼저 규명되어 교육되어야 할 것이다. 그런 다음에 방법론에 대한 이해와 비평가의 생활양식에 입각한 실존적 결단으로서의 방법론 선택이 이루어져야 할 것이다. 비평가의 삶의 양식과 지적 노력의 결과물인 비평문이 별개의 것일 수 없기 때문이다.

문학 비평이란 문학 현상에 대한 담론이다. 여기에서 문학 현상은 ① 빠롤(parole)에 해당하는 구체적이고 개별적인 문학 텍스트들과 ② 그 개별 텍스트들을 가능케 하는 제도화된 추상적 체계로서의 문학의 원리(문학의 랑그langue 체계)를 가리킨다. 그러므로 비평의 대상에 따라서 비평의 유형을 분류하면 ①을 대상으로 할 때는 실천비평(practical criticism), ②를 대상으로 할 때는 원론비평(theoretical criticism), 실천비평과 원론비평 그 자체를 대상으로 할 때는 비평에 대한 비평(criticism for criticism)이라고 한다.

실천비평은 담론에 대한 담론, 즉 사물과 현상으로서의 '세계'에 대한 1차 언어[대상 언어(object language)]에 작용하는 2차 언어[메타-언어(meta-language)]이다. 다시 말하면 원론비평을 통해 확립된 문학에 대한 가설 체계, 즉 제도화된 추상적 체계로서의 문학의 원리에 입각해서 구체적인 언어 구조물(text)을 해석하고 평가하는 작업이 실천비평인 것이다. 그러므로 일정한 가설에 따라 개별 텍스트가 비평되고, 그 텍스트의 해석과 작품(work)의 평가에 따라서 가설을 정교화해 가는 과정이 문학 연구의 몫인 것이다.

이 실천비평이 이루어지기 위해서는 비평의 대상으로서의 원본을 확정하는 것이 필요하다. 신뢰할 만한 실천비평의 결과를 얻기 위해서는 진본으로서의 원전을 확인하고, 신뢰할 만한 판본이 존재하지 않을 경우 비판본을 작성하고, 신뢰할 수 있는 판본이 여러 개인 경우에는 결정본을 확정하는 작업이 선행되어야 한다.

오늘날 문학 연구와 문학 비평이 어느 정도의 수준에 이르러 있음은 분명하나, 아직도 대부분의 비평가들의 개별 작품에 대한 해석과 평가는 최근의 서구적 방법론들을 적용해 보는 시론적인 것이거나, 아니면 선험적 판단에 따라서 해석의 과정이 자의적으로 이루어지는 경우가 허다하다. 그렇다 보니 작품의 예술성과 문학사적 가치 등을 도외시한 채 서구적 방법론에 잘 부합하다고 생각되는 작품(text)들만 선별하여 비평하고, 나아가서 한 작품에 대해 '자의적인' 다양한 해석과 평가가 가능하다는 결론에까지 이르게 된다. 물론 '다양한' 해석과 평가는 가능하다. 그러나 거기에는 일정한 전제 조건이 따른다. 텍스트 내에는 해석소들이 존재하고, 이것들이 일정한 방향의 해석이 가능하도록 해석의 범주와 경계를 설정하고 있다는 가설이 그것이다. 그 범주와 경계 내에서의 다양성이 인정된다는 말이다. 따라서 정반대의 해석까지 다양성이라는 이름으로 허용하려는 비평 태도는 무책임한 일이다. 이것은 텍스트를 정확히 읽어낼 수 없는 비평적 능력의 결핍에서 야기되는 자기 합리화일 뿐이다.

따라서 이 글은 텍스트를 올바르게 읽고 이를 해석하며 평가하는 구체적인 방법과 실제, 다시 말하면 실천비평의 원리를 밝히고, 그 원리에 따라 이상화의 「나의 寢室로」를 비평하는 방법의 실제를 보여주고자 하는 데 목적이 있다.

2. 실천비평의 원리

1) 미시적 담론으로서의 해석

실천비평은 문학 텍스트에 대한 해석을 거쳐, 그것을 전체 문학 전통과의 관계 속에서 자리매김하고, 궁극적으로 문학 작품의 가치를 평가하는 문예학의 한 영역이다. 텍스트의 해석을 기반으로 해서 작품의 가치를 평가하고, 최종적으로 문학의 방향성을 설정하기 때문에 해석적 비평단계는 모든 비평 방법의 근간을 이룬다고 할 수 있다.

문학작품의 비평적 이해는 ① 작가는 전달하고, ② 텍스트는 감추고, ③ 독서는 밝혀낸다는 해석의 세 가지 원칙에 의존한다. 이를 위해서는 해석학적 노력이 필요한데, 이 원칙에 따라 「해설」과 「설명」과 「탐사」라는 텍스트 해석의 세 국면이 형성된다.[1)]

① 재구성적 해설(explication)

먼저 비평가는 '무엇이 어떻게 말해졌는가.'(작가의 신호)를 설명하려고 애써야 하는데, 이때 텍스트는 의사소통의 신호(communicative signal)가 된다. 이 신호는 텍스트의 언어 구조를 통해서만 밝혀질 수 있다. 야콥슨이 말한 언어의 지시적 기능[2)]을 중

1) Paul Hernadi, Introduction : "Criticism as Representation, Evaluation and Communication", 폴 헤르나디 편(최상규 역), 『비평이란 무엇인가』(정음사, 1984), 11~20쪽 참조.

2) 야콥슨은 사회적 언술 체계로서의 바흐친의 의사소통 모형을 변형시켜 언어

점적으로 밝히는 작업이다. 이 단계는 텍스트에 실현된 작가의 의도, 즉 텍스트의 의미(meaning)를 밝히는 작업으로, '다시 보여주기(review)'인 평론이 여기에 해당한다. 이 단계만을 실천비평의 논리로 삼았을 때 자칫 '비평의 레뷰化'[3]에 빠지기 쉽다.

② 해제적 설명(explanation)

다음으로 비평가는 '무엇이 왜 감추어져 있는가'(텍스트의 징

학적 의사소통의 모형을 다음과 같이 제시하고 있다.

•「바흐친의 의사소통 모형」

대상
발화자 - 언술 - 청취자
상호텍스트
랑그

•「야콥슨의 의사소통 모형」

맥락
발신자 - 전언 - 수신자
접촉
약호

야콥슨은 '맥락'을 중심으로 한 정보 전달의 인지적 기능을 언어의 ①지시적 기능, '발신자'를 중심으로 한 감정 표현의 기능을 ②표현적 기능, '수신자'를 중심으로 한 것으로 다른 사람으로 하여금 행동하도록 하는 기능을 ③선동적 기능, '전언message' 자체를 중심으로 하는 기능, 즉 기표signifiant가 기의 signifie보다 중요하게 될 경우, 말하는 방식이 제재나 내용보다 우세하게 될 때 나타나는 기능을 ④시적 기능, '접촉'을 중심으로 의사소통을 물리적 심리적으로 유지시켜 주는 기능을 ⑤친교적 기능, '약호'를 중심으로 의사소통 행위를 가능하게 해주면서 새로운 언어의 규칙 체계를 만들어 가는 기능을 ⑥메타 언어적 기능이라고 명명하고 있다. 이 여섯 가지 언어 기능 중에서 지시적 기능을 중점적으로 밝히려는 것이 재구성적 해설의 단계이다. Roman Jacobson, "Linguistik und Poetik", Poetik (a.M. 1979), p. 83. ; 츠베탕 토도로프(최현무 역),『바흐찐 : 문학사회학과 대화이론』(까치, 1987), 85쪽. ; 올리비에 르블(홍재성/권오룡 역),『언어와 이데올로기』(역사비평사, 1994), 53~58쪽 참조.

3) 자기는 직접 작품을 읽지 않으면서 문학에 접하기 위해서는 문학 비평을 필요로 하는 독자층이 있으며, 또 매스컴 지배하의 현대 생활에서 예술과 대중 사이의 보급 문제가 발생할 때, 이러한 독자층의 요구에 응하는 것이 이른바 '비평의 레뷰화'이다. 김윤식,『한국문학의 논리』(일지사, 1974), 77쪽.

후)를 밝혀야 하는데, 이때 텍스트는 정보적 징후(informative symptoms)가 된다. 문학 텍스트는 의미가 직접 제시되어 있지 않고 '낯설게 하기(defamiliarization)'나 '내세우기(foregrounding)', 또는 '의미론적 우회' 등의 문학적 장치(기법)들에 의하여 간접화 · 형상화되어 있다. 따라서 모든 것이 다 말해지지 않고 감추어짐으로서 얻어지는 문학적 효과 구조를 밝혀내는 일은 그 작품의 예술성(문학성)을 밝히는 작업이 된다. 이 단계에서는 주로 야콥슨이 말한 언어의 시적 기능을 해명하려는 것으로 기의(signifié)보다는 기표(signifiant)의 아름다움을 밝히려고 하기 때문에 텍스트의 구조와 의미 전달의 방법, 그리고 문학적 장치 등에 의하여 형성된, 그 작품만이 가지고 있는 문학성의 본질을 해체적으로 설명할 수 있다. 러시아 형식주의, 신비평, 구조주의, 기호학 등은 이 단계가 주도적으로 선택된 비평의 방법이다. 이 단계만을 비평의 논리로 삼았을 때는 인간의 삶을 떠난 '진공 속의 해석'이 되고 만다.

③ 참여적 탐사(exploration)

또 비평가는 '무엇이 누구를 통해서 밝혀지는가'(작품의 지평과 독자의 기대지평을 융합시키는 경험된 발현)를 해명해야 한다. 문학 텍스트의 층에는 말해지지 않고 감추어진 '불확정적인 부분(Unbestimtheitsstelle)'이 있다. 독자는 독서과정에서 이 미결정적인 부분을 자신의 기대지평으로 채워 넣음으로써 문학 텍스트를 구체화시킨다. 작가에 의해 창조되어 모든 독자에게 객관적으로 주어지는 텍스트 구조와 독자의 반응 구조가 일치할 때 문학 텍스트의 구체화가 이루어지는데, 완전한 일치가 불가능하므로 잠정적이고 미결정적인 성격을 띠고 있다. 이 잠정적이고 미결정적인 성격이 W.이저가 말한 작품의 허상성(Virtualität)이다.[4] 이 허상성 때문에 문학작품의 역동성이 생기고, 문학은 역동적 구조로 되어 있다고 말할 수 있다. 객관적으로 존재하는 텍스트의 지평(텍스트의 언어 구조와 효과구조)과 주관적인 독자의 기대지평(독자의 반응구조)이 상호작용하여 얻어진 심미적 구체화의 산물을 문학 작품(work, Werk)이라고 한다. 따라서 문학 작품(work)은 문학 내적, 또는 문학 외적인 모든 것과의 소통을 야기시킨 복합적인 구조물이다. 다시 말하면 수용과 해석이라는 문학적 소통과정을 통하여 텍스트가 구체화된 복합적인 구조물이 문학 작품인 것이다. 수용미학, 현상학, 해석학 등은 이 단계가 주도적으로 선택된 비평의 방법이다. 그러나 텍스트의 언어 구조가 무시된 텍스트의 구체화는 자의적 해석의 오류를 범하게 된다.

작가의 신호, 텍스트의 징후, 경험된 발현의 해설과 설명과 탐사가 순환 반복되는 발전 과정(해석학적 나선 hermeneutics spiral) 속에서 좀더 올바른 해석이 가능할 것이다. 그리고 이 세 과정은 순차적으로 이루어지는 것이 아니라 상호보완적 관계 속에서 동시적으로 이루어진다.

---

4) 차봉희, 「작가 작품보다 독자 중심으로」, 『문학사상』163.(1986.5) ; 『수용미학』(문학과지성사, 1985) ; 『현대사조 12장』(문학사상사, 1981) 참조.

해석적 비평의 단계는 결국 텍스트 자체의 의미를 정확히 파악하려는 작업과정이다. 그러나 텍스트의 의미 규정은 텍스트관에 따라 다를 수 있다. 오늘날 비평계에는 텍스트의 의미를 재구성적 해설에서처럼 텍스트의 분절적인 언어의 차원에서 밝히려는 입장과 참여적 탐사의 입장에서처럼 텍스트의 언어 체계가 환기하는 상상적 세계의 차원에서 밝히려는 입장이 서로 대립하고 있다. 전자는 텍스트를 작가가 독자에게 건네는 메시지 차원에서 이해하기 때문에 기표와 기의의 관계인 언어적 수준에 작품의 어떤 확정적 의미가 있다고 본다. 이때 텍스트의 의미는 작가에 의해 언표된 그 무엇이 된다. 반면에 후자의 입장에서는 텍스트의 의미가 수동적으로 그냥 주어지는 것이 아니라 텍스트의 언어 체계를 매개로 하여 작가와 독자의 대화 속에서 창조적으로 완성된다고 본다. 이때 텍스트의 의미는 언표된 언어 체계에서 솟아나는 형상들이 이루는 정서적·미적·상징적 세계가 지니는 의미가 된다. E.D. 허쉬는 전자의 의미를 안정의 원칙으로서의 의미(meaning), 후자의 의미를 변화의 원칙으로서의 의의(signification)라고 구별하고 있다.[5)]

그러나 이 두 입장은 텍스트의 징후에 의한 텍스트의 효과 구조를 매개로 상호 보완적 기능을 한다. 언어적 차원의 텍스트의 의미는 텍스트의 자의적 해석을 막아주고, 동시에 형상적 차원의 텍스트의 의미는 텍스트의 개념적·기계적 해석을 막아준다.

---

5) E. D. 허쉬(김용권 역), 「해석의 세 차원」, 『현대문학비평론』(한신문화사, 1994), 332쪽.

2) 거시적 담론으로서의 평가

문학 텍스트의 해석은 해석자 자신의 개인적인 삶으로 확대되어 궁극적으로 해석자의 역사성과 결부된 현존재의 가치 실현이다. 이러한 가치는 선택하고 식별하고 판단하는 비평의 본질적 행위가 작용해야만 실현된다. 그러므로 이 가치는 텍스트의 내재적 속성이 아니라 텍스트로부터 생산해 내야 할 그 무엇이라고 할 수 있다.[6] 작품의 지평과 독자의 기대지평이 융합된 경험된 발현으로서의 작품(work)은 비평가의 사회적 존재로서의 삶과 이네올로기, 그 작품에 대한 사회·역사적 맥락과 시대 상황 및 전체 문학 전통과의 관계 등 거시적 담론 상황 속에서만 그 가치가 평가될 수 있다. 텍스트의 분석은 기술되지만, 작품(work)의 분석은 논증되고 평가된다.

① 해석의 결과: 개별 텍스트와 전체 문학 전통과의 관계 규정

개별 텍스트의 미적 가치와 문학사적 가치는 한 공동체 전체의 문학 전통 속에서 평가되고 자리매김 된다. 이 과정에서 텍스트 상호성(intertextuality)[7]이 문제가 된다. 이때 텍스트 상호성

6) 전정구/김영민, 『문학이론연구』(새문사, 1989), 14~15쪽 참조.

7) 텍스트 상호성은 프랑스 구조주의 비평가인 크리스테바(Julia Kristeva)가 러시아 비평가인 바흐친(Mikhail Bakhtin)의 미학이론의 중심 개념인 대화주의 또는 대화이론을 소개하면서 명명한 용어이다. 바흐친에 따르면, 대화적 현상은 인간 삶을 구성하는 기본 요소이다. 이 대화에는 서로 다른 두 사람 사이에서 일어나는 외적 대화와 동일한 사람 안에서 시간적 추이에 따라 일어나는 내적 대화가 있다. 이런 대화적 현상은 문학이론과 이데올로기 이론에 그대로 적용될 수 있다. 이러한 시각은 모든 것이 오직 전체의 일부로서만 의미를 지니고 또한 이해되는 인식론적 유형이다. 상대주의와 다원주의에 의해 특징 지

은 두 범주에서 일어난다. 먼저 대상 텍스트가 그 작가의 다른 텍스트들과 관련된 의미망 속에서 해석되어야 한다. 어떤 한 작가의 특정한 텍스트에는 그 이전에 창작했던 텍스트들이 일정하게 그림자를 드리우고 있고, 그 이후의 텍스트들에는 대상 텍스트의 흔적이 남아 있기 때문이다. 따라서 분석하고자 하는 대상 텍스트는 한 작가의 전체적인 언술체계 속에서 해석되고 평가되어야 할 것이다. 다음으로 대상 텍스트는 그 텍스트가 씌어진 시대의 문학적 전통과 약호(code)들을 포함하는 당시의 문학적 랑그 체계 속에서 해석되고 평가되어 그 텍스트가 갖는 미적, 문학사적 가치가 자리매김 되어야 할 것이다.

그러나 이 과정의 가치 평가는 해석에 기초를 두고 있는 능력 판단의 근거가 달라짐으로써 언제나 달라질 수 있다. 작품에서 발휘하는 작가적 능력에 대한 판단은 사회적 제도와 규범이나 비평가의 이데올로기에 따라 달라질 수 있기 때문에 작품의 미적 가치는 비평가와 시대에 따라 다를 수 있고, 이에 따라 문학사는 언제나 달리 씌어질 수 있는 가능성을 안고 있다.

워지는 이 현상의 경우 모든 의미 사이에는 끊임없는 상호작용이 일어나며, 어느 한 의미는 다른 의미를 결정하고 조건 짓는 잠재력을 지니고 있다. [김욱동 편, 『바흐친과 대화주의』(나남, 1990) 여기저기 참조.]

따라서 텍스트 상호성은 공개적인 또는 은밀한 인용과 인유에 의해서든, 이전의 텍스트가 지닌 특성을 이후의 텍스트가 흡수하든, 또는 공통의 문학적 규약들과 관례들에 단순히 참여함으로써, 어떤 하나의 문학 텍스트가 다른 텍스트들의 메아리가 되거나 다른 텍스트들에 그림자를 드리우게 되고, 그 텍스트들과 불가피하게 연결되는 여러 가지 방법들을 가리키는 데 쓰이고 있다. [이명섭 편, 『세계문학비평용어사전』(을유문화사, 1985), 470쪽.]

② 작품에 대한 가치 평가

문학 작품의 가치는 사회 공동체의 일원으로서의 독자(비평가)와 텍스트 사이의 간단없는 상호작용의 결과 점점 드러나는 현상이다. 그 가치 기준은 한 문화 전통, 나아가서는 인류의 보편성에 참여하는 모든 문화적 양상들, 즉 정치·경제·교육·종교 등등과 긴밀하게 상호작용하는 과정 속에서 늘 새롭게 만들어지는 것이기 때문에 그것은 고착화되어 있는 것이 아니라 언제나 활동성을 띠면서 열려 있는 것이다. 문학 텍스트는 독서과정에서 심미적 소통의 기본 기능[8], 즉 인지적 기능과 도덕적 기능과 향유적 기능을 만족시켜주었을 때 가치 있는 것이라고 할 수 있다. 왜냐하면 문학은 어디까지나 철학이나 역사와 같은 논리적 사유의 체계가 아니라 예술성을 갖는 심미적, 상상적 사유의 체계이기 때문이다. 그러나 문학비평은 문학이 생산 - 전달 - 수용 - 가공되는 문학 현상을 학문적으로 체계화하는 학문의 영역이기 때문에 이러한 가치를 평가할 때에는 이에 대한 이론적

---

8) 문학을 포함한 모든 예술은 심미적 소통의 3가지 기본 기능을 가지고 있다. ① 인지적 기능 : 참여자들은 자신의 사실 모델을 심미적 커뮤니카트(Kommunikate, work)와 비교해 볼 수 있으며, 또한 커뮤니카트의 구조를 인식할 수 있다. ② 도덕적 기능 : 참여자들은 가치체계와 규범체계들을, 자신들의 사회의 구속력 있는 가치와 규범체계에 얽매이지 않는 채 실현할 수 있다. ③ 향유적 기능 : 참여자들은 '예술'의 소위 '아름다운 형태들'에서 즐거움을 맛보는 향유력을 발전시켜나갈 수 있으며, 스스로 심취할 수 있으며, 긴장을 풀고 즐길 수 있고, 또한 그것들의 독특한 구조화의 성과에 대한 기쁨을 맛볼 수 있는 기능, 다시 말하면 여행이나 놀이(遊戲)처럼 그 자체의 목적을 갖는 기능이다. [S. J. 슈미트/H. 하우프트마이어(차봉희 역), 『구성주의문예학』(민음사, 1995), 151쪽.]

근거를 분명히 밝히는 것이 무엇보다 중요하다.

텍스트의 해석과 가치 평가는 해석학적 나선처럼 상호 보완적이면서 언제나 순환 반복되어야 한다. 해석의 결과는 평가의 근거가 되고 또 평가에 따라 해석이 달라지는, 해석과 평가의 순환 반복은 실천비평의 근간인 것이다.

3. 실천비평의 실제

1) 「나의 寢室로」의 텍스트 원본 확정

「나의 寢室로」는 이상화(1901～1943)가 23세 때 일본 동경의 아테네 프랑스에서 불어를 수학하면서 『白潮』 제3호(1923. 9)에 발표한 시이다. 이 시는 백기만이 편한 『상화와 고월』(대구 : 청구출판사, 1951) 이후 여러 시집에 수록되어 있는데, 대부분 현대역되거나 띄어쓰기가 원시와는 달리 자의적으로 되어 있는 경우가 허다하다. 그래서 이 시 해석을 위한 원본을 확정하는 것이 필요하다. 이상화의 시적 의도를 가장 잘 반영하고 있는 『白潮』 제3호에 발표될 당시의 시를 원본으로 하여서 대구 지방의 방언을 살리면서 현대의 표기법으로 바꾸어 원본을 확정하는 것이 바람직 할 것으로 믿는다. 이렇게 해서 확정된 원본 텍스트는 다음과 같다.

나의 寢室로

—「가장아름답고 오—랜것은 오즉꿈속에만잇서라」—「내말」

『마돈나』지금은밤도, 모든목거지에, 다니노라 疲困하야돌아가려는도다,
아, 너도, 먼동이트기전으로, 水蜜桃의네가슴에, 이슬이맺도록달려오느라.

『마돈나』오렴으나, 네집에서눈으로遺傳하던眞珠는, 다두고몸만오느라,
빨리가자, 우리는밝음이오면, 어댄지도모르게숨는두별이어라.

『마돈나』구석지고도어둔마음의기리에서, 나는두려워떨며기다리노라,
아, 어느듯첫닭이울고—뭇개가짓도다, 나의아씨여, 너도듯느냐.

『마돈나』지난밤이새도록, 내손수닥가둔寢室로가자, 寢室로—
낡은달은빠지려는데, 내귀가듯는발자욱—오, 너의것이냐?

『마돈나』짧은심지를더우잡고, 눈물도업시하소연하는내맘의燭불을봐라,
羊털가튼바람결에도窒息이되어, 얄프른연긔로꺼지려는도다.

『마돈나』오느라가자, 압산그름애가, 독갑이처럼, 발도업시이곳갓가이오도다,
아, 행여나, 누가볼는지—가슴이뛰누나, 나의아씨여, 너를부른다.

『마돈나』날이새련다, 빨리오렴으나, 寺院의쇠북이, 우리를비웃기전에
네손이내목을안아라, 우리도이밤과가티, 오랜나라로가고말자.

『마돈나』뉘우침과두려움의외나무다리건너잇는내寢室열이도업느니!
아, 바람이불도다, 그와가티가볍게오렴으나, 나의아씨여, 네가오느냐?

『마돈나』가엽서라, 나는미치고말앗는가, 업는소리를내귀가들음은—,
내몸에피란피—가슴의샘이, 말라버린듯, 마음과목이타려는도다.

『마돈나』언젠들안갈수잇스랴, 갈테면, 우리가가자, 끄을려가지말고—
너는내말을밋는「마리아」—내寢室이復活의洞窟임을네야알련만…….

『마돈나』밤이주는꿈, 우리가얽는꿈, 사람이안고궁그는목숨의꿈이다르지
안흐니,
아, 어린애가슴처럼歲月모르는나의寢室로가자, 아름답고오랜거긔로.

『마돈나』별들의웃음도흐려지려하고, 어둔밤물결도자자지려는도다,
아, 안개가살아지기전으로, 네가와야지, 나의아씨여, 너를부른다.

—『緋音가온대서』—

2) 「나의 寢室로」의 해석과 평가

시 텍스트의 해석 단계에서 우리는 대상 텍스트의 구조(텍스트의 언어 구조와 효과 구조)를 인지하고, 그 텍스트 속에 내재되어 있는 해석소에 따라 독자의 반응과 수용이 이루어진다. 그러나 대상 텍스트의 구조는 그 시적 형상이 유사성의 원리를 통하여 실현되고 있는가, 아니면 상반성의 원리를 통하여 실현되고 있는가를 밝히는 작업이 매우 중요하다. 이것은 실천 비평이 시의 랑그 체계라고 할 수 있는 시의 구성 원리에 입각해야 한다는 것을 의미한다. 시의 문법을 무시한 비평은 어떤 경우라도 그 정합성을 보증받기가 어렵기 때문이다.

이 시는 유사성의 원리에 입각한 시인가 아니면 상반성의 원리에 입각한 시인가에 따라 해석이 달라진다. 유사성의 원리에 입각한 시라고 본다면 표면 구조에 드러난 불륜의 사랑과 도착적인 섹스로의 도피를 노래한 것으로 해석될 것이다. 그러나 상반성의 원리에 입각한 시로 볼 경우 표면 구조에 드러난 그러한 사랑의 도착적 상황에 의탁하여 또 다른 무엇(민족의 부활에 대한 열망이나 진실의 실현 등)을 노래 한 것으로 해석될 것이다.9) 어떤 해석이 타당한가는 먼저 시적 화자(persona)인 '나'와 '『마돈나』'의 처지와 관계를 밝히는 데서부터 단서를 찾아야 할 것이다.

시편 속에서 '나'는 자기의 침실("뉘우침과두려움의외나무다리건너잇는")을 정성껏 마련해 두고("지난밤이새도록, 내손수닥가둔"), 12번씩이나 애타게 '마돈나'를 부르며 날이 새기 전에 그 침실에서 '마돈나'와 만나기를 간절히 바라는 존재이다. 그리고 그는 그녀가 오는 것을 누가 볼까 두려움에 떨며 기다리는, 그래서 날이 새기 전에 오기를 바라는, 마지막 연에서는 날이 새고 나서 새벽 "안개가살아지기전"에라도 오기를 바라는 사람이다. 그의 심적 상태는 '마돈나'를 기다리는 마음에 미칠 듯하여 그녀의 '발자욱' 소리를 환청으로 들을 만큼 "몸에피란피 — 가슴의샘이, 말라버린듯, 마음과목이타"고, "양털가튼바람결에도窒息이되어, 얄푸른

9) 조창환, 마광수, 김재홍, 김학동 등은 이 시를 사랑의 시로 해석하고, 정현기, 오세영, 조동일 등은 사랑의 시 이상의 어떤 것으로 해석한다. 이기철과 송명희는 전자와 후자를 연결시켜려는 노력을 보여주고 있다.

연긔로꺼지려" 한다. 또 '마돈나'는 '水蜜桃'의 가슴을 가지고 있고, "네집에서눈으로遺傳하던眞珠"를 가지고 있으며, "내말을밋는마리아"로서 "내寢室이復活의洞窟임을" 알고 있는 '나의 아씨'이다. '너'와 '나'의 관계는 '우리'라고 하는 공동 운명을 타고 났으며, "우리는밝음이오면, 어댄지도모르게숨는두별"로서 밤의 어둠 속에서만 자유로울 수 있는 존재들이다.

표면 구조에 드러난 '나'와 '너'의 관계에 대한 진술은 철저하게 애욕에서 오는 관능적 이미지로 충만되어 있다. "水蜜桃의네가슴에, 이슬이맷도록달려오느라"(1연), "행여나, 누가볼는지—가슴이뛰누나"(6연), "네손이내목을안아라, 우리도이밤과가티, 오랜나라로가고말자"(7연), "사람이안고궁그는목숨의꿈"(11연) 등에서 이런 관능적 이미지는 더욱 배가 된다. 10연을 제외한 모든 연이 비정상적인 애욕을 표현하기 위하여 유사성의 이미지로 연결되어 있다.

그러나 이 시에 '내세워져' 있는(foregrownding) 10연에서는 이러한 페르소나의 간절한 어조가 애욕의 차원에만 머물지 않음을 보여준다. 남의 눈을 피해서 하는 불륜의 사랑이나 비밀스런 사랑을 나누기 위해 '나'가 '너'와 함께 "지난밤이 새도록, 내손수닥가둔침실로가자"고 하소연한다면, "『마돈나』언젠들안갈수잇스랴, 갈테면, 우리가가자, 끄을려가지말고"라는 표현은 어법과 상황에 맞지 않는다. 시적 화자의 진술에 따르면, '너'와 '나'는 제3의 힘에 의하여 끌려서라도 가야 할 곳이 침실이다. 침실이 '너'와 '나'가 불륜의 사랑을 나누는 공간이라면 두 사람이 그곳에 끌려갈 필요는 없는 것이고, 더더욱 끌려서 갈 곳이 아니라 두 사람이 함께 가지 못하도록 사회적 관습적으로 금지된 곳이다. 여기에서 침실은 사랑을 나누는 공간이 아니라 또 다른 의미의 공간으로 전이가 이루어지면서 이 시의 심층적인 의미를 형성하기에 이른다.

이 '침실'은 "지난밤이새도록, 내손수닥가둔" 것으로 시적 화자인 페르소나가 정성을 다하여 마련한 곳이고, 그곳은 "이밤과가티, 오랜나라"이면서 "어린애가슴처럼歲月 모르는" 곳이며, 우리가 주체적으로 가야 할 곳("갈테면, 우리가가자")으로서의 '復活의洞窟'이다. 특히 "내침실이復活의洞窟임"이라는 메타포를 이 시의 전체 문맥에서 해석하는 일이 중요하다. 그 유추 관계를 파악하기 위해서는 "너는내말을밋는「마리아」"라는 은유적 표현에 유의해야 한다. '마돈나' = '너'는 예수가 최후의 날 빌라도에게 죽음을 당하여 바위 속에 판 요셉의 새 무덤(동굴) 속에 놓여 있었으나 사흘 후 부활하리라는 예언을 믿고 그 동굴에 찾아와 드디어 부활하게 된 예수를 처음으로 만난 막달라 마리아처럼 "내말을밋"고 있다. 이처럼 은유적 유추를 통해 성서에 나타난 예수의 부활을 패러디시켜 그 '침실'이 '復活의洞窟', 즉 침묵이 강요되고 억압된 상태, 죽음의 상태이면서 동시에 그 죽음에서 새로 태어나는 부활의 공간으로의 의미를 지니게 된다.[10)]

---

10) 이상화가 예수의 생애에 대한 지식이 없이는 예수의 부활에 대한 패러디가 불가능했을 것이다. 그가 예수에 대해 잘 알고 있었을 것이라는 것은 이어령의 조사에 의하여 뒷받침될 수 있다. 이어령에 따르면, 이상화의 부인 徐順愛는 카톨릭에 귀의하여 영세명이 '베로니카'였고, 1919년 3월 6일에 李萬集 목

따라서 '침실'은 죽음으로서 새로 태어나는 공간이라는 역설적 아이러니가 성립한다. 이것은 우리가 여기(침실)에서 죽지 않고는 새로 태어날 수 없다는 모순된 진술이다. 또한 "이밤과가티, 오랜나라"인 그 '침실'은 '밤'이라는 시간적 배경 속에서만 죽음으로서 부활할 수 있는 공간이기 때문에, '밤'의 파괴적이고 악마적인 상상력을 작동시키고, '어린애가슴'이라는 성서의 원형적 이미지와 결합하여 어린애와 같은 순수한 마음으로 "내침실이復活의洞窟임"을 믿어야만 새로운 세계로의 진입이 가능함을 환기시키고 있다. 이 같이 환기되는 상상적 세계 속에서는 "밤이주는꿈", 즉 밤의 악마적 이미지가 환기하는 파괴와 저항은 "우리가얽는꿈", 즉 억압된 상태에서 그 대상이 무엇이든 우리가 그 부정적인 현실과 싸우다 죽음으로서 다시 살아날 수 있다는 것과 다르지 않고, 이것은 또한 "사람이안고궁그는꿈", 즉 죽음으로서 살아날 수 있다는 믿음 속에서 일상적인 삶을 실천하는 것과 다르지 않게 된다. 그렇기 때문에 '너'와 '나'는 현실의 억압 구조에 의하여 어쩔 수 없이 죽음에 이르러서는 아니되고 우리 스스로가 영생을 얻기 위하여 주체적으로 죽음의 공간으로 가야 하는 것이다.

그러나 페르소나는 '마돈나'가 "내침실이復活의洞窟임을네야알련만", "별들의웃음도흐려지려하고, 어둔밤물결도자자지려"고

사가 鄭元祚를 상화에게 보내어 8일 장날을 기해 오후 1시 정각에 독립 선언을 하고 시위 행렬을 하게 하였다고 한다. 이 목사와의 사귐 속에서도 자연스럽게 예수의 생애에 대해서 알게 되었을 것이다. 신동욱 외, 『이상화의 서정시와 그 아름다움』 (새문사, 1981), 84-88쪽 참조.

하기 때문에, 즉 파괴와 저항이 잦아지려 하는 현실 상황 속에서 '너'가 부정적인 현실과 싸워 죽음으로서 다시 부활할 수 있다는 것을 알고는 있으면서도 현실적인 어려움 때문에 투쟁의 장으로 오지 않음으로 말미암아 그 동참이 실현되지 못함을 피가 타는 마음으로 안타까워하는 것이다. 페르소나는 '復活'할 수 있는 시간이 극히 얼마 남지 않았음에 대한 위기의식을 느끼고 있는 것이다. 그렇다면 페르소나인 '나'는 예수처럼 진실에서 행동하는 지식인이고, '마돈나'는 '나'의 진실을 믿는 동지가 된다. 그 부정적인 현실이 식민지하의 가혹한 민족의 현실이건 진실이 왜곡된 사회적 현실이건 아니면 믿음을 상실한 타락한 종교의 세계이건 그것은 독자의 몫이고, 그런 부정적인 현실과 맞서 싸워 죽음으로서 훼손되지 않은 정체성(identity)을 회복하려는 동지를 페르소나는 위기의식 속에서 간절히 기다리고 있는 것이다. 죽음으로서 현실을 초극하려는 시적 자아의 태도는 부정적 현실을 극복하려는 실천적 노력이라기보다는 그 현실 자체를 자학적 공격성으로 부정하여 일상의 사회적 삶을 건강하게 되돌리려는 지사적 몸짓이라고 할 수 있다.

이러한 심층적인 의미는 표면 구조에서 유사성의 이미지로 보이는 관능적인 표현이 그 농도를 더해 갈수록 신비한 힘을 발휘하게 된다. 표면의 의미 구조와 심층의 의미 구조가 상반된 어그러짐을 크게 보여주기 때문에 시적 긴장도 더 크게 느끼는 것이다. 여성을 은밀하게 침실로 부르는 사람이라는 도식 속에 이와 같은 이중적 의미를 담아낼 수 있다는 것은 정말 탁월한 상상력의 소산이 아닐 수 없다. 표면 구조에서는 육욕적인 사랑에의 갈구를 노래한 것처럼 보이지만 심층 구조에서는 진실한 정체성의 회복에 대한 갈구를 노래하고 있다. 이러한 이중적 의미의 탁월한 효과는 시의 표면에서 보이는 유사성의 원리에 입각한 관능적 이미지의 연결을 성서의 예수의 부활에 대한 이야기의 패러디, 즉 페르소나인 '나'를 '예수'에, '마돈나'를 '막달라 마리아'에 대치시킴으로써 '말해진 것'과 '의미되어진 것' 사이의 상반성으로 이끌어 갔기 때문이다. 따라서 이 시는 유사성의 원리에 입각한 시라기보다는 상반성의 원리가 주축을 이루면서 표면 구조의 유사성의 원리가 상반성의 원리를 보완해 주는 역할을 담당하고 있다고 보아야 할 것이다.

이 시에서 '寢室'은 실재적, 물질적 공간이 아니다. 모두(冒頭)에 있는 경구(epigram) — "「가장아름답고 오— 랜것은 오즉꿈속에만잇서라」(「내말」)" — 가 이를 반증한다. 결국 침실은 동굴이다. 그것은 실제의 동굴이 아니라 관념 속에 존재하는 '復活의洞窟'이다. 이것은 시인의 관념을 드러내기 위한 객관적 상관물로서, 죽음과 재생이라는 제의적 성격을 갖는 것이 분명하다. 그래서 '마돈나'가 오기를 기다리는 페르소나 '나'는 구체적인 실재의 거리가 아니라, "구석지고도어둔마음의거리에서" "두려워떨며기다리"는 것이고, '내맘의燭불'은 "羊털가튼바람결에도窒息이되어, 얄프른연긔로꺼지려" 한다. 그리고 페르소나는 "뉘우침과두려움의외나무다리건너잇는내寢室열이도업"다는 것을 잘 알고 있다. '내寢室'의 의미를 알고 있고, 또 그곳을 열거나 열 수 있는 사람은 '마돈나' 뿐임을 보여주고 있다. 텍스트에는 '寢室'과 마찬가지로 '마돈나'나 '밤' 역시 매우 추상적이고 관념적으로만 제시되어 있다.

반면에 '마돈나'를 기다리는 페르소나의 심리 상태는 시간의 흐름에 따라 매우 구체적으로 제시되고 있다. 1연에서 '나'는 밤이 깊었음을 인식하고 '먼동'이 트기 전에 "水蜜桃의네가슴에, 이슬이맺도록달려오"라고 요구한다. 2연에서는 '너'와 관련된 모든 것을 떨쳐버리고 "몸만오"라고 요구하면서, '너'와 '나'의 관계를 "우리는밝음이오면, 어댄지도모르게숨는두별"이라고 규정한다. 3연에서는 '마음의 거리'에서 "두려워떨며기다리"면서 날이 밝아 옴("어느듯첫닭이울고—뭇개가짓도다")을 안타까워 하고 있다.

4연에서는 '나'가 정성스럽게 마련해둔 침실("지난밤이새도록, 내손수닥가둔寢室" : 여기에서 페르소나는 밤에만 실천이 가능한 인물임을 알 수 있다)로 함께 갈 것을 권고하면서 날이 점점 밝아오는 안타까운 현실("낡은달은 빠지려는데")에서 '마돈나'의 발자국 소리를 환청으로 듣는다. 5연은 '마돈나'가 오지 않음으로써 빚어지는 '나'의 마음 상태를 보여주면서 그녀에게 질식되고 꺼지려는 "내마음의燭불을봐라"고 하소연한다. 6연은 날이 밝아옴을 의미론적 우회의 방법으로 보여주면서 페르소나의 조급성을 극명하게 보여준다. 이 조급성 때문에 이 연의 호흡은 매우 가쁘다. "압산그름애가, 독갑이처럼, 발도업시이곳갓가이오도다"라는 표현은 날이 밝았다는 우회적인 표현이지만 더 나아가서 이 밝음의 세계는 페르소나에게 '독갑이처럼' 무서움의 세계이기도 함을 감각적으로 보여준다. 또한 페르소나는 '마돈나'가 완전하게 날이 세기 전에 올 것이라는 확신을 갖고 있고, 만약 온다면 지금이 그 순간이기 때문에 "아, 행여나, 누가볼는지— 가슴이" 뛸 수밖에 없는 것이다.

7연은 시간의 흐름이라는 자연의 섭리("寺院의쇠북")가 '우리'를 비웃기 전에 만나야 하고, 만나서 함께 실천이 가능한 '오랜나라'로 가버리자는 결단을 촉구하고 있다. 여기에서 "오랜나라로가고말자"라는 어조에 주목할 필요가 있다. 여기에는 '그곳'으로 가는 것이 달가운 일은 아닐지라도 피치 못할 상황 때문에 차라리 그곳으로 가버리는 것이 올바른 선택일 수 있다는 페르소나의 의지가 숨어 있다. 8연은 '寢室'의 위치를 규정하고, 이 침실에 이르는 길은 '뉘우침과두려움'을 수반하며, 그곳에 올 수 있는 사람은 '마돈나' '너'뿐임으로 그녀에게 바람처럼 가볍게 오라고 요구한다. 9연은 '마돈나'를 가다리는 간절함이 극에 달하여 그녀가 오는 소리를 환청으로 듣기 때문에 페르소나는 혹시 자신이 미치지나 않았는지 자기반성을 수행한다. 따라서 페르소나는 "마음과목이타려는" 기다림에 대한 극한적(광기에 이를 정도의) 심리 상태를 보여준다.

10연에 이르면 '마돈나'와 '나'의 관계가 막달라 마리아와 예수의 관계로 전이되면서 역설적 아이러니를 형성한다. '우리'가 가야 할 '寢室'은 끌려서라도 갈 수밖에 없는 공간이다. 그렇다면 '우리'가 주체적으로 가는 것이 바람직하다는 것, 그러나 '마돈나'가 "내말을밋는「마리아」"로서 "내寢室이復活의洞窟임"을 알고는 있으면서도 현실적인 어려움 때문에 오지 못함을, 그래서 함께 '그곳'에 갈 수 없음을 아쉬워하고 있다. 이 연부터 격앙된 감정은 차분하게 가라앉으면서 '우리'가 '그곳'(침실)에 가야 할 필연적 이유를 담담하게 진술하고 있다. 11연은 모두의 에피그램처럼 생물학적 꿈이든지 현실의 사회적 꿈이든지 아니면 종교적 이상으로서의 꿈이든지 결국은 하나라는 전제 아래 그 꿈들을 실현하기 위해 '그곳'으로 가자고 다시 한번 촉구한다. 여기에서 페르소나는 '그곳'(침실)이 "어린애가슴처럼歲月모르는" 곳이고, 또 "아름답고 오랜거긔"라고 규정한다. 12연에 오면 거의 날이 새 버렸고, "어둔밤물결노사사지려" 한다. '밤눌결', 즉 밤에만 가능한 실천의 논리가 잦아지려 하는 현실의 순간(새벽의 안개가 사라지기 전)일지라도 '마돈나'가 와주기를 바라는 가느다란 희망을 페르소나는 절규하고 있는 것이다.

결국 이 시는 이상이 실현 가능한 밤과 억압적 현실의 낮이 대립하는 갈등 구조로 되어 있다. 밝음의 현실이 주는 심리적 억압과 밤의 이상이 주는 희망 사이에 시적 화자는 갈등하고 있는 것이다. 따라서 이 시에 이상 세계를 표상하는 '밤', '寢室', '마돈나' 등이 매우 추상적이고 관념적으로 표현된 데 비하여, 밝음의 현실이 주는 심리적 억압을 시각과 청각 이미지를 통하여 매우 구체적으로 표현하고 있다는 점에서 이 시는 겉으로는 이상 세계로의 도피적 자세를 취하고 있지만, 도피 그 자체에 중심을 두고 있는 것이 아니라 그러한 도피를 유발하는 강압적인 현실을 드러내기 위한 의도가 더욱 분명하게 드러나고, 나아가서 이러한 현실을 초극하기 위해 실현이 불가능하게 보일지라도 실존적 결단으로서의 죽음의 선택을 요구하고, 더불어 실천적 의지의 중요성을 역설한 것이라고 할 수 있다.

이러한 해석은 이상화 시의 전체 문맥에서 살펴보면 더욱 그 타당성을 입증 받을 수 있다. 먼저 「나의 寢室로」의 끝에는 "緋音가온대서"라는 꼬리표가 붙어 있다. 곧 이 시는 여러 편의 「緋音」 연작시 가운데 한 편이라는 말이다. 발표 순서대로 보면 『白潮』 창간호(1922.1)의 「末世의 欷嘆」, 「나의 寢室로」가 발표된 『白潮』 3호의 「二重의 死亡 - 가서못오는朴泰元의애틋한靈魂에게바침 -」과 「마음의 꽃 - 靑春에傷惱되신동모를위하여 -」, 『開闢』 54호(1924.12)의 「虛無敎徒의 讚頌歌」, 『開闢』 55호(1925.1)의 「緋音 - 『緋音』의 序詞 -」 등에는 모두 「緋音」 가운데 한 편의 시라는 꼬리표를 달고 있다. '緋音'은 시인이 만든 조어로 그 뜻을 구체적으로 밝히기는 어렵지만 축어적으로 보면 '붉은 비단의 노래' 혹은 '붉은 소리' 정도의 뜻이다. 「緋音」 연작시들의 의미를 통해서 보면 '緋音'은 아마도 '붉음'이 상징하는 '피눈물의 소리', 곧 '처절한 절규'를 뜻하는 것으로 보인다.

「緋音」 연작시들은 모두 부정적인 현실 상황 속에서 죽어가는 인간 존재의 모습을 보여주고 있다. 여기에서 페르소나인 '나'를 에두르고 있는 현실 상황은 죽음을 강요하는 억압의 세계이다.

죽음일다!
부들업게뛰노든, 나의 가슴이,
줄인牝狼의미친발톱에, 찌저지고,
아우성치는 거친어금니에, 깨물려죽음일다!

(「二重의 死亡 – 가서못오는朴泰元의애틋한靈魂에게바츰 –」 마지막 연)

이世紀를물고너흐는, 어둔밤에서
다시어둠을꿈꾸노라조우는조선의밤—
忘却뭉텅이가튼, 이밤속으론
해쌀이비초여오지도못하고
한우님의말슴이, 배부른군소리로들리노라

나제도밤—밤에도밤—
그밤의어둠에서씀여난, 뒤직이가튼신령은,
光明의목거지란일흠도모르고
술취한장님이머—ㄴ길을가듯
비틀거리는자욱엔, 피물이흐른다!

(「緋音 –『緋音』의 序詞 –」 전문)

부드럽게 뛰놀던 페르소나의 가슴이 주린 빈랑(牝狼)의 미친 발톱에 찢어지고 거친 어금니에 깨물려 죽게 된 현실, 이런 죽음과 같은 현실은 곧 '조선의 밤'일 수밖에 없다. 망각의 뭉텅이 같은 조선의 밤 속으로는 햇살이 비춰 오지도 못하고, 페르소나에게는 "한우님의말슴이, 배부른군소리로들리"게 된다. '조선'의 현실은 낮에도 밤이고 밤에도 밤일 수밖에 없다. 이 어둠 속에서만 활동할 수 있는 페르소나의 '두더지 같은 신령'은 방향을 잘 알지도 모르면서 '피물'을 흘리면서 비틀거리며 가고 있는 것이다. 이 페르소나의 표면적 삶은 부정적인 현실 속에서 '방황'하는 모습으로 보이지만, 실제적으로 그는 "萬象을가리운假粧넘어"에 있는 '이세상의 秘符를'("그는이땅을만들고, 人生을처음으로만든未知의妖精이, 저의게叛逆할까하는어리석은뜻으로 / 『모든것이헛것이다』적어둔 그 秘符를") '혼자보앗'던 존재로서 선민의식과 엘리트의식이 강한 지사적 인물이다. 그래서 그는 "나는한우님과運命에게사로잡힌세상을떠난 / 네들이보지못할머―ㄴ길가는나그네"라고 언표하게 된 것이다.(「虛無敎徒의 讚頌歌」) 그러므로 "人生의쓴饗宴에, 불림바든나는, 젊은幻夢의속에서"(「二重의 死亡」) "다시어둠을꿈꾸"면서 부정칭의 청자에게 다음과 같이 설교(?)하고 있는 것이다.

사람아! 목숨과幸福이 모르는세[새]나라에만잇도다,
세상은罪惡을늬우치는마당이니
게서어든모―든것은목숨과함께 던저바리라,
그때야, 우리를기다리든 우리목숨이 참으로오리라.

(「虛無敎徒의 讚頌歌」 마지막 연)

이 부분은 결정적으로 "내寢室이復活의洞窟"이라는 은유를 극명하게 해석할 수 있는 열쇠를 제공한다. "네집에서눈으로遺傳하든眞珠"와 같이 이 세상에서 얻은 모든 것을 목숨과 함께 던져버릴 때 우리가 그렇게 학수고대하던 우리의 목숨이 참으로 올 것이라는 믿음에 대한 언표이다. 이것은 우리의 전통 논리인 '必生卽死 必死卽生'의 다른 표현일 뿐 아니라 우리 민족의 속성이라고 할 수 있는 자학적 공격성을 형상화한 것으로 보인다. 그러므로 「末世의 欷嘆」에서 "저녁의 피무든 洞窟속으로" "끗도모르고" "걱구러지"고 "파뭇치"려고 하는 것도 이런 자학적 공격성을 보인 것으로 보아야 할 것이다.

이런 자학적 공격성은 당시의 데카당스적 성향에서도 그대로 드러난다. 3·1운동 직후의 병적, 퇴폐적 경향의 시들은 일정하게 현실에 대한 심정적 저항의 형태를 띠고 있었다. 외부의 부정적인 힘이 너무 강대함으로 말미암아, 저항의 방향이 외적이라기보다는 시인의 내부를 향하고 있어, 자학적인 성향을 강하게 띨 수밖에 없었다. 아직 시인에게는 그 부정적인 힘에 대한 대응 전략이나 자체의 역량을 확보하지 못한 상태였기 때문이다.

19세기 말 서구의 데카당스 예술도 역시 동궤의 선상에서 이해가 된다. 루카치의 지적에서처럼, 자연주의의 연장선에 있는 모더니즘(데카당스를 포함하는)은 '병적인 것의 강박관념'을 시적 장식으로 가지고 있고, 이것은 또한 '자본주의에 대한 도덕적 항의'가 되었던 것이다.[11] 서구의 데카당스는 자본주의의 부르주아 사회에 대한 일종의 예술적 저항이었다고 할 수 있다. 이러한 서구의 예술적 저항과 조선의 식민지적 절망이 합해져서 어떤 미적인 것이 형성되었는데, 이것이 『백조』파의 시 예술이다. 『백조』의 중심인물들인 회월 박영희, 팔봉 김기진, 이상화 등이

---

11) 김윤식, 『한국근대문학약식논고』(아세아문화사, 1990), 60쪽. 참조.

『백조』가 붕괴되고 나서 집단적인 저항의 형태를 띤 계급문학으로 나아갔던 것이 이를 반증한다. 이는 데카당스의 문학과 프로문학이 저항의 동질성을 확보하고 있다는 것을 보여준다. 전자가 자학적 공격성을 수반한 심정적 저항이라고 한다면, 후자는 집단적 연대를 전제로 한 적극적 저항이었다. 여기에서 김윤식이 세웠던 가설, 즉 "백조파의 데카당스가 일종의 예술적 저항이며, 따라서 가장 데카당스한 깊이에까지 도달한 시인일수록 가장 깊은 계급, 혹은 저항 이데올로기에로 이행할 수 있다"[12]는 점은 그 타당성을 확보하고 있다고 할 수 있다.

또 이상화의 장르 선택도 초기 시를 해석하는 데 단서를 제공한다. 이상화는 이데올로기 선택의 강도에 따라 초기의 데카당스한 시 장르(「나의 寢室로」)에서 「빼앗긴들에도 봄은오는가」(1926) 등의 저항시로 나아갈 수 있었고, 더욱더 계급 이데올로기에 집착했을 때는 평론과 소설 장르 선택으로 나아갔던 것이다. 따라서 초기시를 단순한 연예시나 병적인 몽환의 시로 해석하는 것은 텍스트 상호성을 고려하지 않았기 때문에 자칫 독단에 빠졌다는 비판을 면하기 어려울 것이다.

4. 결론 – 비평적 시각의 상대성

이상에서 우리는 텍스트의 해석과 평가의 역동적 순환 과정

12) 김윤식, 위의 책, 61쪽.

을 통한 실천비평의 원리와 실제를 살펴보았다. 구체적인 개별 작품을 실제로 비평할 때에는 어떤 방법론이 선택·적용되기 전에 먼저 실천비평의 원리가 충분히 숙지되어야 할 것이다. 또한 방법론이란 비평가들이 사회·문학·학문에 대한 그들 자신의 입장을 근거로 하여 그들이 안고 있는 문제들을 해결하기 위한 전략이라고 한다면, 방법론은 연장 보관용 상자에 담겨 있는, 그래서 쓸 곳에 따라 언제나 교체될 수 있는 그런 도구가 아니라 비평가의 사회적 삶의 전략으로써 선택되어야 할 것이다.[13]

그러나 한 비평가의 실존적 결단으로서의 선택이 모두 사람들에게 정당성을 보장받는 것은 아니다. 개별적인 실천비평들은 실천비평의 원리 중에서 어느 특정 단계를 강조하여 선택하기 때문에 비평 기준이 달라지고, 그 결과로 말미암아 가치 평가는 다양한 모습으로 내려지게 되는 것이다. 따라서 어느 한 가지 시각의 비평만이 참이라고 주장하는 것은 시대착오적이라고 하지 않을 수 없다. 그렇다고 하더라도 전체를 고려하지 못한 해석과 평가는 본질에서 멀어진 자의적인 비평이 되기 쉽다. 어떤 해석과 평가가 비평 논리를 가지고 있다고 하더라도 그것이 전체의 구조와 체계 속에서 텍스트의 상호성을 통하여 밝혀지지 않으면 그 정당성은 반감되기 때문이다.

앞의 논의를 요약하면, 문학의 실천비평이란 텍스트의 해석과 작품(work)의 가치 평가이다. 비평가는 재구성적 해설과 해체적

---

13) S. J. 슈미트/H. 하우프트마이어(차봉희 역), 앞의 책, 15쪽.

설명, 참여적 탐사를 역동적으로 순환 반복함으로써 텍스트의 언어 구조와 효과 구조, 그리고 독자의 반응 구조를 밝혀야 한다. 실천비평은 이 과정이 무엇보다 중요하다. 대상을 정확히 파악하지 못한 상태의 어떤 논의도 그 정당성을 보장받기가 어렵기 때문이다. 이런 텍스트의 해석을 통해 실현된 작품(work)은 비평가의 삶과 이데올로기, 그 작품에 대한 사회 · 역사적 맥락과 시대 상황 및 전체 문학 전통과의 관계 등 거시적 담론 상황 속에서 그것들의 텍스트 상호성을 밝힘으로써 그 가치를 평가할 수 있게 된다. 이 해석과 평가는 반복 순환되면서 서로간에 영향을 미친다. 이러한 반복과 순환의 성실성은 실천비평의 엄밀성을 보증해주는 핵심 요소이다.

이런 실천비평의 원리를 이상화의 「나의 寢室로」에 적용시켜 보았다. 텍스트 상호성을 통하여 밝힌 바에 따르면, 이 시는 '좌절의 시'이거나 '도피적인 시', 또는 '불륜의 연예시', '성행위의 가상적 체험의 시'가 아니라 데카당스한 자학적 공격성을, 감각적 性의 세계와 종교적 聖의 세계를 상호 교체 · 융합시켜, 유미적인 아름다움으로 그려낸 시이다. 이 시에서 보인 생의 초월에는 공동체적 삶으로서의 일상적 사회적 삶을 건강하게 되돌리려는 지사적 태도가 반영되어 있다고 보아야 할 것이다. 이런 해석의 텍스트 외적 근거로는 첫째, 이 시가 「緋音」의 연작시 가운데 한 편이라는 것, 둘째, 「빼앗긴들에도 봄은오는가」와의 연계성과 그 이후 이상화의 장르 선택의 문제, 셋째, 당시의 문학적 현상 등을 살펴보았다.

그러나 앞에서 예로 든 실천비평의 실제는 텍스트의 해석에 치중되어 있는 감이 없지 않다. 지면 관계상 작품의 평가에 해당하는 부분이 소홀하게 다루어질 수밖에 없었다. 이 글이 실천비평의 원리와 실제를 보여주는 데 그 목적을 두었기 때문에 어쩔 수 없는 일이었다. 「나의 寢室로」에 대한 본격적인 연구, 즉 이 글에서는 부분적으로밖에 다루지 못한 텍스트의 구조와 서술 미학, 미적 특성과 예술성 등등을 밝히고 나서, 이 작품의 가치를 전체 속에서 평가하는 일은 원고를 달리해야만 가능할 것이다.

Chapter 2

남도 순수 서정의 세계 - 김영랑론

1. 머리말

김영랑과 그의 시에 대한 연구는 1950년대 이후 오늘날까지 줄기차게 이어지고 있다. 그의 시가 이처럼 재생산되고, 다시 읽히는 까닭은 무엇인가? 영랑의 시가 단단한 구조를 갖추었을 뿐만 아니라 언어 미학이 실현되어 있기 때문이라는 진술은 이 질문에 대한 답으로는 적절치 못하다. 시의 의미와 그 생명력은 시 텍스트의 자족적 구조 속에서 자동적으로 만들어지는 것이 아니라 시인과 독자가 서로 대화적 관계를 맺으면서 협업하는 가운데 점진적으로 이루어지기 때문이다.

그러나 우리는 실제 시인 김윤식과 대화적 관계를 맺는 것이 아니라 그의 시 속에 실현되어 있는 시인의 제 2의 자아인 '내포된 작가(implied author)'로서의 어떤 허구적 인물과 대화적 관계를 맺는 것이다. 이 내포 작가는 실제 시인에 의해 창조된 허구적 존재임에도 시 텍스트의 모든 구성원리와 의미 형성을 가능케 하는, 숨겨져 있는 시 텍스트의 힘이다. 시 텍스트 내에서 화자의 서술 전략을 조종하고 내포 독자와의 대화적 관계를 형성하여 시를 언제나 새롭게 다시 읽히게 하는 힘을 가진 존재를 내포 작가라고 한다면, 내포 작가로서의 영랑을 밝히는 작업은 그의 시의 원리와 시세계를 밝히는 작업이기도 할 것이다. 따라서 이 글은 그의 시를 통해서 재구되는 영랑의 작가론이다.

영랑이 『詩文學』과 『文學』 지에 시를 발표했던 1930년대 당시에는 같은 시문학 동인이었던 용아나 지용의 관심과 평가 외에는 별로 문단의 관심을 끌지 못했다. 영랑의 시에 대하여 처음 공식으로 언급했던 용아가 "永郎의 四行曲은 天下一品"[1]이라 하기도 하고, 영랑은 유미주의자이고 순수한 감각을 추구하는 서정시인이며, 그의 시는 "抒情主義의 한 極致"[2]라고 고평했던 점, 그리고 지용이 영랑시를 "제1장부터 그것이 백조의 노래"이고 "복합성을 통과하여 나온 精金美玉의 순수"라고 극찬하면서 그를 남도의 순수 서정시인으로 규정했던 점[3] 등은 오늘날까지도 영랑시에 대한 긍정적인 평가를 가능하게 하는 근간이 되고 있다.

그러나 이와는 반대로, 당시 그의 시에 대한 부정적인 견해도 표명되었는데, 이원조[4]가 영랑시를 "쎈치멘탈한 얇은 소녀 취

1) 朴龍喆, 「辛未詩壇의 回顧와 批評」, 『中央日報』, 1931. 12. 7.
2) 朴龍喆, 「文壇一年의 成果」, 『朝光』 14호(1936. 12).
3) 정지용, 「시와 감상 - 영랑과 그의 시 - 」, 『女性』 3권8-9호(1938. 8-9.).
4) 이원조, 「永郎詩評」, 『조선일보』, 1936. 5. 14.

미"라고 경멸하면서 그의 시는 평가할 가치조차 없다는 투로 비판했던 것이 그것이다. 이러한 평가 태도는 뒷날 그의 시에 대한 부정적인 평가의 디딤돌이 되었다.

영랑의 시에 대한 긍정인 평가는 그의 시에서 보이는 시의 형식적 제 특질, 즉 시어의 조탁, 한국적 운율과 전통성에 바탕한 시의 음악성, 남도적 정서에 의한 서정성 등과 결부되어 있고, 부정적인 평가는 그의 시가 보여주는 내용적 특질, 즉 역사와 사회로부터의 일탈된 폐쇄성과 패배주의 또는 도피주의적 성향 등과 결부되어 있다.

영랑의 시가 처음으로 시사적 측면에서 검토되고 그것에 의미를 부여하기 시작한 것은 1949년 9월 영랑의 제 2시집인『永郎詩選』을 편집한 미당 서정주에 의해서였다. 서정주는 감성의 체험을 서정시로 쓰는 정지용과 김영랑을 대비하면서, 정서의 지속을 그의 시간 위에 유지하려 애써 온 영랑의 정서가 감각적인 순간 향수(享受)를 공간적으로 점철하는 데 주력해 온 지용의 감각보다 우위임을 설명하고 있다.[5] 또 그는 고를 달리 하여, 영랑을 '燭氣의 詩人'이라 칭하고 이 '燭氣'[6]가 영랑시의 특징임을 지적하였다. 여기에서도 미당은 영랑을 시대적 중압의 역경에서도 민족정신의 청순한 샘을 고갈시키지 않는 "稀世의 詩의 壯士"이며, "해방전 시단의 모든 시언어 시험자들 중의 제

5) 서정주, 「영랑의 서정성」, 『文藝』 2권3호(1950. 3)

6) 서정주, 「영랑의 일」, 『현대문학』 제96호(1962. 12). 그에 따르면 '燭氣'란 슬픔을 노래하면서도 그 슬픔을 딱 한 데 떨어뜨리지 않는, 싱그러운 음식의 기름지고 생생한 기운을 말한다.

1인자"라고 예찬하였다. 이러한 서정주의 '영랑 세우기'는 자신의 시를 소월시와 연결시키기 위한 노력의 일환으로 보인다. 다시 말하면, 미당 자신의 시를 소월의 시와 연결시켜 한국 시문학의 전통성을 확보하기 위해서는 중간에 매개항으로서 영랑이 필요했던 것이다.

서정주에 의해서 다시 읽혀지고 부각된 영랑의 시는 그 후 많은 연구자들의 주목을 받게 되었고, 지금까지 100여 편이 넘는 연구 논저들이 씌어졌다.[7] 그들의 연구는 대부분 영랑시의 언어 미학적 아름다움과 음악성 등에 관련된 형식적 측면에서 이루어지고 있다. 더러 삶의 현실과 시의 내용 측면에 이르면 부정적인 평가로 이어지는 경우도 있다. 내용과 형식은 직물처럼 짜여져 있기 때문에 구별될 수 없음에도 굳이 나누어 보는 어리석음 때문이다. 오히려 그의 시는 "내용과 형식의 행복한 일치"[8]를 보여준다. 누구에 의해서 우리 문학사의 표면에 떠올랐든 영랑의 시는 1950년대 이후 시문학사 복원 작업의 일환으로 윤색되어 다시 읽혀지는 것이 아니라, 소월에서 미당으로 이어지는 한국 근대시의 허리를 잇는 교량일 뿐만 아니라 예술시의 한 모범을 보여주었다는 점에서 다시 읽히는 것이다.

이 글은 영랑의 시를 대상으로 그 속에 실현되어 있는 형상화된 영랑[9]의 모습을 가늠해보고자 한다. 내포 작가로서의 영랑

---

7) 정숙희, 「영랑 문학 연구사 비판」, 『국어국문학』 95호(1986. 5) 부록 "연대별 영랑 문학 연구 목록" 참고.

8) 김재홍, 『한국현대시인연구』(일지사, 1986), 140쪽.

9) 여기에서의 영랑은 실제적 인물로서의 김윤식에 의해 그의 시 속에 창조된

의 실체를 밝히는 것은 시 텍스트의 힘의 원천, 즉 시의 구성 원리와 서술 전략을 통한 문학적 형상과 경험의 세계를 밝히는 일이 될 것이다.

2. 상실과 어둠의 시학

① 밤ㅅ사람 그립고야
말업시 거러가는 밤ㅅ사람 그립고야
보름넘은 달그리매 마음아이 서어로아
오랜밤을 나도혼자 밤ㅅ사람 그립고야

② 뷘 포케트에 손찌르고 폴·베를레-느 찾는날
왼몸은 흐렁흐렁 눈물도 찟금 나누나
오! 비가 이리 쭐쭐쭐 나리는 날은
서른소리 한千마대 썻스면 시퍼라

③ 저녁때 저녁때 외로운 마음
붓잡지 못하야 거러다님을
누구라 부러주신 바람이기로
눈물을 눈물을 빼아서가오

위 작품들은「四行小曲」중의 한 편들이다. 이 시들은 영랑의 초기시(1930-1935)의 특징을 극명하게 보여주고 있는데, 여기에 나타난 기본 정서는 상실과 헤어져 있음에 있다. 서정적 자아는

작가상이다. 이 논문에서는 앞으로 그의 시 속에 창조되어 있는 이런 허구적 존재를 지칭하여 '내포된 시인' 또는 '영랑'이라는 어휘를 사용하고자 한다.

비극적 현실의 갈등을 상실과 부재, 슬픔, 어둠, 방황 등으로 구체화시키고 있다. 이들 사행시에는 뚜렷한 의미 내용 없이 음성 구조에 의해 영랑의 정서가 상징적 암시로 제시되어 있다. 이런 현상은 실제 시인 김윤식이 구체적인 경험 내용을 직접 진술하기보다는 단편적이고 순간적인 인상이 던져주는 미묘한 음향에 귀를 기울인 시인이었기 때문에 시상이 비교적 짧은 기승전결의 형식 속에 완결된 사행시를 즐겨 썼다는 점[10]과 연결되어 있다. 이것은 영랑의 수동적 삶의 태도와 여성편향적 성격에서 말미암은 것이라 할 수 있다. 그래서 서술어미가 '고립고야', '시퍼라', '빼아서가오' 등과 같이 여성운으로 실현된다.

시 ①에서 '말업시 거러가는 밤ㅅ사람'은 이승이 아닌 저승의 임이고, 이것은 화자의 대리자아일 수 있지만 어린 시절 상처했던 시인의 실제적인 임일 수도 있다.[11] 이 임은 "그색시 서럽다 그얼골 그동자가 / 가을하날가에 도는 바람슷긴 구름조각 / 핼슥하고 서느라워 어대로 떠갓스랴 / 그색시 서럽다 옛날의 옛날의"(「四行小曲」 25.)에서의 '색시'와 동격으로 보인다. ②에서는 영랑의 개인적 슬픔이 비 오는 날의 이미지와 결부되어 "서른소리 한千마대 썻스면 시퍼라"로 진술된다. 영랑의 우수와 슬픔은 그 개인적 사정과 시대적 불운을 결합한 것이며, 이것은

10) 신경림/정희성, 『한국 현대시의 이해』(진문출판사, 1981), 123쪽.

11) 김윤식은 1916년 15세 때에 한 살 위인 金銀河씨와 결혼하고, 2년 후인 1918년 4월 부인을 여읨. 영랑의 초기시에 보이는 임은 먼저 죽은 부인에 대한 그리움일 것으로 추정되나 시 속에 실현된 내포된 시인은 실제와 일정한 거리를 유지하려고 함.

베를렌느의 개입으로 이국적 정조를 띤다. ③에서도 시대의 공허함과 그 슬픔이 '저녁 때'를 통해서 제시되고, 서정적 자아가 안주하지 못하고 방황하는 모습을 보여준다. 그러나 이 시대의 공허함과 화자의 방황은 실제적인 것과 작품에 수용되어 나타난 것 사이에 거리가 있으며, 그 절실함이 희석되어 있어서 불합리에 대한 대립의 긴장미가 없다.12) 어찌됐든 페르소나의 외로움은 어떤 것의 상실이나 부재에서 연유한 것이고, 그 상실이나 부재의 주체는 불투명하지만 그 주체가 페르소나의 눈물을 빼앗아 가는 이중성을 함께 가지고 있다. 다시 말하면 부재하는 그 무엇은 페르소나의 슬픔의 원천이면서 동시에 위로와 견딤의 버팀목이기도 한 것이다.

이와 같은 슬픔과 상실, 방황, 어둠의 정조 등은 견딤, 체념, 지조로 요약할 수 있는 태도 속에 현실에 대한 부정적 인식을 간접화하고 있다.13) 다시 말하면 임의 상실이나 부재를 모티프로 하여 비관적이고 부정적인 현실 인식을 드러내 보여준 것이다. 이처럼 불투명한 어둠의 이미지는 다음의 시에서 더욱 심화된다.

① 내마음의 어된듯 현편에 끗업는
　　강물이 흐르네
　도처오르는 아츰날빗이 빤질한
　　은결을 도도네

---

12) 신동욱, 『우리 시의 역사적 연구』(새문사, 1981), 89쪽.

13) 신동욱, 위의 책, 90쪽 참조.

가슴엔듯 눈엔듯 또 피ㅅ줄엔듯
마음이 도론도론 숨어잇는곳
내마음의 어딘듯 한편에 끗업는
　강물이 흐르네

－「동백닙에 빗나는 마음」 전문

② 얼결에 여흰봄 흐르는 마음
헛되히 차즈랴 허덕이는날
뻘우에 철석 개ㅅ물이 노이듯
얼컥니-는 훗근한 내음

아! 훗근한 내음 내키다마는
서어한 가슴에 그늘이 도나니
수심뜨고 애끈하고 고요하기
山허리에 슬니는 저녁 보랏빛

－「가늘한 내음」 3·4연

③ 눈물에 실려가면 山길로 七十里
도라보니 찬바람 무덤에 몰리네
서울이 千里로다 멀기도 하련만
눈물에 실려가면 한걸음 한걸음

뱃장우에 부은발 쉬일가보다
달빗으로 눈물을 말릴가보다
고요한 바다우로 노래가 떠간다
서름도 붓그려워 노래가 노래가

－「눈물에 실려가면」 전문

시 ①의 주된 내용은 시인 자신의 내면세계에 대한 감각적 인상이고, 이 인상의 구체적인 의미는 시의 표면에 나타나 있지 않다. 마음이 강물로 비유됨으로써 감각적 구상성을 획득하게 되고, 그 강물은 '가슴엔듯' '눈엔듯' '피ㅅ줄엔듯' '어딘듯' 그 소재를 알 수는 없지만 그것이 현재시제의 서술어미 '흐르네', '도도네', '흐르네'로 반복되면서 지속적인 의미를 형성한다. 이로 말미암아 이 시를 읽는 독자는 '흐름의 시학' 또는 '낙하의 상상력'[14]이라고 할 수 있는 정감을 느끼게 된다. 이러한 시작법은 의미 내용을 정의하거나 보여주는 대신 정조를 환기하여 인상을 전달함으로써 시의 본질을 이루는 내적 테마를 끊임없이 반복, 강조하여 외적 상징을 쌓아가는 상징주의 수법과 유사하다.[15] 마음 - 강물 - 은결 - 가슴 - 눈 - 핏줄로 이어지는 시상 전개는 페르소나의 마음속에 담긴 설음, 그리움 같은 서정적 정감을 확대, 심화시키는 기능을 하고 있다. 이것은 영랑이 마음속에 끊임없이 일어나는 외로움과 그리움을 흘러가는 강물로서 인식하여 그 흐름 속에 삶의 모습을 투영하려 한 것으로 이해된다.

시 ②도 감각적 상징주의에 걸맞은 작품이다.[16] 은은한 것의 정점을 이루어 우수의 미를 보인 이 시는 일몰과 '보랏빛'에서

14) 김재홍은 영랑시에 나타나는 정감의 양태는 정지적이고 정관적인 것이 아니라 유동적, 가변적인 동태성을 지니기 때문에 이것을 '흐름의 시학' 또는 '낙하의 상상력'이라고 명명한 바 있다. 김재홍, 앞의 책, 144쪽.

15) 서준섭, 「김영랑 시에 대한 비교문학적 고찰」, 『국어교육』 제33집(한국국어교육연구회, 1978), 12쪽.

16) 신동욱, 앞의 책, 93쪽.

죽음의 이미지를 읽을 수 있다. 일반적으로 일몰과 보랏빛은 상실과 죽음과 어둠의 상징이다.[17] 시적 자아는 '뚝뚝 떠러진 모란'을 보고 얼결에 봄을 여의었다는 자각에 이르고, 이 봄(보람)을 헛되이 찾으려 할 제 "뻘우에 철석 개ㅅ물이 노이듯" '얼컥' '훗근한 내음'이 솟아나는 것이다. 봄을 여읜 슬픔인 마음의 그림자(그늘)를 '애끈히 떠도는' '가늘한 내음'이라는 후각적 이미지로 환치하는 데 이 시의 묘미가 있다. 또 그 '내음'은 일몰 때 "머ㄴ山 허리에 슬리는 보랏빛"과 병치 은유를 이루면서 상실감의 깊이를 더해 준다.

시 ③에서는 이러한 상실감이 한층 구체화되고 있다. 죽은 임과의 거리감이 절실하게 표현되어 있는 것이다. 서울이 천리로 멀다지만 "눈물에 실려가면 한걸음"밖에 되지 않지만, 죽은 임과의 거리는 "눈물에 실려가면 山길로 七十里"나 된다. 더구나 임이 있는 무덤은 찬바람이 몰리는 곳이기도 하다. 그래서 페르소나는 임을 찾아가는 길에 눈물의 배 위에서 부은 발을 쉬게 하고, 달빛으로 눈물을 말리려 한다. 여기에서 중요한 점은 그러한 임의 상실과 부재에서 오는, 그래서 임을 찾아가는 고요한 눈물의 바다 위에 설움도 부끄러워하는 노래, 즉 영랑의 시가 놓인다는 사실이다. 대상으로서의 임이 무엇을 상징하든 그것의 상실에서 오는 비애는 영랑의 불안한 실존과 덧없는 인생을 어둠의 시학으로 표출하게 했고, 이것이 그의 초기시를 관류하는 중요한 형질이 되었다.

---

17) 김상일, 「영랑시와 그 교환의 구조」, 『문학사상』 제24호(1974. 9), 294쪽.

3. 기다림과 견딤의 시학

영랑시의 기본 정서는 상실과 부재에의 비애이고, 이것이 당대의 비극적 현실과 맞물리면서 방황과 슬픔으로 표현된 것이다. 영랑은 이러한 허무적 심상을 그리움이나 기다림과 같은 미래지향적 의지로써 일정하게 극복하고 있다. 이 상실과 기다림은 영랑의 초기시에 공존하는 두 축일뿐 아니라, 경우에 따라서는 상보적 관계를 유지한다.

① 내 마음을 아실이
내혼자ㅅ마음 날가치 아실이
그래도 어데나 게실것이면

내 마음에 때때로 어리우는 티끌과
속임업는 눈물의 간곡한 방울방울
푸른밤 고히맺는 이슬가튼 보람을
보밴듯 감추엇다 내여드리지

－「내마음을 아실이」 1·2연

② 히부얀 조히등불 수집은 거름거리
샘물정히 떠붓는 안쓰러운 마음결

한해라 기리운졍을 몯고싸어 힌그릇에
그대는 이밤이라 맑으라 비사이다

－「除夜」 3·4연

③「바람이 부는대로 차자가오리」
흘린듯 긔약하신 님이시기로
행여나! 행여나! 귀를종금이
어리석다 하심은 너무로구려

문풍지 서름에 몸이 저리어
내리는 한박눈 가슴 해여저
헛보람! 헛보람! 몰랏스료만
날다려 어리석단 너무로구려

―「원망」 전문

위의 시들에 나타나는 정조는 패기만만한 남성적인 것이 아니라 전통적인 인고의 여인상, 즉 슬픔을 조용히 인내하는 은은한 여인의 모습이다. 영랑은 기다림과 그리움으로 구체화된 여성적인 인고의 미로써 임의 부재와 상실에서 오는 슬픔을 극복하려 한다. 영랑시의 여성 편향성은 주로 문체상의 세련미와 관련되어 있다.[18] '너무로구려' 등과 같은 여성운의 사용, '쫑그림이'를 '종금이'로 바꾼 것, 유성자음과 모음을 많이 사용한 것 등은 모두 이러한 사실을 뒷받침한다.

시 ①에서는 '내혼자ㅅ마음'을 나처럼 잘 알고 있는 이가 어디에나 계신다고 한다면 "푸른밤 고히맺는 이슬가튼 보람을" 보배인 듯 감추었다가 내어드리겠다는 간절한 그리움과 희망을 표현하고 있다. 그러나 내 마음을 나와 같이 잘 알고 있는 임은

---

18) 조창환,「한국시의 여성 편향적 성격」,『국어문학』21집(전북대 국어국문학회, 1980), 130쪽.

"꿈에서나 아득히 보이는" 부재하는 임이다. 나를 알아주는 사람이 있다면 그를 위해 자신의 순정한 마음을 다 바치겠다는 언술은 영랑의 불변하는 지조와 절개를 단적으로 보여준다. 마지막 연에서 사랑하는 사람조차 나를 알아주지 못한다고 절망하고 있는 것은 당시의 불가해한 질곡의 상황이 상호 이해의 차원을 넘어서고 있다는 것을 자각한 영랑 특유의 여성적 심상으로 이해된다.

시 ②에서는 서정적 자아가 개인적이라기보다는 민족적 정서를 머금고 있다. 이 시는 한 해의 마지막 날 밤에 행한 민속을 노래하면서도 아낙네의 바람을 구상화한 것이다. 당시의 시대상황은 '어둑한 골목'과 '모질기도'한 밤으로 제시된다. 이런 상황 속에 아낙네의 바람은 '촛불'과 '히부얀 조히등불'의 약한 불빛으로 어둠을 밝히고, 샘물을 길어다가 '한해라 기리운 정을' 흰 그릇에 담고 '맑으라 비'는 것이다. 이것은 정화를 의미하기도 하지만 민족적 주체성을 회복하려는 열망이기도 하다. 물론 '촛불'과 '히부얀 조히등불'이라는 민족의 빛이 박두진의 '해'처럼 강한 생명력을 지니지 못하고 겨우 생명을 유지해 가는 약한 빛이라는 점이 영랑의 여성적인 인고와 기다림의 한계일 것이다. 그러나 한편으로는 이러한 시적 특성이 그의 유려한 형식미를 가능하게 했다고 할 수 있다.

시 ③에는 문풍지에 귀를 대고 임을 기다리는 간절함이 극대화되어 있다. 임이 돌아온다는 기약은 "바람이 부는대로 차자가오리"라는 언술에서 보듯이 너무 막연한 것이다. 그 임의 주체가 무엇이었든 간에 그 동질성 회복은 요원한 것이다. 화자는 임이 돌아오지 않을 것을 알고 있다. 그래서 임을 기다리는 것이 '헛보람'일지라도 '행여나' 귀를 세우고 기다리는 것이다. 그러나 화자는 언젠가는 오고야 말 것임을 확신하고 있다. "날다려 어리석단 너무로구려"라는 진술을 통해 임을 기다리는 것이 어리석은 일만은 아니라는 것을 항변하고 있다. 이것은 임은 와야만 한다는 필연성, 즉 임이 오지 않는 설움에 '몸이 저리'고 가슴이 해어지는 아픔을 어떻게든 치유해야만 하기 때문이다.

이와 같은 그리움과 기다림은 언제나 시적 자아의 인고로 나타나고, 이것은 임과의 정상적인 관계를 희구하는 동질성 회복의 의지로 해석된다. 그러나 그 태도는 수동적이며 소극적이다.

사개틀닌 古風의퇴마루에 업는듯이안져
아직 떠오를긔척도 업는 달을 기둘린다
아모런 생각업시
아모런 뜻업시

이제 저 감나무 그림자가
삿분 한치씩 올마오고
이 마루우에 빛갈의방석이
보시시 깔니우면

나는 내하나인 외론벗
간열푼 내그림자와
말업시 몸짓업시 서로맛대고 잇스려니

이밤 옴기는 발짓이나 들려오리라

—「사개틀닌 古風의 퇴마루에」 전문

먼저 이 시에서 돋보인 것은 시적 표현 기법이다. 달이 떠올라 달빛을 드리우는 모습을 "감나무 그림자가 / 삿분 한치씩 올마오고 / 이 마루우에 빛갈의방석이 / 보시시 깔니"운다고 표현하여 간접화된 시각적 이미지가 영상 미학을 획득하고 있고, 또 달빛이 어둠을 거두어가는 모습을 "이밤 옴기는 발짓이나 들려오리라"로 표현하여 시각적 이미지를 청각적 이미지로 교직하고 있다. 이러한 시적 기법보다 더 중요한 것은 동질성 회복의 가능성이다. 아직 떠오르지 않았지만 곧 떠오를 달은 페르소나가 기다리는 임과 동궤의 대상이다. 그 대상과 시적 자아가 정상적인 관계를 맺는 과정이 2,3연에서 가정의 미래 시제로 구체화되어 있다. 어디까지나 달이 떠오른다는 것은 가정이며, 이 가정의 실현은 시적 화자의 간절한 소망이다. 그러나 페르소나는 달은 자연의 질서와 순환의 원리에 따라 "아직 떠오를긔척도" 없을지라도 언젠가는 떠오를 것이라는 믿음을 가지고 있다. 달만 떠오르면 모든 부정적인 현실은 스스로 걷힐 것이라는 낙관주의는 영랑으로 하여금 "아모런 생각업시 / 아모런 뜻업시" 소극적인 태도를 취하게 하고, 그것이 실현되었다 할지라도 고독한 시적 자아는 자신의 외로운 벗인 그림자와 함께 근신하는 자세로 어둠이 걷혀가는 소리를 듣고만 있겠다는 겸허한 태도를 취하도록 한다. 오직 기다림 그 자체만이 영랑이 할 수 있는 모든 것이다. 그는 이러한 기다림이 어제나 고통을 수반할지라도 견고한 고독 속에서 기다림에의 의지를 키워감으로써 현실의 슬픔을 극복하려고 한 것이다.

4. 낭만적 상상력과 존재론적 시학

상실에서 오는 슬픔은 인고를 통한 기다림으로 어느 정도 극복되지만, 그것은 자아성찰을 통해서 가능했다. 이 자아성찰에서 페르소나가 인식한 현실은 슬픔과 괴로움의 공간으로 나타났기 때문에 이에 대한 반대항으로서 이상 세계가 설정된다. 이 이상 세계는 하늘, 별, 달 등의 천체 이미지와 결부되어 밝은 정조를 형성한다.

별이 총총한
맑은새암을 드려다본다

저 깁흔 땅속에
편히누운 넉 잇서
이밤 그눈 반작이고
그의것몸 부르심 가터

마당앞
맑은새암은 내령혼의얼굴

–「마당앞 맑은새암을」 3 · 4 · 5연

이 시에서 샘을 들여다보는 행위는 페르소나의 자아성찰이다. 그 샘은 낮에는 하늘을, 밤에는 별을 동경하고, 그 속에 넋이 있어 "그의것몸 부르심", 즉 영혼이 육체를 얻어 완전한 전일성을 획득하려는 곳이다. 그런데 마지막 연에서 그 맑은 샘은 시적 자아의 '령혼의 얼굴'로 동일시 된다. 샘을 들여다보는 자아성찰의 행위는 곧 자기 존재를 확인함과 동시에 이상 세계를 동경하는 일이다. 시적 자아는 영혼의 얼굴을 샘을 통해 들여다봄으로써 자신의 자아가 이상 세계를 동경하고, 이것이 현실적 의미를 띨 수 있도록 '넋'과 '것몸'의 융합을 통한 동일성 회복을 갈구하게 된다.

① 언덕에 바로누어
아슬한 푸른하날 뜻업시 바래다가
나는 이젓습네 눈물도는 노래를
그하날 아슬하야 너무도 아슬하야

이몸이 서러운줄 언덕이야 아시련만
마음의 가는우슴 한때라도 업드라냐
아슬한 하날아래 귀여운맘 질기운맘
내눈은 감기엿대 감기엿대

-「언덕에 바로누어」 전문

② 눈물속 빛나는보람과 우슴속 어둔슬픔은
오직 가을 하날에 떠도는 구름
다만 후젓하고 줄대업는마음만 예나이제나

외론밤 바람슷긴 찬별을 보랏슴니다

―「四行小曲 14」 전문

이 시들에서 ‘하날’, ‘별’ 등의 천상적 이미지가 현실 인식에 의한 ‘밤’, ‘어둠’의 세계를 초월, 극복할 수 있는 이상 세계로 제시된다. 곧 현실 세계와 이상 세계가 대립되어 나타난다.

시 ①에서 ‘언덕’으로 상징된 지상은 시적 자아가 자신의 삶을 꾸려가는 터전일 뿐 아니라 ‘눈물도는 노래’를 부르게 하는 고통스럽고 슬픈 공간이다. 지상은 임의 상실이 이루어지는 현실의 공간이고 자연의 순환질서가 지배하는 허망의 장소이기 때문에 지상으로서의 ‘언덕’은 ‘이몸이 서러운줄’ 아는 정감의 객관적 상관물이다. 이에 반해 ‘하날’은 ‘눈물도는 노래’를 잊게 하는 이상적인 공간이므로 시적 자아는 그 아래서 ‘귀여운맘 질기운맘’에 도달하여 스스로 눈이 감기는 것이다. 이념의 공간으로서의 ‘하날’은 정신의 투명화를 가능케 하는 매개항이라고 할 수 있다. 시가 감상에 떨어지지 않기 위해서 화자의 목소리는 마지막 행에서 갑자기 제3의 목소리로 바뀐다.(“내눈은 감기엿대 감기엿대”) 서정적 자아는 자신을 사물화하여 거리를 유지하고 있는 것이다. 「하날갓 다은데」라는 시에서도 땅은 눈물로 가득 찬 고통과 서러움의 장소이지만 하늘은 “내옛날 온꿈이 모조리 실리어간” 기쁨의 공간이다. 영랑은 현실의 고통과 슬픔에서 눈물을 삼키며 기쁨을 찾아 하늘을 동경하지만 결국은 그것이 현실적으로 불가능하기 때문에 “업듸어 눈물로 따우에 색이”는 행위, 다시 말하면 눈물로 정화된 시심으로 이상 세계를 동경하는 시를 쓰는 고통을 감내하는 것이다. 고통스런 현실을 떠나 동경하는 이상 세계에 자신의 마음이 머물 때 완전한 자유를 향유할 수 있기 때문이다. 그래서 영랑은 '무덤'과 같은 현실에서 벗어나 "나는 사라져 저별이 되오리"라고 진술하기에 이른다.(「四行小曲 7」)

영랑은 물론 시 ②에서 보는 바와 같이 지상에서의 보람과 슬픔이 "오직 가을 하날에 떠도는 구름"처럼 허무하다는 것을 알고 있다. "눈물속 빛나는보람과 우슴속 어둔슬픔"이라는 역설적 표현에서 우리는 눈물로 땅위에 새기는 자신의 행위가 가져오는 보람과 그것이 아직 일정한 성과에 이르지 못했음에서 오는 슬픔이 서로 교차하고 있음을 읽어 낼 수 있다. 그래서 그는 예나 지금이나 외로운 밤에 홀로 '바람슷긴 찬별'을 지향하고 있는 것이다. 이 '찬별'은 영랑의 낭만적 상상력이 만들어낸 부정적 현실의 반대항으로서의 피안의 세계인 것이다.

'하날'과 '별'의 이미지로 나타난 피안의 세계는 때 묻지 않는 순수 그 자체이다. 현실의 세속적인 것이 끼어들 여지가 전혀 없다. "보드레한 에메랄드 얄게흐르는 실비단 하날"에는 인정의 세계에서 저 멀리 떨어져 있는 이데아의 세계가 놓여 있다. 그래서 영랑은 지상 현실의 고통은 침묵한 채 「내마음 고요히 고흔봄 길우에」 서서 "돌담에 소색이는 햇발가치 / 풀아래 우슴짓는 샘물가치", "새악시볼에 떠오는 붓그럼가치 / 詩의 가슴을 살포시 젓는 물결가치" 그 하늘을 오늘 하루만이라도 우러러 바라보고 싶은 것이다.

영랑시의 두 핵심은 현실 세계에서 겪고 있는 상실에의 슬픔과 그 슬픔을 치유하기 위한 순수로의 동경이나 참고 견디는 기다림이다. 이 현실과 이상 사이의 긴장 관계는 존재론적 깨달음에 이르렀을 때 조화를 이루게 된다.

모란이 피기까지는
나는 아즉 나의봄을 기둘리고 잇슬테요
모란이 뚝뚝 떠러져버린날
나는 비로소 봄을여흰 서름에 잠길테요
五月 어느날 그하로 무덥든날
떠러져누운 꼿닙마져 시드러버리고는
천지에 모란은 자최도 업서지고
뻐쳐오르든 내보람 서운케 문허졌느니
모란은 지고말면 그뿐 내 한해는 다 가고말아
三百예순날 하냥 섭섭해 우옵내다
모란이 피기까지는
나는 아즉 기둘리고잇슬테요 찰란한슬픔의 봄을

–「모란이 피기까지는」 전문

이 시는 12행 전연의 시이다. 무장 구조로 볼 때 1 · 2행, 3 · 4행, 5 - 8행, 9 · 10행, 11 · 12행이 각각 한 문장으로, 전체가 5개의 문장으로 되어 있다. 문장 단위로 구분하면 시 전체가 3연으로 나누어지나, 대응과 대칭 구조에 따라 의미 단위로 구분하면 6연으로 나누어 질 수 있다. 1 · 2행은 11 · 12행과, 3 · 4행은 9 · 10행과, 5 · 6행은 7 · 8행과 구조적 대칭관계를 형성하면서 이룩한 기하학적 조형미가 이 시를 안정감 있게 읽히게 한다. 따라서 2행 1연으로 된 6연의 시로 보는 것이 타당하다. 이 시가 12행 전연의 시라고 할지라도 이 논문에서는 편의상 6연으로 나누어 설명하고자 한다.

1연은 "기둘리고 잇슬테요"라는 서약의 동사로 마무리되면서 기다림의 영원성을 드러낸다. 여기서 '봄'은 영랑시의 개인적 상징으로 쓰인 중요한 시어이다. 이것의 해석에 따라 이 시의 전체적 의미망이 달라질 수 있다. 이 '봄'은 인생이나 청춘(젊음)일 수 있고, 시인의 이상향이나 관념의 푯대일 수도 있다. 그러나 이 '봄'은 '모란'으로 해서 그 의미를 지니게 된다. 그래서 "모란이 뚝뚝 떠러져버린날 / 나는 비로소 봄을여흰 서름에 잠길테요"라고 미래 의지가 제시된다. '봄'이 인생이라면 '모란'은 젊음의 이상이나 꿈일 수 있고, 관념적 조국이라면 민족의 혼(정신)일 수 있을 것이다. 1연과 2연은 피어남과 떨어짐, 또는 기다림과 여읨이라는 대립구조로 되어 있다. 꽃이 피었다가 떨어져 가는 모습은 인생에서 그와 유사한 모습을 예감케 해주며, 이것은 다시 모든 존재의 원리에 해당하는 것일 수밖에 없다는 깨달음으로 연결된다. 따라서 이러한 생명의 모순과 그 숙명 속에서 인간은 끝없는 설움을 겪고 견디며, 무엇인가를 기다리며 살아갈 수밖에 없는 것이라는 생의 발견이 깃들어 있는 것이다.[19]

3・4・5연은 1・2연에서의 미래 가정적 사실이 이미 기정사실화된 다음 과거와 현재 시제로 표현된다. 3・4연은 기정사실

---

19) 김재홍, 앞의 책, 152쪽.

의 과거 시제로 되어 있는데, 여기에는 떨어져 누운 꽃잎마저 시들어버리고 천지에 '모란'은 자취도 없이 사라져 버렸다. 이것은 완전한 상실이요 파괴이며 소멸이다. 이 때문에 영랑의 자아는 서운케 무너져 버린 것이다. 상실과 소멸의 세계에 대한 탄식과 좌절이 5연에서 "三百예순날 하냥 섭섭해 우옵내다"로 표현된다. 과거에서 현재로 돌아와 일년 내내 슬픔을 느끼고 있는 것이다. 영랑이 처한 현실은 이 5연이라고 할 수 있다. 어둠의 시학에 나타난 그런 슬픔이 현재 화자가 당하고 있는 상실의 아픔인 것이다. 이 상실에서 오는 슬픔을 극복하기 위해 6연에서 참고 기다리는 의지를 표명하기에 이른다.

이 시를 시제순으로 그 의미 내용을 재구성하면, 3·4연의 과거에는 시적 자아가 '봄'의 상실로 '보람'이 무너져 설움을 경험했고, 5연의 현재에는 그 슬픔이 이어져 일년 내내 상실의 아픔을 겪고 있으며, 1·6연의 미래에는 이 슬픔이 해소되도록 '모란'이 피는 '봄'을 기다리겠다는 의지를 드러내고, 그러나 다시 '봄'이 와서 '모란'이 피겠지만 이것도 결국 곧 떨어져 버릴 것이기 때문에 또다시 '봄'을 여읜 슬픔에 잠기고 말 것이라는 자연 질서의 순환 원리를 2연에서 미래 시제로 표현하고 있다. 이 의미 구조를 도식화하면 다음과 같다.

• 과거 : 3·4연 —— 상실에서의 슬픔을 경험
• 현재 : 5연 —— 과거의 슬픔이 현재까지 계속됨
• 미래 : 1·6연 —— 동질성 회복에의 기다림
2연 —— 순환질서의 원리를 깨달음

이러한 시차적 인식 내용이 미래 - 과거 - 현재 - 미래로 연결되면서 상실과 회복, 소멸과 생성, 파괴와 융합의 순환 원리로 제시되고 있다. 이것은 모든 생명체가 이 원리에 따라 이루어지고 있다는 존재론적 인식이다. 이런 인식에 따라 마지막 연에 가서 "찬란한 슬픔의 봄"이라는 존재론적 역설이 실현되는 것이다. 결국 상실에의 슬픔과 회복에의 찬란함은 현실에서 늘 교차하는 삶의 원리이면서 동시에 만물의 존재 원리이기도 하다는 것을 극명하게 보여준다.

5. 아름다움의 시학

호르 호르르 호르르르 가을아참
취여진 청명을 마시며 거닐면
수풀이 호르르 버레가 호르르르
청명은 내머리속 가슴속을 저져들어
발끝 손끝으로 새여나가나니

온살결 터럭끗은 모다 눈이요 입이라
나는 수풀의 정을 알수잇고
버레의 예지를 알수잇다
그리하야 나도 이아참 청명의
가장 고읍지못한 노래ㅅ군이 된다

－「淸明」 전문

이 「淸明」은 영랑의 시적 관심이 어디에 있는가를 극명하게 보여준 시이다. 영랑은 청명이 “내머리속 가슴속을 저져들어 / 발끝 손끝으로 새어나가”는 것을 느낄 수 있는 섬세한 감각을 가지고 있고, 또 ‘수풀의 정’이나 ‘버레의 예지’를 알 수 있는 날카로운 심미안을 지니고 있다. 그의 주된 관심의 대상은 이 섬세한 감각임을 어렵지 않게 알 수 있는 것이다. 그래서 그의 “온살결 터럭끗은 모다 눈이요 입”인 것이다. 감각어의 탁월한 구사는 이런 관심에서 연유한 것이다. 유성음 의성어의 반복과 의도적 모음조화의 사용은 밝고 명랑한 음악적 아름다움의 정조를 만들어 낸다. 영랑의 섬세한 감각과 날카로운 심미안은 예술시의 새로운 경지를 열어 보여준다. 전기의 모든 시에는 기표 자체의 아름다움이 실현되어 있다.

① 구비진 돌담을 도라서 도라서
달이 흐른다 놀이 흐른다
하이얀 그림자
은실을 즈르르 모라서
꿈밭에 봄마음 가고가고 또간다

－「꿈바테 봄마음」 전문

② 황홀한 달빛
바다는 銀장
천지는 꿈인양
이리 고요하다

불르면 내려올듯
정든 달은

맑고 은은한노래
울려날듯

저 銀장우에
떠러진단들
달이야 설마
깨여질나고

— 「황홀한 달빛」 1·2·3연

③ 「오-매 단풍들것네」
장광에 골불은 감닙 날러오아
누이는 놀란듯이 치어다보며
「오-매 단풍들것네」

추석이 내일모레 기둘니리
바람이 자지어서 걱졍이리
누이의 마음아 나를보아라
「오-매 단풍들것네」

— 「누이의 마음아 나를보아라」 전문

이러한 시에는 섬세한 언어 구사와 다양한 감각어의 활용에 의한 탐미주의적 경향이 잘 드러나 있다. 여기에서의 심미적 긴장 체계는 주로 감각어의 구사와 방어의 활용 등의 언어 미학적 장치에 의해서 얻어진다.

①에서는 설명이 배제된 채 동음반복에 의해서 음악적 효과가 극대화되고 있어서 음성 상징적인 효과와 함께 율격이 이

시의 핵심으로 등장한다.[20] 구체적인 경험 내용이 없이 인상이나 정조가 미묘한 아름다움의 음향으로 제시된 것이다. "돌담을 도라서 도라서 / 달이 흐른다"에서 ㄷ음이 두운으로 반복되고, ㄹ, ㅁ, ㅇ, ㄴ음의 유성 자음이 중첩되면서 흐르는 것이 강조되며, 또 "은실을 즈르르 모라서"에서 ㅇ, ㄴ, ㄹ, ㅁ의 유성 자음이 "가고가고 또간다"의 반복적 의미를 더욱 확실하게 해 준다. 이런 기표의 아름다움은 야콥슨이 말한 언어의 시적 기능이며[21], 이 기능이 극대화됨으로써 시적 정조의 미감이 실현된 것이다.

시 ②에서는 인간화되고 관념화된 자연을 대상으로 탐미직 서정이 노출되고 있다. 자연의 존재 근거를 인간 정신에 둘 때 자연은 인간적 가치로 충만하고, 여기에는 인간과 자연의 연속성 내지는 일체감의 현상이 나타난다. 이 경우는 자연 그 자체보다도 자연에 대한 시인의 관계가 더욱 중요시된다. 이런 자연의 인격화에는 동화(assimilation)와 투사(project)라는 두 원리가 작용하다. 동화란 시인이 모든 자연을 자신 속으로 끌어와서 그것을 인격화하는 원리이고, 투사란 자연 속에 자신을 상상적으로 투여하는 원리이다. 이것이 낭만적 자연관의 두 원리이다.[22] 이 시에서도 낭만적 자연관에 따라 달빛에 충만한 자연 정경이

20) 조동일, 「현대시에 나타난 전통적 율격의 계승」, 『우리문학과의 만남』(홍성사, 1980), 229쪽.

21) 로만 야콥슨, 「언어학과 시학」, 이정민 외 편, 『언어과학이란 무엇인가』(문학과지성사, 1977), 153-155쪽.

22) 김준오, 『시론』(문장사, 1986), 330쪽.

한 폭의 동양화처럼 묘사되고 있다. 제1연에서 시각과 청각 이미지가 결합하여 공감각적인 심상이 제시되고, 제2연에서는 "불르면 내려올 듯 / 정뜬 달"과 같이 동화의 원리에 따라 달과의 교감을 통해 달이 관념화되고 있다. '불르면'의 청각 심상이 '정뜬 달'의 시각 심상과 결합하고, 이것은 다시 '맑고 은은한노래'의 청각 심상과 결합함으로써 달밤의 고즈넉한 분위기를 고조시키고 있다. 3연에서도 시각과 청각 이미지가 융합하여 더욱 은은함을 강조하고 있다. 4연에서는 '떨어짐 / 홀란스럼 / 텬동지동' 등의 동태적 이미지가 달의 정적 이미지를 역동화시키고 있다. 마지막 연에 오면 다시 "후젓한 三更 / 산우에 홀히 / 꿈꾸는 바다 / 깨울수 없다"와 같이 적막한 달밤의 고요함을 형상함으로써 정중동의 아름다움을 구체화한다. 전체적으로 볼 때 이 시는 공감각적 이미지의 활용과 역동적, 정적 이미지의 교차, 그리고 2음보 가락의 율동적 快美音을 탄력 있게 조화시킴으로써 달밤의 고즈넉한 분위기와 아름다운 풍경을 효과적으로 보여준다. 특히, '정뜬 / 후젓한 / 홀히' 등의 조어와 '불르면 / 깨어질나고 / 산우에' 등의 전라도 방언의 활용은 달밤의 향토적인 심미감을 고조시켜 주는 것으로 이해된다.[23] 그러나 여기에서도 자연이 인간화되고 관념화되어 있기 때문에 조선시대의 강호가도 시가의 자연과 크게 다를 바가 없다. 따라서 이 시도 청록파의 시적 업적에서 보여주는 비정적 타자성으로서의 자연시에 미치지 못하고 있음을 알 수 있다.

---

23) 김재홍, 앞의 책, 150쪽.

시 ③에서는 가을의 인상이 몇 개의 이미지와 감각, 그리고 리듬의식으로 형상화된다. 특히 "오-매 단풍들것네"라는 남도 방언의 리드미컬한 구사가 독특한 청각 영상을 형성한다. 시작과 중간과 끝에 세 번 반복되는 이 독특한 방언 구문이 '오-매'라는 감탄사, '단풍'의 시각적 이미지, 그리고 '들것네'라는 방언 어미가 환기하는 특이한 뉘앙스를 함께 결합함으로써 가을의 이미지를 효과적으로 조형하고 있다. 여기에다 '장광', '골불은 감닙', '추석', '바람', '누이'의 이미지를 중첩함으로써 가을의 싱숭생숭한 설레임의 정조를 섬세하게 투영하게 된다. 더구나 '들것네 / 날러오아 / 치어다보며 / 기둘니리 / 자지어서'라는 방언 어미들이 자연스럽게 교차됨으로써 향토적 서정의 미감을 북돋우는 것이다. 이것은 감각과 이미지, 그리고 리듬의 유려한 결합이 빚어내는 언어 미학의 성취라고도 할 수 있다. 이러한 점에서 영랑은 지용과 함께 우리 시사에서 언어의 미학적 가치에 주목함으로써 시의 시다움, 즉 예술로서의 시를 실천적으로 보여준 선구적 시인으로 평가될 수 있는 것이다.[24)]

6. 심리적 저항과 갈등의 시학

영랑의 전기(1930-1935) 시의 세계는 설움, 괴로움, 외로움, 그리움, 기다림 등의 정서들이 '내 마음'의 세계를 형성하여 서정

---

24) 김재홍, 위의 책, 150-151쪽.

적 자아에 충실하고, 그 결과 안으로의 닫힘의 세계나 존재론적 인식의 세계를 보여주는 것이 특징이다. 따라서 이 시기는 언어 미학적 측면에서 탁월한 성과를 거두었고, 그에 부수되어 드러난 현상은 짧은 문장에 의한 말의 암시 기능이 주축을 이루고, 또 조형의 아름다움이 그의 시의 원리를 형성하였다. 그러나 중기(1938-1940)나 후기(1945-1950)의 시에 와서는 현실과의 갈등에서 오는 저항의식이 두드러지게 나타나고, 그 결과 고유어보다는 한자어가 많아지고 문장이 길어져 말의 지시적 기능이 주축을 이루었고, 또 현실에 대한 즉물적 태도로 사물에 충실해졌으며 시형도 그 조화가 깨어져 분열되는 현상을 보였다. 따라서 그의 시세계도 자아에 충실하기보다는 경험적 사물에 충실해져 밖으로의 열림의 세계를 보여준다.[25)]

전기의 시 중에서도 다음의 두 시는 중·후기의 시로 넘어가는 징검다리의 역할을 한다.

① 降仙臺 돌바늘끝에
하잔한 인간 하나
그는 버-ㄹ서
불타오르는 湖水에 뛰어내려서
제몸 살웠드라면 조핫슬 인간

이제 몇해뇨
그황홀 맛나도 이몸선듯 못내던지고

25) 강희근, 「김영랑시 연구」, 『배달말』 3집(1978), 121-139쪽 참조.

그찰란 보고도 노래는영영 못부른채

저져드는 물결과 싸우다 넘기고
시달린 마음이라 더러 눈물 매졌네
降仙臺 돌바늘끝에 벌서
불살웟서야 조핫슬 인간

—「降仙臺 돌바늘끝에」 전문

② 비탄의넉시 붉은마음만 낯낯 시들피느니
지튼봄 옥속 春香이 아니 죽엿슬나되야
옛날 王宮을 나신 나히어린 임금이
산ㅅ골에 홀히 우시다 너를 따라가셧드라니
古今島 마조보이는 南쪽바다ㅅ가 한만흔 귀향길
千里망아지 얼넝소리 쇈듯 멈추고
선비 여윈얼골 푸른물에 띄웟슬제
네 恨된우름 죽엄을 호려 불럿스리라

너 아니울어도 이세상 서럽고 쓰린 것을
이른봄 수풀이 초록빛드러 물내음새 그윽하고
가는 대잎에 초생달 매달려 애틋한 밝은어둠을
너 몹시 안타가워 포실거리며 훗훗 목메엿느니
아니울고는 하마 죽어업스리 오! 不幸의넉시여
우지진 진달래 와직지우는 이三更의 네 우름
희미한 줄山이 살풋 물러서고
조고만 시골이 흥청 깨어진다

—「杜鵑」 3 · 4연

이 두 시는 전기시답지 않게 산문적이고 서술적이다. 그리고 그 어조도 사뭇 다른 것을 느낄 수 있다. 시 ①에는 비장미가 보인다. 여기에서 '하잔한 인간 하나'는 시적 자아로서의 영랑이다. 그가 놓인 공간은 '降仙臺 돌바늘끝'이다. 그곳은 "저져드는 물결과 싸우다" 시달려서 눈물 맺혀 있는 불안한 현실이다. 그러나 그는 '그황홀'과 '그찰란'을 맞이했었음에도 그 속에 자신을 헌신하지 못했던 것을 후회하고 있다. 그래서 지금에 와서는 그 후회가 자학으로 변해 진작 죽어 없어져야 했을 '하잔한 인간'이라고 스스로를 학대하고 있는 것이다. 여기에서 해결해야 할 문제는 2연의 '그황홀'과 '그찰란'이 구체적으로 지시하는 바가 무엇인가 하는 점이다. 이 문제 해결의 실마리는 바로 2연 1행의 "이제 몇해뇨"라고 묻는 말 속에서 찾아야 할 것이다. 과거에 영랑이 경험했던 그 황홀하고 찬란했던 순간은 민족혼의 봉기와 발현이었던 3・1운동이거나 아니면 영랑 개인이나 민족의 동질성을 회복할 수 있는 가능성이 구체화되었던 어느 시기일 것이다. 이 문제는 다음에 다룰 「거문고」라는 시에서 좀더 구체적으로 논증될 것이다. 다만 여기에서는 영랑의 현실 인식의 지향점을 가늠해 보고자 한 것이다. '降仙臺 돌바늘끝'과 같이 불안하고 절박한 현실에 놓여 있는 시적 자아는 그 황홀하고 찬란한 순간에 목숨 바쳐 싸우지 못한 것을 후회하고, 자학하면서 이런 순간이 다시 오기를 열망하고 있는 것이다.

시 ②에서는 삶의 슬픔이 두견에 투사되어 깊은 죽음의 의식에 함몰된 비극적 현실인식이 나타나 있다. 영랑의 현실에 대한 갈등은 '서럽고 외롭고 여윈 이몸'으로 드러나고, 이 현실 속에서 두견의 울음소리는 "울어 피를뱉고 뱉은피는 도루삼켜 / 평생을 원한과슬픔에 지친" 소리나 '저승의노래' 또는 '죽엄의 자랑찬소리'로 여겨지고, "오래 시들어 팔이한마음 마조 가고지워라"처럼 오랫동안 시들고 파리해진 영랑의 마음은 그 노래를 따라 저승으로 가고자 한다. 이 죽음은 춘향과 왕위를 찬탈당한 어린 임금, 그리고 귀양 가는 선비 등의 죽음으로 확대되어 죽음 의식이 심화된다. 이러한 죽음 의식은 그 시대 전체를 죽음의 시내로 간주했던 영랑의 삶의 태도와 세계관에 기인한 것이다. 그래서 그는 "너 아니울어도 이세상 서럽고 쓰린 것"이라고 정의하기에 이른다. 이 시의 비장미는 마지막에 가서 "희미한 줄山이 살풋 물러서고 / 조고만 시골이 흥청 깨어진다"라고 표현됨으로써 이 시가 감상화의 함정에서 벗어나게 된다. 청각과 시각이 공감각화되면서 동적 심상을 획득하게 된 것이다.

이와 같이 영랑이 현실과의 갈등에서 느낀 슬픔은 현실인식의 결과적 산물이고, 그의 시선이 자아 쪽에서 현실 쪽으로 전이되고 있다는 사실을 발견할 수 있다. 1939년 이후의 시들은 대부분 이런 의식 속에서 씌어졌다. 예술성의 원리가 사회성의 원리로 전이된 것을 의미하다.

① 검은벽에 기대선채로
해가 수무번 박귀였는듸
내 麒麟은 영영 울지를못한다

그가슴을 퉁 흔들고간 老人의손
지금 어느 끝없는饗宴에 높이앉었으려니
땅우의 외론 기린이야 하마 이저졌을나

박같은 거친들 이리떼만 몰려다니고
사람인양 꾸민 잣나비떼들 쏘다다니여
낸 기린은 맘둘곳 몸둘곳 없어지다

문 아조 굳이닫고 벽에기대선채
해가 또한번 박귀거늘
이밤도 내 기린은 맘놓고 울들 못한다

— 「거문고」 전문

② Ⅱ

원통코 독한마음 잠과꿈을 이뤘으랴
獄房 첫날밤은 길고도 무서워라
서름이 사모치고 지쳐 쓰러지면
南江의 외론魂은 불리어 나왔느니
論介! 어린春香을 꼭 안어
밤새워 마음과 살을 어루만지다
오! 一片丹心

Ⅶ

모진 春香이 그밤새벽에 또 까무러쳐서는
영 다시 깨어나진 못했었다 두견은 우렀건만
도련님 다시뵈어 恨을 풀었으나 살아날 가망은 아조 끈기고
왼몸 푸른 脈도 홱 풀려 버렸을법

出道 끝에 御史는 春香의몸을 거두며 울다
「내 卞苛보다 殘忍無智하여 春香을 죽였구나」
오! 一片丹心

— 「春香」 Ⅱ, Ⅶ

위의 두 시는 일제 강점의 침탈이 가혹했던 1939·40년에 발표된 것이다. 전기의 시와는 확연히 구별될 만큼 식민지 질곡의 현실에 대한 날카로운 인식과 일제에 대한 적극적인 저항 의식이 표출되어 있다.

시 ①은 거문고가 기린에 비유되면서 존재자의 괴로움을 구체적으로 보여준다. 여기에서 거문고는 민족아(民族我)를 상징하고 있다. 이 민족아로서의 기린은 해가 20번 바뀌었는데도 영영 울지 못하는 슬픈 존재이다. 시인 김윤식은 1935년 이후 시를 발표하지 않다가 1939년 1월 『조광』지에 「거문고」를 발표하면서 다시 시를 쓰기 시작했다. 그간의 공백 기간이 영랑시의 변모를 가져오게 하는 모멘트가 되었던 것으로 보인다. 이 시가 발표된 1939년에서 해가 스무 번 바뀌기 전의 과거로 거슬러 올라가면 1919년이 된다. 1919년은 3·1운동의 시기이기 때문에 거문고가 영영 울지 못하고 있다는 진술은 민족의 동질성을 회복하려는 실천적 노력이 없음을 말하고 있는 것이다. 이 때문에 「降仙臺 돌바늘끝에」의 '그황홀'과 '그찰란'은 3·1운동의 민족적 봉기와 그 실현을 지시하는 것이라고 보아도 무방할 것이다. 3연에는 민족아가 처한 현실이 극명하게 제시된다. 그 현실은 "박같은 거친들 이리떼만 몰려다니고 / 사람인양 꾸민 잣나비떼들 쏘다다니"는 그런 공간이다. 우리 민족이 처한 현실은 황량하고 살벌하며 진실성 없이 거짓만 난무하는 곳이다. 이런 상황에서는 민족아가 '맘둘곳 몸둘곳 없어지'는 것은 불문가지의 일이다. 그래서 영랑은 민족아가 "문 아조 굳이닫고 벽에기대선채" 또 한 해가 바뀌어도 마음놓고 울지 못하는 것을 애석해 하고 안타까워하는 것이다.

시 ②에서는 민족아나 민족혼(民族魂)이 '春香'으로 표상되어 있다. 이 시는 소설로서의 춘향전이 주는 상투적인 주제로서의 일편단심이 개인적 상징으로 변용되어 있다. 이 '春香'은 성삼문과 박팽년의 이야기와 맞물리면서 독하게 지조를 지키는 인물로 구체화된다. Ⅱ에서 '춘향'은 남강의 논개와 결부되면서 그 갈등과 고난의 원인이 어디에 있는가를 알려준다. 논개는 임진왜란 때 촉석루에서 왜장 게다니(毛谷村六助)를 껴안고 남강의 벽류(碧流)에 떨어져 함께 죽은 인물이다. 이 논개의 일편단심과 춘향의 일편단심이 동일시됨으로써 소설로서의 춘향의 의미는 사라지고 일제에 시달림을 당하는 민족으로서의 의미를 갖게 된다. 따라서 '흉칙한 얼굴에' '지네 구렁이 같은 卞學徒'는 자연스럽게 우리 민족의 피를 빨아먹는 일제를 함의하게 된다. 그래서 춘향은 소설에서와는 달리 일편단심 지조를 지키기 위해서 옥사하는 것이다. 이것은 당대를 죽음의 시대로 인식한 영랑의 삶의 태도와 세계관이 빚어낸 시적 논리이다.

이와 같은 질곡의 현실 속에서 취할 수 있는 올바른 자세는 춘향이처럼 저항하다가 죽는 것이지만 그렇지 못한 시인으로서는 '毒을 차고' 비장하게 살아갈 수밖에 없는 것이었다.

내 가슴에 毒을 찬지 오래로다
아직 아무도 害한 일 없는 새로 뽑은 毒
벗은 그 무서운 毒 그만 흩어버리라 한다
나는 그 毒이 벗도 선뜻 害할지 모른다 위협하고,

毒 안 차고 살어도 머지않어 너 나 마주 가버리면
屢億千萬 世代가 그 뒤로 잠잣고 흘러가고
나중에 땅덩이 모지라져 모래알이 될것임을
「虛無한듸!」 毒은 차서 무엇 하느냐고?

아! 내 세상에 태어났음을 원망않고 보낸
어느 하루가 있었던가, 「虛無한듸!」, 허나
앞뒤로 덤비는 이리 승냥이 바야흐로 내 마음을 노리매
내 산체 짐승의 밥이되어 찢기우고 할키우라 네 맡긴 신세임을

나는 毒을 품고 선선히 가리라,
마금날 내 깨끗한 마음 건지기 위하야.

—「毒을 차고」

순결을 지키기 위한 비장함은 독을 차는 행위로 나타난다. 3연의 '이리'와 '승냥이'는 「거문고」의 '거친들 이리떼'나 '사람인양 꾸민 잣나비떼'와 같은 성질의 것이다. 시적 자아는 "앞뒤로 덤비는 이리 승냥이 바야흐로 내 마음을 노리매 / 내 산체 짐승의 밥이되어 찢기우고 할키우라 네 맡긴 신세"이다. 이런 상

황 속에서 순결을 지키기 위한 영랑의 의지는 독을 차는 행위를 선택할 수밖에 없었던 것이다. 그 행위가 곧 시인의 삶에서 순결과 지조를 지킬 수 있는 최선의 길이었기 때문이다. 그러나 이 '毒'은 "벗도 선뜻 害"할지 모르고 자신의 생명에도 치명적일 수 있는 양면성을 동시에 가지고 있다. 이러한 독을 지니며 독하게 살겠다는 것은 「춘향」에서 보여준 죽음으로써 지조와 절개를 지키는 행위와 그 맥을 같이 한다. 독을 차는 비장한 행위는 죽음을 각오하고 지조를 지키며 순결하게 살아가려는 결연한 의지이고, 이것만이 생의 '마금날 내 깨끗한 마음 건지'게 해줄 수 있기 때문이다. 이러한 행위는 식민지적 현실에서의 참된 시인의 자세를 잘 대변해준다. 시인 김윤식이 이러한 신념을 시로 창조할 수 있는 역량을 가지고 있었기 때문에 당시의 대부분의 문인들이 일제의 국책문학에 협력했음에도 불구하고 단 한 줄의 친일적인 시를 쓰지 않았는지도 모른다. 또 이 시에서 우리가 간과할 수 없는 것은 '이리'와 '승냥이'떼가 판치는 일제 말의 참담한 현실에 대한 분노와 적개심이 이 시의 저류를 이루고 있다는 점이다. 이 때문에 이 시는 '민족적 저항의 시'[26]로 규정되기도 하였다.

이러한 저항 의지는 알레고리적 수법으로 표현되어 있다. 이 알레고리 속에서 현실은 "박같은 거친들 이리떼만 몰려다니고 / 사람인양 꾸민 잣나비떼들 쏘다다니"는 황량한 곳이거나 "앞뒤로 덤비는 이리 승냥이"떼들이 들끓는 참혹한 곳이며, 동시에

---

26) 박두진, 「김영랑의 시」, 『한국현대시론』(일조각, 1970), 99쪽.

감옥과도 같은 곳이다. 이런 현실에서 영랑이 독을 차거나 춘향이처럼 지조를 지키면서 옥사하려는 태도를 보이는데, 이것은 일제에 대한 적극적인 저항의 의지를 표상하는 동시에 고통스런 현실을 이겨나가고자 하는 순결에의 의지와 자기 초극의 정신을 반영한 것이다.

이러한 현실에 대한 갈등과 저항 의식은 1947년부터 1950년까지 그의 후기시에서도 주류를 이룬다. 「바다로 가자」, 「새벽의 處刑場」, 「絶望」, 「겨레의 새해」, 「感激 八·一五」, 「行軍」, 「千里를 올라온다」 등과 같은 시가 그것이다. 특히 「絶望」은 '무슨 政治의 이름 아래' '홋한 겨레의 아들딸이었을 뿐인' 우리 젊은이들이 무수히 죽어가는 해방 공간의 혼란상을 그리고 있다. 이데올로기 때문에 '아우가 형을' 죽이는 참혹한 현실에서 시인은 절망하여 "생각은 끊기고 눈물만 흐르고" 있는 것이다. 이러한 우국충정의 시들은 시의 예술성의 원리보다는 사회성의 원리가 그 중심에 놓이고, 그 결과 시적 효과는 말의 암시적 기능보다는 지시적 기능에서 만들어진다. 그래서 이 시기의 시들은 부정적인 현실에 대한 저항과 적극적인 현실 참여적 성향을 띠게 된다. 따라서 전기시에서 보여준 절제된 언어 미학적 구조의 아름다움은 사라지고 대신 메시지 전달의 의지만 견고해진다. 이러한 시 예술의 실패 때문에 영랑시의 문학사적 가치는 전기시에 국한되었던 것이다.

7. 죽음 의식과 달관의 시학

영랑의 시 전편에는 비관적인 세계 인식과 허무 의식이 일관되게 흐르고 있는데 이것은 그의 여성 편향적 성격과 현실 인식에서 연유한 것이다. 특히 중기 이후의 시 속에는 죽음에 대한 인식이 끈질기게 자리 잡고 있다.

① 생전에 이다지 외로운사람
어이해 뫼아래 碑돌세우오
초조론 길손의 한숨이라도
헤여진 고총에 자조떠오리
날마라 외롭다 가고말사람
그래도 뫼아래 碑돌세우리
「외롭건 내곁에 쉬시다가라」
恨되는 한마듸 삭이실난가

－「墓碑銘」 전문

② 山川이 아름다워도 노래가 고앗드래도 사랑과 예술이 쓰리고 달끔하여도
그저 허무한 노릇이여라 모든 산다는 것 다-허무하오라
짧은 그동안이 행복햇든들 참다웟든들 무어 얼마나 다를나드냐
다 마찬가지 아니남만 나흘러냐? 다-허무하오라

그날 빛나든 두눈 딱감기여 瞑想한대도 눈물은 흐르고 허덕이다 숨다지면 가는거지야
더구나 총칼사이 헤매다죽는 태어난悲運의 겨래이어든

죽음이 무서웁다 새삼스래 뉘 卑怯할소냐만은 卑怯할소냐 만은
죽는다 - 고만이라 - 이허망한 생각 내마음을 웨 꼭붓잡고 노칠안느냐

忘却하자 - 해본다 지난날을 아니라 닥쳐오는 내 죽음을
아! 죽음도 忘却할수있는것이라면
허나 어듸죽음이야 忘却해질수 있는 것이냐
길고 먼世紀는 그죽엄다-忘却하였지만

－「忘却」3·4·5연

이 두 시에는 죽음의 그림자가 짙게 드리워져 있다. 시 ①에서 묘지에 '碑돌'을 세우는 행위는 허무하고 외로운 인생에서 그래도 무엇인가 의미를 찾고자 하는 영랑의 안간힘이다. '생전에 이다지 외로운 사람'이 죽어서 묘비에 새긴 말은 "외롭건 내 곁에 쉬시다가라"이다. 살고 있다는 것 자체가 죽음을 전제로 하기 때문에 허무하다는 인식이 지배적이지만 그래도 지나는 길손에게 쉼터를 제공하고자 하는 시적 자아의 애정을 느낄 수 있다.

시 ②에서는 그 죽음이 좀더 구체화되어 있고, 시적 자아는 그 죽음을 예감하고 있다. 페르소나는 "웬 노릇인지 요즘 자꼬 그 죽음 바로 닥쳐온듯만 싶어저" 그 죽음의 강박관념에서 헤어나질 못한다. 그래서 한길의 상여 행렬을 남의 일이 아닌 듯 바라보고 서 있는 것이다. 한 번 죽고 나면 '億萬永劫' 후에 다시 인간으로 태어나면 모를까 이 세상과는 모든 인연이 끊어질 것이라는 인식이 깔려 있기 때문이다. 그래서 3연에서는 '산다

는 것' 자체가 모두 허무한 것이라고 절규한다. 그러나 4연에 오면 삶 자체가 허무한 것이라고 할지라도 새삼스레 비겁해질 수는 없는 것임을 역설한다. "총칼사이 헤매다죽는 태어난悲運의 겨래"이기 때문에 "창자 짤리는 설음도 맛"보고 "간 쓸개가 가까스로 남었"다(「偶感」, 『朝光』, 1940,6). 이 수난의 민족사에서 비겁해질 수는 없는 일이지만 그럼에도 불구하고 죽음은 끝이요 종말이라는 '허망한 생각'이 영랑의 마음을 떠나지 않는 것이다. 마지막 연에서 '닥쳐오는 내 죽음을' 망각할 수 없다고 시인하는 것은 그가 언제나 죽음을 준비하고 있었다는 것을 보여준다. 이 시에 드러난 죽음의 예감이 이 시를 발표한 이듬해 미처 피난하지 못하고 서울에서 전쟁의 포화에 유명을 달리한 시인 김윤식의 생애와 일치하는 것은 더 큰 비극이 아닐 수 없다.

그러나 이러한 죽음의 의식과 강박관념에서 벗어나고자 하는 노력이 「어느날 어느때고」에서 구체화된다.

어느 날 어느 때고
잘 가기 위하야
평안히 가기 위하야

몸이 비록
아프고 지칠지라도
마음 평안히
가기 위하야

일만 정성
모두어 보리.

덧없이 봄은 살같이 떠나고
中年은 하 외로워도
이 虛無에선 떠나야 될것을

살이 삭삭
여미고 썰릴지라도
마음 평안히
가기 위하야

아! 이것
평생을 딱는 좁은 길.

－「어느날 어느때고」 전문

영랑은 머지않아 죽음이 올 것이지만 '어느 날 어느 때고' '마음 평안히' 죽기 위해 '일만 정성' 다 모두어 '평생을 딱는 좁은 길'에 심혈을 기울이고자 한다. 여기에서 우리는 죽음을 예비하고자 하는 시인의 자세를 볼 수 있다. 이것은 '마금날 내 깨끗한 마음' 건지기 위해 '毒을 차는' 행위와 같은 것이다. 그러나 이 시가 「毒을 차고」와 다른 점은 후자가 지조와 순결을 지키는데 시의 초점이 맞추어져 있다면, 이 시는 편안한 죽음을 예비하는데 그 초점이 맞추어지고 있다는 사실이다.

다음의 시는 죽음을 초연히 관조하는 달관의 경지를 보여준다.

본시 평탄했을 마음 아니로다
구지 톱질하여 산산 찌저노았다

風景이 눈을 흘리지 못하고
사랑이 생각을 흐리지 못한다

지처 원망도 안코 산다

대채 내노래는 어듸로 갔느냐
가장 거룩한것 이눈물 만

아쉰 마음 끝네 못빼앗고
주린 마음 끄득 못배불리고

어피차 몸도 피로워젔다
밧비 棺에 못을 다저라

아모려나 한줌 흙이 되는구나

–「한줌흙」 전문

외부 현실에 의해 산산이 찢어지고 닳고 닳은 영랑이기 때문에 이제는 '風景'이나 '사랑'에 의해 자신이 흔들리지 않고 모든 것에 초연할 수 있는 것이다. 그래서 그는 "지처 원망도 안코 산다". '평생을 딱는 좁은 길'인 자신의 노래(시)는 어디로 가버리고 이제는 가장 거룩한 눈물만 남아 있는 것이다. 그러나 이 눈물도 아쉽고 주린 마음을 채워주지 못한다는 사실을 인정하고 있다. 그러고 나서 '밧비 棺에 못을' 박아야 할 시간, 곧 죽음의 시간이 임박했음을 고지한다. 죽음은 자신을 '한줌 흙'으로 변화시키고 말 것임을 영랑은 달관의 초연함으로 담담히 서술하고 있는 것이다.

8. 맺음말

전기(1930-1935)의 시에 형상화되어 있는 내포 작가로서의 영랑의 모습은 매우 섬세한 감각을 지니고 있는 여성 편향적 성격의 소유자이다. '내 마음' 속에 어리는 상실의 슬픔과 방황, 어둠의 정조를 직접 드러내는 것조차 부끄러워한다. 임의 상실과 부재에서 오는 슬픔이라도 그 슬픔은 오직 '마음'의 슬픔이고, 그 임을 찾아가는 눈물의 바다 위에서 달빛으로 눈물을 말리면서 설움도 부끄러워 조용히 부르는 노래가 영랑의 시인 것이다. 따라서 그의 어조는 여성적이고 조용하며, 실천적 행동성이 결핍되어 있어 오직 모든 문제를 마음속에서 해결하고 스스로 다짐하는 독백적 언술 형태로 되어 있다.

그러나 영랑은 과거적 슬픔에만 함몰되어 있지 않고, 낭만적 상상력을 발동하여 하늘과 별과 같은 순수 이상 세계를 설정하거나 기다림과 견딤을 통해 현실과 이상을 '내 마음'의 세계에서나마 조화롭게 공존할 수 있도록 노력하는 의지를 보여준다. 밖으로의 열림의 세계가 철저하게 차단된 것처럼 보이기 때문에 현실도피적이거나 폐쇄적 서정주의라는 비난을 받는 것이다. 이 시기의 시에는 섬세한 언어 미학적 배려가 시의 표층 구조에 두드러지게 드러남으로써 밖으로의 열림의 세계가 상대적으로 약화된 것처럼 읽히기 때문이다. 실제로 이 열림의 세계는 너무도 내밀하게 내재되어 있고, 그 세계를 가리키는 지표는 상징성을 가지고 여러 시에 반복되는 '모란'이 뚝뚝 떨어져 버린 지상이거나 '사개틀닌 古風의퇴마루', 또는 슬픔에 싸여 있는 마음의 공간이다. 안으로의 닫힘의 세계인 '내 마음'은 마치 밖의 세계와는 상관없이 생득적인 슬픔을 가지고 있는 것처럼 보이지만 섬세한 언어 구조 이면에 막연하나마 부정적인 현실이 가져온 대상의 부재가 그런 슬픔을 우러나게 한다는 것을 간접적으로 보여준다. 언어 자체의 음성적 아름다움과 리듬감이 이런 슬픔까지도 유쾌하게 읽히는 힘을 가지고 있기 때문에 영랑이 현실과의 통로를 희미하게 우회적으로 만들어 두었음에도 독자들은 쉽게 그 길을 발견하지 못하고 만 것이다. 시적 장치와 기법의 정교함이 빚어낸 섬세한 시의 구조가 자연스럽게 읽힐 수 있는 음악성 때문에 간과되어 버린 것이다. 다시 말하면, 영랑시의 표면에 드러난 향토적 서정과 음악성이 그의 시를 쉽게 읽히게 하여 일정한 이미지를 형성하게 해주는 기능을 하지만, 반대로 그 시가 가지고 있는 정교한 시적 구조를 파악할 수 있는 여지를 빼앗아 가버리는 역기능도 하고 있는 것이다.

영랑시의 가치는 시적 자아가 현실과의 통로를 마련함에 있는 것이 아니라 대상 세계와 경험 세계를 마음속으로 끌어와서 변용시킨 다음 언어의 미적 구조와 음악성으로 형상화함으로써 시인의 주관적 감정이 전달 가능한 서정시의 전범을 보여주었다는 데에 있다. 시사적 가치도 여기에서 찾아져야 할 것이다. 우리 민족의 고유한 정서를 한국어의 아름다움으로 그려낸 서정의 세계를 소월에서 미당으로 연결시켜 주고 있는 것이 영랑의 시인 것이다. 그러나 중기(1938∼1940)와 후기(1945∼1950)의 시에서 어떻게 텍스트의 힘이 변모되어 나타나는지를 밝혀야만 영랑시의 가치와 의의를 총체적으로 규정할 수 있을 것이다. 식민지 강점 시대를 살아가는 시인으로서의 삶의 태도는 중기의 시에서 구체화되었다. 이것은 시적 자아가 현실과의 통로를 더 견고히 마련하려는 노력에서 가능했다.

1938년 이후의 영랑시는 폐쇄적 서정성과 자기망각적 리리시즘의 시에서 멀리 벗어나 있다. 전기의 시에서 보여준 '내 마음'의 주관적 서정성은 약화되고 오히려 허무한 인생에 대한 회의와 현실 세계에 대한 저항의지가 강하게 표출되고 있다. 특히 해방 후의 시에는 현실과의 갈등을 적극적인 앙가주망으로 해결하려는 성급함 때문에 시적 실패를 야기하기도 하였다. 그러나 이 시기의 모든 시가 언어 예술의 미학을 도외시한 것은 아니다. 전기에서와는 달리 예술성의 축보다는 사회성의 축에 보다 많은 무게 중심이 놓이기 때문에 시의 예술성이 상대적으로 약화된 반면 앙가주망의 특성이 한층 강하게 드러난 것이다.

섬세한 감각과 날카로운 심미안이 만들어낸 '내 마음'의 세계가 안으로의 닫힘의 세계라면, 비관적인 세계 인식과 부정적인 세계관이 만들어낸 '降仙臺 돌바늘끝'의 세계는 밖으로의 열림의 세계라고 할 수 있다. 이 두 세계는 영랑시를 지탱해주는 버팀목이다. 닫힘과 열림의 세계가 균형을 이루었을 때 그의 시는 건강성을 유지할 수 있었던 것이다. 전기의 시에는 언어 미학적 섬세한 배려가 시의 표층 구조에 두드러지게 드러남으로써 밖으로의 열림의 세계가 상대적으로 약화된 것처럼 읽히지만 열림의 세계가 내밀하게 내재되어 있고, 해방 후의 시에는 '내 마음'의 세계가 분열되어 나타남으로써 안으로의 닫힘의 세계가 실제로 약화되어 있다. 후기 갈등의 시학이 보여준 시적 실패는 여기에서 연유한 것이다. 오히려 달관의 시학으로 다시 '내 마음'의 세계를 지향해 갈 때 영랑다움의 미의식을 확인할 수 있다.

전체적으로 볼 때 1938년부터 1940년까지 씌어진 중기의 시에서 영랑시의 건강성을 확인할 수 있다. 시인으로서의 순결성을 지키기 위해 시적 자아는 죽음을 곁에 두고 '毒을 차고' 살아간다. 비록 육신이 찢길지라도 "마금날 내 깨끗한 마음 건지기 위하야", '평생을 딱는 좁은 길' 하나만이라도 지키기 위해 비장한 각오로 살아가는 시적 자아의 모습에서 식민지 시인의 건강한 삶을 읽어낼 수 있다. 영랑이 당대의 참혹한 현실과 민중들의 아픔을 직접적으로 보여주지는 못했다고 하더라도 시인으로서 우리말을 갈고 닦아 민족어의 아름다움을 실현하고 민족 고유의 순수성을 지켜내려고 노력했던 점은 일제 강점의 파시즘에 시인이 대처할 수 있는 효과적인 예술적 응전 방식이었기 때문이다. 따라서 이제는 영랑을 현실도피적 순수 서정시인으로만 평가하려는 태도를 재고하지 않으면 아니 될 것이다.

Chapter 3

공존에의 의지와 생명에 대한 사랑 - 고정희론

1.

고정희(高靜熙, 본명은 高聖愛, 1948~1991)는 1975년부터 1991년까지 16년 동안 유고시집을 포함해서 11권의 시집을 내고 현대사의 변혁기를 불꽃같이 살다간 시인이다. 그에게 시를 쓰는 일은 자기의 존재를 확인하고 증명하는 행위일 뿐 아니라 불합리한 현실모순을 사랑으로 극복하고자 하는 문학적 실천이기도 했다. 동향의 김남주 시인이 '피로 씌어진 언어의 화살'을 가지고 불의에 항거하는 혁명전사였다면, 고정희는 '실낙원'에서 참다운 기독교적 사랑의 언어를 가지고 여성과 민중과 민족과 인류의 해방을 추구하는 '여전사'였다. 이 두 시인에게는 시가 곧 삶이고 삶이 곧 시였다. 이러한 행복한(?) 일치는 그들의 삶과 예술적 실천이 그만큼 치열하고 혁명적이었기 때문에 가능한 일이었다. 이런 점 때문에 이성부 시인은 고정희를 다음과 같이 노래하고 있다.

> 오랜만에 세번째로 와서 뱀사골 계곡을 본다
> 그 사이에 이곳엔 슬프고 억울한 일 하나 보태졌다
> 아름다운 물이 올곧은 처녀시인을 앗아가다니
> 힘차고 뜨거운 가슴의 시들을 다시는 못 보게 하다니
> 양성우와 함께 내 사무실을 찾아와서
> 광주 가시내 고쟁이라고 합니다 말하면서
> 함박꽃 웃음을 크게 터뜨리던
> 여전사를 닮았던 시인
> 고정희가 빠져죽은 곳 어디쯤일까 두리번거리다가
> 나도 미끄러져 바짓가랑이 적시고 돌아간다
>
> (이성부, 「뱀사골에서 빠져죽은 고정희 생각」 부분)

그가 43세의 젊은 나이로 죽은 것은 개인사적으로나 문학사적으로나 '슬프고 억울한 일'이다. 그의 시는 '힘차고 뜨거운 가슴의 시'이며 그의 일생은 '여전사'와 같이 불꽃처럼 치열하였다. 그런데 김남주의 시가 민중의 해방을 노래하는 데 머물렀다면 고정희의 시는 시적 대상의 영역이 훨씬 다양한 스펙트럼을 형성한다. 그것은 그가 진취적이고 다원적인 인생관을 가지고 있었기 때문이다.

> 한 개의 창문이 열릴 때
> 한 개의 새로움이 우리에게 돌아옵니다
> 육십 개의 창문이 열릴 때

육십 개의 새로움이 태어나게 됩니다
이 육십 개의 새로움이란
육십 개의 <이즘>을 상징할 수 있습니다
그러므로 한두 개의 이즘이나 주장이
대대로 상속되고 계승된다는 것은
시간을 잃었거나 열쇠를 찾지 못해
이미 열려진 창문에
비디오 필름을 돌리는 일과 같습니다

(「환상대학시편·2 - 胎와 門과 시간」 부분)

고정희 시인에게 인간의 삶을 영위해 가는 시간은 언제나 '희망'이면서도 또한 '미지의 혼돈'이다. 그러므로 우리가 태어나 살아간다는 것은 아직 열어보지 않은 미지의 하늘에 육십 개의 창문을 하나하나 열어제치고 최초의 풍경을 찾아내는 일이기 때문에 그것은 '희망의 눈물을 체험한다는 것'에 다름 아니다. 미지의 하늘로 나 있는 창문을 열기 위해 열쇠를 찾는 일이 우리의 삶이다. 여기에서 중요한 것은 좀더 많이 배운다는 것도 좀더 많은 열쇠를 찾아내기 위하여 길을 안내 받는 것에 지나지 않고 다만 개인의 주체적 실천을 통해서만 그것을 얻을 수 있다는 인식이다. '삶을 투쟁'이라고 정의하는 명제를 실천하는 것도 하나의 창문을 열 수 있는 열쇠를 얻는 일에 지나지 않는다. 이 창문이 열릴 때 우리에게 새로움이 태어난다. 따라서 이 창문은 세상을 바라보는 시각이거나 관점으로서의 '이즘'이 된다. 그런데 우리의 현실은 한두 개의 창문으로 세상을 보는 '이즘'이나 '주장'이 대대로 상속되고 계승되면서 이미 열려진 창문으로 낡은 비디오필름을 돌리는 일을 계속하고 있다는 데 문제의 심각성이 있다. 그래서 시인은 '환상대학'의 학생들에게 진취적이고 다원적인 인생관을 가지고 끊임없이 새로움을 추구하라고 권면하고 있다.

이렇게 새로움을 추구하는 고정희의 시정신은 어느 한 곳에 머물지 못하고 자아성찰을 통하여 끊임없이 변신을 거듭한다. 그래서 그의 시적 대상은 어느 때는 하느님에 대한 종교적인 사랑인가 하면 자기희생 속에 한 생애를 보낸 어머니이고, 사회적 정의를 위해 죽어간 대학 동기인가 하면 순간 바람직한 삶을 위하여 산화한 민중이거나 혁명투사이고, 때로는 억압받는 여성인가 하면 제국주의적 자본주의의 압제를 받는 식민지 지배국의 힘없는 백성이기도 한다. 물론 그것이 시기적으로 순차성을 가지는 것은 사실이지만 어떤 삶의 현실이나 예술적 실천에도 오래 머물지 않는다는 점이 고정희의 시적 궤적이 보여준 특징이다. 시적 주체는 스스로를 '아나키스트'라고 규정하고 있는 점이 이를 반증한다.

잡힐 것만 같은 꿈으로부터
귀향의 고요한 힘살로부터
나를 걸어매는 언약으로부터
아주 멀리 멀리 떠나기로 했네

나 그립거든

허무 숭숭한 벌판으로 오게나
나 잊고 싶거든
마지막 남은 잎새를 보게나
떠난 듯 머물고
머문 듯 떠나는 바다를 보았나?
모든 것에 철저히 예속되면서
보는 것에 절저히 自由한 自我,
어느 편도 아닌 난 아나키스트라네
이 세상 내 차지 환상뿐이지
떠나야겠네

(「巡禮記 · 1」 부분)

시적 주체는 곧 실현될 것 같은 꿈이나 아늑한 고향에 안주하려는 내적 욕망이나 구원을 약속하신 하느님의 언약으로부터도 아주 멀리 떠나기로 했다고 말한다. 그러나 그가 정작 떠나고자 한 것은 시인을 둘러싸고 있는 삶의 현실이 아니라 그의 내적 심리이거나 무의식이다. 철저한 자아성찰을 거쳐서 그는 떠난 듯 머물고 머문 듯 떠나며, 모든 것에 철저히 예속되면서 동시에 모든 것에 철저히 자유로운 자아를 지니고 있는 아나키스트이고자 했다. 이런 시적 태도는 그의 시가 하느님의 사랑을 노래하면서도 그 속에 함몰되지 않고, 민중이나 여성의 권익을 노래하면서도 대립적이거나 배타적이지 않을 수 있는 강점을 지닐 수 있게 한다. 그런 점에서 고정희의 시는 '허무 숭숭한 벌판'에서 고독한 영혼을 가진 떠돌이가 부른 노래라고 할 수 있다.

2.

고정희의 시적 여정은 먼저 시적 주체가 자신의 실존적 아픔을 인식하는 개인적 실존의 고뇌를 노래하다가 시적 주체와 세계 안에 가로놓인 상황적 아픔을 인식하면서 점차 현실모순에 눈떠감으로써 고통에게로 가서 민중의 해방과 여성의 해방과 민족의 해방을 노래하는 데까지 이른다. 그런데 첫시집 『누가 홀로 술틀을 밟고 있는가』(1979)에서부터 유고시집 『모든 사라지는 것들은 뒤에 여백을 남긴다』(1992)에 이르기까지 전 여정을 꿰뚫고 있는 것은 성서적 상상력과 하느님에 대한 절대적 사랑이다. 그것은 생존에의 의지와 생명에 대한 사랑으로 나타난다.

새벽에 깨어 있는 자, 그 누구인가는
듣고 있다. 창틀 밑을 지나는 북서풍이나
대중의 혼이 걸린 백화점 유리창
모두들 따뜻한 자정의 적막 속에서도
손이라도 비어있는 잡것들을 위하여
눈물같은 즙을 내며 술틀을 밟는 소리.

(중략)

갈 곳이 술집뿐인 석탄불을 위하여
떠날이 없는 오두막을 위하여
치졸들 와글대는 사랑채를 위하여

활자만 줍고있는 인쇄공을 위하여
이리저리 떠밀리는 장바닥을 위하여
가야금 하나가 절정을 타고
한줄의 詩가 버림을 당할때
둔갑을 꿈꾸는 안개 속에서
홀로 술틀을 밟고 있는 사람아,

잠든 메시아의 봉창이 닫기고
대지는 흰 눈을 뒤집어 쓰고 누워
작은 길 하나까지 묻어버릴때
홀로 술틀을 밟고 있는 사람아.

그의 흰 주의(周衣)는 분노보다 진한
주홍으로 물들고 춤추는 발바닥 포도 향기는
떠서 여기저기 푸른 하늘
갈잎 위에 나붓끼는 소리 누군가는
듣고 있구나

(「누가 홀로 술틀을 밟고 있는가? – 지기의 노래」 부분)

이 시는 첫시집 『누가 홀로 술틀을 밟고 있는가』를 대표하는 작품이다. 이 시는 성서를 통하지 않고는 해석이 불가능하다. 성서의 「이사야」 63장[1])을 시화한 것으로 「요한계시록」 14장 10

---

1) "에돔에서 오며 홍의를 입고 보스라에서 오는 자가 누구뇨. 그 화려한 의복, 큰 능력으로 걷는 자가 누구뇨. 그는 내니 의를 말하는 자요 구원하기에 능한 자니라. 어찌하여 네 의복이 붉으며 네 옷이 포도즙 틀을 밟는자 같으뇨. 만민 중에 나와 함께 한 자가 노함을 인하여 무리를 밟았고 분함을 인하여 짓밟았으므로 그들의 선혈이 내 옷에 뛰어 내 의복을 다 더럽혔음이니 이는 내 원수 갚는 날이 내 마음에 있고 내 구속할 해가 왔으나 내가 본즉 도와주는

절[2]을 상호텍스트적으로 읽으면 이것은 타락한 세상을 징벌하는 하느님의 진노를 상징하고 있다는 것을 어렵지 않게 알 수 있다. 여기서 말하고 있는 '포도'는 '진노의 포도(the grapes of wrath)'로서 하느님의 진노를 의미한다. 에돔은 역사상 언제나 이스라엘을 대적하였기 때문에 여기서는 모든 하느님의 대적들을 표상한다. 따라서 홀로 술틀(winepress)을 밟는다는 것은 원수들을 진멸했다는 뜻이다. 하느님의 의복이 진멸한 원수들의 피가 흰 주의(周衣)를 붉게 물들여 마치 포도즙 틀을 밟은 자와 같이 되었다는 것이다. 이러한 하느님의 징벌과 구원에 대한 계획과 말씀을 시적 주체와 그의 지기(知己)는 새벽에 깨어서 듣고 있다. 결국 이 시의 상징적 의미는 시가 제 기능을 하지 못하고, 하느님의 힘을 믿을 수 없는 시대라고 할지라도 머지않아 메시아가 재림하여 심판과 구원을 베푸실 것이라는 믿음의 확인이자 깨어있고자 하는 다짐인 것이다. '수유리'로 표상되는 기독교적 사상과 믿음은 시인에게 마지막까지 올곧은 삶과 정신을 유지하도록 깨어있게 하였다.

> 밤마다 하루만큼의 살갗에 돋아난
> 밤마다 하루만큼의 슬픔에 돋아난

자도 없고 붙들어 주는 자도 없으므로 이상히 여겨 내 팔이 나를 구원하며 내 분이 나를 붙들었음이라. 내가 노함을 인하여 만민을 밟았으며 내가 분함을 인하여 그들을 취케 하고 그들의 선혈로 땅에 쏟아지게 하였느니라."(1-6절)

2) "그도 하나님의 분노의 포도주를 마시리니 그 진노의 잔에 섞인 것이 없이 부은 포도주라 거룩한 천사들 앞과 어린 양 앞에서 불과 유황으로 고난을 받으리니"

부정(否定)의 가시를 자르며 운다
밤마다 하루씩 깊은 어둠을 넘어
그 어둠의 기슭에 흐르는 물처럼
바람 부는 마당을 가로질러 가는 너.
더운 목숨의 정으로도 어쩌지 못하는
그대 붙박힌 혼 앞에서
정물 하나까지 소리내어 끊는 밤은
하늘의 정적이 지상을 덮는다
아는가, 우리가 등돌려
거리에서 돌아올때
하늘로 길을 연 나무들이
본능으로 사랑하는 바람의 고향을.
그리고 사라지는 황홀한 경악을.
사랑아, 내 더운 부분만을
잘라내는 사랑아,
눈물겨워라
수액을 나무가 거부할 수 없듯이
네 혼속에 내 넋을 박고
이세상 끝을 걸어가리라는 꿈

(「변증의 노래」 전문)

시인은 밤마다 부정의 가시를 자르며 운다. 이 부정의 가시는 '더운 목숨의 정'이라는 생리적 욕망에서 자라나는 것이다. 이 개인의 실존적 고뇌를 가로질러 가는 '너'는 시적 주체로 하여금 등돌려 거리에서 돌아오게 하고 하늘로 길을 연 나무들이 본능으로 사랑하는 바람의 고향이 의미하는 바를 깨닫게 한다. 여기에서 '하늘'은 고정희 시에서 반복적으로 등장하는 천상의 이미지로서 하느님의 세계를 상징한다. 밤마다 '더운 부분'을 잘라내는, 시적 주체의 하느님에 대한 사랑은 눈물겹다. 그런데 여기서의 사랑은 「戀歌」에서 "겨울 난롯불에 내 혼을 쬐며 고린도전서 13장[3])을 펴면 / 내 진실의 계단 어디쯤서 너는 오고 있는가. / 어둠을 쓰러뜨리며 난롯불은 조금씩 내 피를 덥히고 / 꿈틀이며 끔틀이며 타고 있는 글자들"이라고 토로하고 있는 점으로 미루어 성서적인 의미의 사랑이다. 이러한 절대적 의미의 사랑을 실천하지 못하는 시적 화자의 실존적 고뇌와 갈등은 시인을 눈물겹게 하고 나아가서 "네 혼속에 내 넋을 박고 / 이세상 끝을 걸어가리라는 꿈"을 꾸게 하는 것이다.

따라서 고정희에게 시를 쓴다는 것은 하느님의 낙원에서 쫓겨난 인간들의 처절한 삶의 모습을 확인하고 어떻게 구원에 이를 것인가를 탐색하는 작업이라고 할 수 있다. 『실락원 기행』(1981)이나 『초혼제』(1983), 『이 시대의 아벨』(1983)은 주로 실낙원에서의 구원과 사랑을 노래한 것이다.

친구여 야훼는 언제나 침묵하셨지
언제까지나 기다림이신 야훼
언제까지나 언제까지나 장벽이신 야훼
언제까지나 언제까지나 언제까지나

---

3) "사랑은 오래 참고 사랑은 온유하며 투기하는 자가 되지 아니하며 사랑은 자랑하지 아니하며 교만하지 아니하며 무례히 행치 아니하며 자기의 유익을 구치 아니하며 성내지 아니하며 악한 것을 생각지 아니하며 불의를 기뻐하지 아니하며 진리와 함께 기뻐하고 모든 것을 참으며 모든 것을 믿으며 모든 것을 바라며 모든 것을 견디느니라" 「고린도전서」 13장 4-7절)

열등한 우리의 신념이신 야훼
우리의 위선의 동기가 되신 야훼
비천한 분노에 심장을 맡기는 우리의
대리석 기둥이신 야훼
금술동이의 술잔을 허락하신 야훼
야훼는 그렇게 오해를 허락하셨지
야훼는 그렇게 의혹도 허락하셨지
피흘림도 난도질도 도피도 허용하셨지

(「化肉祭別詞」 부분)

오늘의 현실에서 하느님은 우리의 길이요 진리요 생명이면서도 언제나 침묵하셨고, 우리를 끝없이 기다리게 하시며, 넘지 못한 장벽이시고, 위선의 동기를 부여하시며, 향락과 오해와 의혹을 허락하시고, 또 피흘림과 난도질과 도피까지를 허용하셨다. 그래서 무등산 무당촌 철거 시 철거반원을 죽이고 사형을 당한 '박흥숙'(「朴興塾傳」)이나 망월동에 묻힌 광주민중항쟁 때 희생된 사람들(「말월리 비명」, 「말월리 풍경」 등)은 모두 우리 시대의 아벨이라고 할 수 있다. 이러한 시적 인식에서 시인은 하느님의 모습을 더 많이 닮은 아벨이 카인에게 죽임을 당하듯 이 시대의 아벨들이 폭력적 억압 세력이라고 할 수 있는 카인에게 죽임을 당하고 만 현실을 비통한 마음으로 노래하고 있는 것이다.

물론 그의 시 전편에는 '죽어있는 삶'과 '살아있는 죽음'에 대한 콤플렉스가 다양한 모습으로 육화되어 있다. 그래서 그의 시에는 살아남은 자의 슬픔을 여기저기서 언급하고 있다. 카인에게 죽임을 당한 아벨을 하느님이 더 사랑하셨듯이 시인은 의롭게 죽은 자들을 더욱 사랑한다. 이러한 시들에는 당시에 사회적 정의를 위하여 분신하거나 죽는 일이 너무 일상화되어 있었기 때문에 오히려 죽어서 정신적으로 살아있는 영혼과 살아있지만 죽어있는 삶을 대비하고자 하는 시인의 태도가 반영되어 있다.

그래서 고정희에게 시를 쓰는 행위는 넓게는 참다운 복음을 전하기 위한 '디아스포라'[4]이며 좁게는 실낙원에서 사랑을 실천하는 일이었다.

검푸른 하늘 하늘로 하늘로
꿈얼레 등에 업고 날아오른 독수리
그 독수리도 사라진 가을 저녁에
친구여 불운한 꿈의 불씨 다둑여
빈 들녘에 장작을 괸다
빈 가슴에 쑥불을 놓는다

떠난 바다 돌아올 것 같은 저녁에
날아가 버린 독수리 하늘 가득
차오를 것 같은 저녁에 친구여
심중의 깊은 말[言] 쏟아
숯불 괄게 지핀다

4) <디아스포라>는 희랍어로서 팔레스타인 바깥 지역에 살면서 그 이방인들 가운데에서 이스라엘의 종교적 전통을 고수하는 유대인들을 가리킨다. 이것은 유대인의 신앙의 끈질김과 유산의 내구력을 입증하는 하나의 증거이고 동시에 낯선 이국 땅에 복음을 전파하기 위해 하나님이 예비하신 교두보로 해석된다.「디아스포라 - 슬픔에게」,「디아스포라 - 환상가에게」,「디아스포라 - 발에게」,「디아스포라 - 길에게」 등과 기독적인 모든 시들이 여기에 해당한다.

아직도 캄캄한 밀림의 미로에서
누가 벌목을 두려워하랴만
들을 횡단하는 암캉아지를 보며
누가 순결을 믿어 주랴만
(백발백중 명중의 화살 한다발
인연의 곳간에 비축해야 하리라)

만개한 숯불에 무딘 쇠붙이 꽂고
무막한 뜨거움 달아오를 동안
친구여, 비장의 망치 하나
이슬에 젖어 있다

(「풀무질 노래」 전문)

이 시는 초기 고정희 시인의 시 쓰는 행위와 방법을 가장 잘 보여준다. 시인은 하늘로 날아오르는 독수리 같은 꿈을 잃어버린 가을 저녁에 '불운한 꿈의 불씨를 다둑여' 빈 가슴에 '쑥불'을 놓는다. 잃어버린 꿈이 되돌아올 것 같은 시간, '심중의 깊은 말(言)'을 쏟아 가슴속에 괄게 지핀 불은 '숯불'이 된다. 이 '만개한 숯불'에 무딘 쇠붙이를 꽂아 뜨거움으로 달아오르면 이슬에 젖어 있는 '비장한 망치'로 단련(鍛鍊)하기 위하여 시인은 풀무질을 계속할 수밖에 없다. 이 풀무질은 심중의 깊은 말을 숯불로 괄게 지피는 행위이고, 이 과정에서 시인과 세계 사이에 놓인 상황적 아픔이 치유를 받을 수 있는 구원의 가능성이 생긴다. 이 때 '무딘 쇠붙이'는 시인의 삶이자 인생이다. 이 쇠붙이가 담금질로 단련되면 하느님이 보시기에 좋은 어떤 형상을 갖추게 되는 것이다. 그러나 세상은 '캄캄한 밀림의 미로'이기에 함부로 벌목되고 황량한 들판이기에 인연의 곳간에 비축된 큐피드의 화살에 맞아 순결을 지키고 살기가 쉽지 않다. 시인 역시 그런 살육과 향락의 공간에서 자유롭지는 못할지라도 끊임없이 심중에 깊은 내면의 소리에 귀 기울이며 자성하고 있는 것이다. 결국 고정희에게 시를 쓰는 행위는 삶의 좌표를 정하는 일이자 구원에 이르기 위한 참회와 구도의 길이기도 하였다.

그러나 이 시는 「유랑하는 이브의 노래 - 창세기 3장 16절」과 함께 읽으면 실낙원에서의 사랑 노래가 되기도 한다. 한국의 전통적인 시가에서는 '풀무질'이나 '골불무'가 주로 사랑의 메타포로 쓰였다. 그런데 이 시에서 '풀무질'은 시인이 사랑에 대한 자의식을 통해 실존적 아픔을 느끼고 이를 초월하려는 객관적 상관물로 쓰이고 있다. 성경의 창세기 3장 16절에는 아담과 이브가 선악과를 따먹고 에덴에서 내쫓길 때 하느님께서 이브에게 "이르시되 내가 네게 잉태하는 고통을 크게 더하리니 네가 수고하고 자식을 낳을 것이며 너는 남편을 사모하고 남편은 너를 다스릴 것이니라"는 말씀이 기록되어 있다. 시인에 따르면 이 시대의 이브는 "아이 하나 낳고 싶어서 / 때늦기 전 아이 하나 얻고 싶어서 / 삼백육십날 비린 구토에 젖은 여자 / 능수버들로 서서 풍상 비끼고 / 나무등걸로 서서 한세월 버티면서 / 뼈마디 육신대는 노동 휘어잡고 / 온갖 비린 것들은 풀무질하는 여자"이다. 하느님의 뜻대로 살기 위해 "나무깍지 같은 손에 일곱 삼 년 움켜쥐고 / 들판보다 탄탄한 기다림을 가(耕)는 여자",

"드디어 한 알의 밀알로 썩는 여자"가 되지 않으면 안 된다. 그래서 시인에게 '풀무질'은 단순한 육욕적 사랑이 아니라 "다만 사람 하나 얻고 싶어서 / 때늦기 전 사람 살고 싶어서" 몸부림치는 연단의 길이자 생명을 잉태하고 키우는 어머니의 사랑을 실천하는 일이고 동시에 시를 쓰는 일이다.

또한 그 사랑은 현실에서 이루어질 수 없는 비극성을 내포하고 있다.

붉은 눈물 게워내는 황혼 속으로
한강물 떠서 날아간 사람아
흘러서 흘러서 아득한 사람아
사지에 콸콸 북받치는 사람아

너 흘러 세상의 꼭대기에 닿거든
구만리 폭포수로 희게 돌아오거라
깊고 어두운 계곡에
카바이트 불빛 한 점
내 넋으로 흔들리며 우나니
세상 끝날을 예감하며 빛나리니

(「사랑을 위한 향두가」 부분)

현실 속에서 시인은 사랑을 위한 상엿소리를 부르고 있다. 어디에도 구속될 수 없는 영원한 자유주의자였던 시인은 "사지에 콸콸 북받치는" 사랑하는 사람을 가서 꽃피우고 하늘과 만나라고 한강물에 날려보낸다. 황혼 속으로 한강물에 떠서 날아간 사람이 세상 꼭대기에 닿아 구만리 폭포수로 희게 돌아오면 시인은 세상 끝날을 예감하면서 카바이트 불빛 한 점으로 자신의 넋을 흔들며 울 것이라고 말한다. 따라서 이 시는 시인의 생애를 그대로 대변해준다고 할 수 있다. 구만리 폭포수로 돌아온 사랑을 뱀사골의 깊고 어두운 계곡에서 만난 시인의 비극적 생애는 우리를 가슴 아리게 한다.

3.

이 실낙원에서 시인은 오직 현실의 어둠을 응시하고, 이 시대의 '빛이 된 사람들'이 이 큰 어둠의 땅으로 내려오는 것에서 희망을 발견하는 일뿐이었다. "이 어둠 속에서 우리가 할 일은 / 오직 두 손을 맞잡는 일 / 손을 맞잡고 뜨겁게 뜨겁게 뜨겁게 부둥켜안는 일 / 부둥켜안고 체온을 느끼는 일 / 체온을 느끼며 하늘을 보는 일"(「서울 사랑 - 어둠에 대하여」)은 개인의 실존적 고뇌와 구원에서 한 발짝도 더 나아간 것은 아니다. 그러나 고정희 시인은 개인의 구원에서 점차 사회의 구원에 관심을 갖기 시작한다.

그러나 친구여, 나는 오늘밤
오만한 절망으로 똘똘 뭉쳐진
한 사내의 술잔 앞에서
하느님을 모르는 절망이라는 것이
얼마나 이쁜 우매함인가를

다시 쓸쓸하게 새김질하면서
하느님을 등에 업은 행복주의라는 것이
얼마나 맹랑한 도착 신앙인가도
토악질하듯 음미하면서, 오직
내 희망의 여린 부분과
네 절망의 질긴 부분이
톱니바퀴처럼 맞닿기를 바랐다

(「서울 사랑 – 절망에 대하여」 부분)

개인의 실존적인 면에서 하느님을 모르는 상태가 '절망'인데 이것은 "영등포나 서대문이나 전라도 / 컴컴한 한반도 구석진 장들마다 / 죽죽하게 젖어 펄럭이는 내 / 하느님의 눈물과 탄식"이나 "아프리카나 베이루트나 뱅글라데시 / 우울한 이 세계 후미진 나라마다 / 풍족한 고통으로 덮이시는 내 / 하느님의 언약과 부르심"을 깨닫지 못한 상태이다. 그러나 시인은 경제적 궁핍과 불평등을 극복하기 위해 행동하는 '네 절망'과 '나'의 구원으로서의 희망이 "한몸의 혈관으로 통하기를" 간절히 바라고 있다. 이런 의식의 확장은 '네' 행위가 '이쁜 우매함'이라는 것, 또한 사회적 현실을 도외시한 교회의 행복주의가 '맹랑한 도착 신앙'이라는 것을 '토악질'하듯 음미했을 때만 가능한 것이다. 이후 그는 무교회주의자가 되어 "수유리에 떠도는 칼바람소리와 만나 / 칼바람과 살기로 약속하였다."(「다시 수유리에서」) 그에게 '수유리'는 현실에 안주하는 안일함과 시대적 고통을 인식하고 동시에 자기반성을 가능하게 해주는 정신적 고향이었다. 그가 권력과 결탁하여 사회현실의 고통에 눈감고 빗장을 걸어잠그는 교회를 통열히 비판하고 있는 것은 모두 "이웃 사랑하기를 네 몸과 같이 하라"(레위기 19:18)는 하느님의 말씀을 실천하지 않았기 때문이다.

그래서 시인은 의인을 기다리는 노래(「서울 사랑 - 두엄을 위하여」)를 부르면서 "젊은 네 한 몸 기꺼이 던져 / 이름 없는 자유의 제방이 되"고 "척박한 조국의 땅을 위하여" "한 바지기 두엄으로 훠이훠이 뿌려졌"던 아우의 목숨 바친 사랑을 칭송하면서 창세기 18장 32절을 전용하여 "오 야훼님 / 노하지 말으소서 / 한 번만 더 간청하오니 / 여기 의인 열 사람만 두엄으로 뿌려지면 / 이 땅을 멸하지 않으시렵니까?"라고 절규한다. 서울을 소돔성으로 인식하는 시인은 죽어서 사는 의인의 삶을 희구하고 있는 것이다.

역사와 사회의 현실모순에 눈뜬 다음 고정희 시인에게 시작(詩作)은 현대사를 연구하는 일에 다름 아니었다. '또 하나의 문화' 창간 동인으로 참여하는 1984년을 전후로 하여 고 시인의 시정신은 개인적 실존의 고뇌를 넘어서 안으로만 치열하게 작동하던 자성의 시선이 현실모순을 극복하는 방향으로 확산된다. 경제적 불평등과 정치적 낙후성, 구겨진 여성의 권익과 제국주의 자본의 횡포로부터 벗어나 사회정의를 실현하기 위한 실천의 당위성을 강조하게 된다. 그에게 "아름다운 창조나 자유로운 상상이란 / 천한 이름 찾아내어 귀한 이름 만들고 / 죽은 맥 짚어내어 피를 통하게 하고 / 세계의 고통에 입맞추는 힘"(「현대사 연구 · 10 - 경건주의 시인에게 쓰는 백서」)이다. 결국은 예수를 십자가에 못 박은 바리세파처럼 경건주의 시인들이 참된 예술은 우주나 영원이나 사랑이 근본이니 속세의 잡사에서 발을 떼야한다고 주장하는 허위의식을 뒤집어 천한 것을 귀하게 만들고 세상의 고통을 위무하고 치유하여 생명을 부여하는 곳에 시의 힘이 있다는 것이다. 민중의 고통과 함께 할 때 시는 제 기능을 수행할 수 있다는 논리이다. 그러므로 경건주의 예술파 시인들의 아름다운 말속에는 무서운 음모가 숨어 있다는 문학관을 드러낸다.

어여쁜 말들을 고르고 나서도 저는
같은 생각을 했습니다
모나고 미운 말
건방지게 개성이 강한 말
누구에게나 익숙치 못한 말
서릿발서린 말들이란 죄다
자르고 자르고 자르다보니
남은 건 다름아닌
미끄럼타기 쉬운 말
찬양하기 좋은 말
포장하기 편한 말뿐이었습니다
썩기로 작정한 뜻뿐이었습니다
그러므로 말에도
몹쓸 괴질이 숨을 수 있다면
그것은 통과된 말들이 모인 글밭일 것입니다

(「현대사 연구 · 1」 부분)

여기에 이르면 시는 더 이상 유희적 언어의 예술이기를 그치고 다만 현실모순을 지양하기 위한 성찰의 기록이 된다. 그러므로 '아름다운 꽃밭 속'에 '우리들의 적'이 숨어 있듯이 제도적 관습이나 규정이 허용하는 '어여쁜 말들' 속에는 불합리한 체제에 순응하는 '몹쓴 괴질'이 숨어 있게 된다. 고정희의 시어가 모나고 건방지며 서릿발 서린 날카로움을 가지고 있는 것은 이 때문이다. 이것은 언어적 아름다움을 넘어서 실천하는 삶의 치열성이 시로 그대로 표출된 것에 다름 아니다. 『광주의 눈물비』(1990) 서문에서 "서툴면 서툰 대로 모났으면 모난 대로 반란을 일으키는 감정들을 토악질해내지 않고는 견딜 수 없다는 악발에 북받쳐 시를 썼다. 그러므로 이 시집은 대망(大亡)의 구십년대를 온순하게 맞이하고 있는 한 시인의 정신적 방황의 기록이며 도큐먼트이다. 여기에는 이미 어떤 시가 좋다거나 나쁘다는 말로 표현할 수 없는, 선택의 차원을 넘어선 '정면대결'이 있을 뿐이다."라고 기술하고 있는 점은 이러한 사실을 여실하게 보여준다.

고정희는 1980년대를 "부분적으로 회색을 띠지 않고는 / 아무것도 존재할 수 없는 간통의 시대"(「프라하의 봄 · 2」)로 규정한다. 이 '간통의 시대'에 횡횡하는 것은 중도보수주의이다. 이것은 "더운 목숨의 외로움 탓으로 / 칼이 되지 못하는 우리들의 언어와 / 끈질긴 목숨의 죄 때문에 / 훼절로 부지하는 당대의 문화"를 만들어냈다. 따라서 시인은 "한 나라의 자유를 위한 죽음은 / 선택이 아니라 복종이기에 / 간을 적셔 쓴 몇 줄의 시로는 나 / 구원받지 못하리라 예감하"(「프라하의 봄 · 1」)면서 혁명이 되기 위해서는 언어가 칼이 되어야 하는 절박한 시대에 자신의 실천력 결핍을 냉혹하게 자기 반성하고 있는 것이다. 그래서 그는 "어느 날 꽃이 피긴 피리라는" 막연한 믿음만을 가지고 있는 미지근한 중도보수주의를 극단적으로 혐오하였다. 왜냐하면 "역사적 정의와 진실이 불편함이 된 이 시대에 '문학적 은유와 알레고리는 거짓 시대를 고수하는 충실한 시녀가 될 수 있다'는 내면의 외침을 들었"(『광주의 눈물비』 서문 「시집 머리 몇 마디」)기 때문이다. 시의 언어가 칼이 되기를 열망했다는 점에서 그는 당대의 혁명가인 셈이다. 여성해방과 민중해방과 민족해방을 노래한 모든 시들은 이 연장선상에 놓여 있다.

고정희는 독일의 철학자요 비평가인 아도르노가 이십세기 지성을 향하여 내질렀던 "아우슈비츠 이후에도 서정시는 가능한가?"란 물음을 "광주항쟁 이후에도 행복주의는 가능한가"라는 물음으로 변용하여 정의와 진실이 매장당한 현실을 비판하고 참된 정의 사회를 꿈꾼다. 그가 광주항쟁을 시로 쓰기 시작한 것은 제4시집 『이 時代의 아벨』(1983) 이후부터이다. 이 시집에 실린 「망월리 비명」이나 「群舞」 등은 살아남은 자들의 슬픔과 부끄러움을 노래하거나 오월항쟁을 간접적으로 은유하는 차원에 머물렀다. 제5시집 『눈물꽃』(1986)에 오면 '프라하의 봄'과 '광주의 봄'을 동일시하면서 민주화에 대한 열망을 간접화한다. 제6시집 『지리산의 봄』(1987)에 이르러 '오월 광주'는 역사와 만나면서 구체적 형상성을 획득한다.

남원에서 섬진강 허리를 지나며
갈대밭에 엎드린 남서풍 너머로
번뜩이며 일어서는 빛을 보았습니다
그 빛 한 자락이 따라와
나의 갈비뼈 사이에 흐르는
축축한 외로움을 들추고
산목련 한 송이 터뜨려놓습니다
온몸을 싸고도는 이 서늘한 향기,
뱀사골 산정에 푸르게 걸린 뒤
오월의 찬란한 햇빛이
슬픈 깃털을 일으켜세우며
신록 사이로 길게 내려와
그대에게 가는 길을 열어줍니다
아득한 능선에 서계시는 그대여
우르르우르르 우레 소리로 골짜기를 넘어가는 그대여
앞서가는 그대 따라 협곡을 오르면
삼십 년 벗지 못한 끈끈한 어둠이
거대한 여울에 파랗게 씻겨내리고
육천 매듭 풀려나간 모세혈관에서
철철 샘물이 흐르고
더웁게 달궈진 살과 뼈 사이
확 만개한 오랑캐꽃 웃음소리
아름다운 그대 되어 산을 넘어갑니다
구름처럼 바람처럼
승천합니다

(「지리산의 봄 1 - 뱀사골에서 쓴 편지」 전문)

형상성이 뛰어난 이 시는 대상 세계와 시인의 온전한 합일이 아름다운 서정성을 드러낸다. 시적 주체는 뱀사골에서 '번뜩이며 일어서는 빛'을 보게 된다. 그 빛이 시적 주체의 갈비뼈 사이에 흐르는 외로움을 들추고 산목련 한 송이 터뜨려 놓은 것처럼 온몸에 서늘한 향기를 준다. 그 빛이 30년 전 생존과 정의로운 삶을 위해 투쟁했던 지리산의 파르티잔이라는 것을 '오월의 찬란한 햇빛'이 일깨워준다. '오월'의 정신이 '그대'에게 가는 길을 열어준 것이다. '앞서가는 그대 따라 협곡을 오르'는 행위는 시적 주체가 그들의 삶을 따라 배우는 삶의 실천이며 그들의 명예를 회복시키는 일일 뿐 아니라 자신의 생명에 살아 숨쉬는 역동성을 부여하는 것이다. 빨치산 전사의 영혼과 오월 영령들이 합창하고 여기에 시적 주체가 감응함으로써 삼자가 온전한 합일에 이르렀을 때 '더웁게 달궈진 살과 뼈 사이 / 확 만개한 오랑캐꽃 웃음소리'를 체험하는 일이 가능했던 것이다. 시인이 그들의 참된 정신을 따라갈 때 긴 어둠이 씻기고 생명이 용솟음치며 그의 영혼이 하늘에 오를 수 있게 된다.

역사와 만난 '오월 광주'는 여성해방을 노래한 제7시집 『저 무덤 위에 푸른 잔디』(1989)에 오면 민중해방의 디딤돌이 된다. "광주항쟁 고통 속에 / 우리 혁명 있습니다 / 광주민중 죽음 속에 / 우리 부활 있습니다 / 잠재울 수 없는 남도의 바람 속에 / 우리의 염원, 우리의 개벽 있습니다"(「넷째거리 - 진혼마당 : 넋이여, 망월동에 잠든 넋이여」)라고 노래한 고정희는 제8시집 『광주의 눈물비』(1990)에서 광주민중항쟁의 의미를 본격적으로 탐색한다.

오월이라는 의미를
그대 저녁밥상에서 밀어내지 말라
광주는 그대의 밥이다

오월이라는 눈물을
그대 마른 가슴에서 닦아내지 말라
광주는 그대의 칼이다

오월이라는 함성을
그대 출세진급표에서 삭제하지 말라
광주는 그대의 부활의 땅이다

오월이라는 주먹밥을
그대 축복 가운데서 외면하지 말라
광주는 그대 진실의 징표이다

오월이라는 기다림을
그대 겨울 난롯불에 화장하지 말라
광주는 그대의 봄, 우리의 봄,
서울의 봄이다

(「망월동 원혼들이 쓰는 절명시 - 우리의 봄, 서울의 봄 2」 전문)

이렇듯 '오월 광주'는 우리들의 밥(삶의 양식)이고 혁명의 칼이며 부활의 땅이며 진실의 징표일 뿐 아니라 생명이 약동하는 새로운 시작으로서 봄이다. 그러나 이런 시들이 처절한 삶의 자각과 각고의 몸부림 속에서 온몸으로 절규하는 진정성을 담보하고 있다고 하더라도 그것이 효용론적 입장에서 의미전달에만 머물고 있다는 점에서 일정한 한계를 노정한다고 보아야 할 것이다. 이것은 대부분의 시들이 사랑과 정의를 위한 원론이나 총론격의 관념성을 벗지 못함에서 연유한다. 시적 대상의 구체적 형상성보다는 독자를 향한 계몽담론이 우월한 입장에 서 있기 때문이다. 그래서 그의 민중시들이 민중해방을 노래하고 있으면서도 구체적인 민중의 모습은 거의 찾아보기 어렵다.

그러나 다음의 시에서는 노동자의 삶이 따뜻한 애정으로 그려지면서 구체적 형상성을 확보하고 있다.

하루 일 끝마치고
황혼 속에 마주앉은 일일노동자
그대 앞에 나온 국수 한 사발
그 김 모락모락 말아올릴 때

남도 해 지는 마을
저녁연기 하늘에 드높이 올리듯
두 손으로 국수사발 들어올릴 때

무량하여라
청빈한 밥그릇의 고요함이여
단순한 순명의 너그러움이여
탁배기 한잔에 어스름이 살을 풀고
목메인 달빛이 문앞에 드넓다

(「그대가 두 손으로 국수사발 들어올릴 때」 전문)

이 시는 고정희의 시중에서 보기 드물게 민중의 모습이 생생하게 그려지고 있다. 하루 일을 끝마치고 황혼 속에서 김 모락모락 나는 막국수 한 사발을 다 먹고 난 다음 국수사발 들어올려 남은 국물까지 다 마시는 노동자의 모습이 눈에 선하다. 곁들인 탁백기 한 잔에 어둠살이 내리고 달빛 가득 목이 메이는 노동자의 일상은 무량하고도 청빈한 삶과 하늘의 명에 순종하는 진정성을 잘 보여준다.

4.

고정희의 여성주의시는 현대사 연구의 일환으로 이루어졌다. 제5시집에 실린 「현대사 연구 · 14 - 가을 하늘에 푸르게 푸르게 흘러가는 조선 여자들이여」가 그의 최초의 여성주의시이다. 이 시는 사대부 밥줄 지키기 위해 공녀로 팔려간 고려의 여자들이 청천벽력 때리며 들국 산국 향으로 돌아오고, 친일 매국노 재산 지키기 위해 일본의 정신대로 끌려간 조선 여자들이 천재지변 데불고 달빛 스산한 한강물 밟으며 돌아오고, 오늘날은 가진 자들의 배불려주기 위해 기생관광, 상업관광으로 팔려가는 한국의 여인들의 애환을 고발하고 있다. 제6시집에서 연작으로 「여성사 연구」 시리즈를 내놓았지만 그것은 고작해야 여자의 노력이 가족의 삶과 안식의 원동력이라거나 시대의 진실과 정의를 위해 그들도 기여하는 바가 있었다는 정도에 머물고 있다. 그리고 장시집 『저 무덤 위에 푸른 잔디』(1989)도 겉으로는 여성해방을 노래하고 있는 것처럼 보일지라도 실제로는 '오월 광주'를 통한 사회정의와 조국해방을 선포하는 것에 지나지 않는다.

넋이여,
망월동에 잠든 넋이여
하늘이 푸르러 눈물이 나네
산꽃 들꽃 피어나니 눈물이 나네

누가 그날을 잊었다 말하리
누가 그날을 모른다 말하리
가슴과 가슴에서 되살아나는 넋
칼바람 세월 속에 우뚝 솟은 너

진달래 온 산에 붉게 물들어
그날의 피눈물 산천에 물들어
꽃울음 가슴에 묻지르는 어머니
그대 이름 호명하며 눈물이 나네

목숨 바친 역사 뒤에 자유는 남는 것
시대는 사라져도 민주꽃 만발하리
너 떠난 길 위에 통일의 바람 부니
겨레해방 봄소식 눈물이 나네

(「누가 그날을 모른다 말하리」 전문)

그러나 역사 사회적 상황 속에서 여성의 문제를 다룬 그의 여성주의시는 제9시집 『여성해방출사표』(1990)에서 정점을 이룬다. 고정희는 한국 여성주의의 선구자인 황진이, 이옥봉, 신사임

당, 허난설헌 등의 입을 빌어 '이야기 여성사'를 쓰고 있다.

아아 그리고 오늘날
생존권 투쟁에 피 뿌리는 딸들이여
민족민주 투쟁에 울연한 딸들이여
남자출세성공에 희생된 딸들이여
무엇을 더 망설이며 주저하리
다 함께 일어나 가자
남자들의 뒷닦이는 이제 끝났도다
우리가 시작하였고 그대가 완성할
해방세상의 때가 임박하였도다
우리의 길은 오직 하나
여자해방 투쟁 드높은 신명으로
언님들의 어진 땅 어진 하늘 되살려 옴이니
전쟁의 칼을 쳐서 보습을 만들고
폭력의 창을 쳐서 떡을 만드는 이
어머니의 손 말고 뉘 있으리
학살의 능선에서 생명을 품어 안고
대립 갈등 골짜기서 사랑을 보듬는 이
여자의 젖가슴 말고 뉘 다시 있으리
정치혁명 깃발 아래 살림의 어머니 불러내고
성혁명 깃발 아래 생명의 어머니 불러내고
교육혁명 깃발 아래 사랑의 여자 불러내어
가자, 가자, 가자, 딸들이여
기만으로 죽맞은 헌정사 끝장내고
생명세상 개벽천지 살길을 마련하자
대범 해동 조선 어진 따님 일어섰도다

(「여자해방 투쟁을 위한 출사표」 부분)

이 시는 허난설헌이 해동의 딸들에게 보내는 메시지이다. 시인은 '국민교육헌장'을 패러디하여 여성해방 출사표를 쓰고 있다. 여성해방은 '남녀평등 평화 민주세상 이룩함'을 '여자해방 투쟁의 좌표'로 삼고, '여자가 주인되는 정치평등 살림평등 경제평등을 바탕으로 / 분단 분열 없는 민족공동체 회복을 / 공생공영의 지표로 손꼽는다'. 이런 여성주의시가 설득력을 지니게 될 수 있는 것은 전쟁과 폭력을 사랑으로 바꾸는 어머니의 모성성이 그 밑바탕을 이루기 때문이다.

어머니가 돌아가신 다음 그의 시속에 등장하기 시작한 어머니는 절대적 신앙의 대상이었다. 부활하신 예수가 하늘에 오르사 하느님 우편에 앉아 계신다면 어머니는 "부활대축일에 하늘에 오르사 / 하느님 왼편에 앉"(「고별제 - 어머님의 일주기에」)아 계실 만큼 예수와 어머니는 고 시인의 정신적 지주이자 삶의 좌표였다. 따라서 '인간에게 번쩍번쩍 광나는 모습'은 "그것은 한여름 푸르고 넓은 들밭에서 / 곡식들의 싱그러운 뿌리를 토닥이며 / 줄기를 쓰다듬으며 지심이란 / 지심을 모조리 뽑아 / 강물 같은 하염없는 땀으로 / 대지를 멱감기는 어머니의 모습"(「대지를 멱감기는 어머니」)이다. 시인에게 '이 세상에서 가장 감격적인 모습'이자 '서럽도록 그리운 모습'이 "가을이 오기 전에 / 지상에서 가꿔야 할 수확을 헤아리며 / 불볕 더위와 함께 한증막 같은 무더위 막더위와 함께 / 사래 긴 밭고랑에서 / 석양을 맞으시는 어머니의 모습"이라고 한다면 이것은 삶의 양식을 준비하는 '살림의 어머니'이자 동시에 생명을 기르는 '생명의 어머니'이기도 하다. 건강한 생명력을 담보할 수 있는 '살림'과 '생명'의 어머니가 보여준 사랑을 통하여 여성해방을 달성하고자 하는 것이 고정희의 여성주의시이다.

어머니의 부음을 받았을 때 시인은 "그대 이름 목젖에 아프게 걸린 날은 // 물 한 잔에도 어질머리 실리고 // 술 한 잔에도 토악질했다 // 먼 산 향하여, 으악으악 // 밤 깊도록 토악질했다"(「전보」) 어머니를 여의고 난 다음 시인은 자신을 '천둥벌거숭이'라고 여긴다. 연작시 「천둥벌거숭이 노래」 중의 하나인 다음의 시는 어머니가 죽은 다음에도 여전히 시인의 삶을 지탱해주는 정신적 지주였음을 확인하게 한다.

새벽 달빛에 덮인
아득한 꿈 하나 일으켜세우고
어두운 강줄기 흐르는 곳에
삼십 년 지기인 바람의 끈을 풀어
평화주의자처럼,
갈잎 돛단배를 띄웠습니다

우주가 주저앉는 저 물굽이
먼 곳에 가라앉는 그대 음성,

그대 음성 속에는 늘
들망초 꽃벌판 희게 흔들리고

그대 음성 속에는 늘
미루나무 숲이 울고 음악이 부서지고

그대 음성 속에는 늘
폭풍우 치던 밤의 어머니 달려와
갈잎 돛단배 위에 실은 내 생애

어여 가, 어여 가
손 흔들어줍니다

(「그대 음성」 전문)

'갈잎 돛단배' 같은 시인의 생애를 지탱해주는 하느님의 음성 속에는 늘 "저 칼날 같은 세상을 걸어오면서 / 몸이 상하지 않"(「독신자」)도록 "어여 가, 어여 가 / 손 흔들어" 주는 어머니의 음성과 사랑이 자리하고 있다.

그가 1980년대 중반 이후 본격화되는 여성주의 운동의 한가운데서 의식적인 자각의 상태로 진정한 의미의 여성주의시를 썼다는 점이 그가 한국현대시사에 기여하는 바일 것이다. 그의 여성주의시는 여성해방에만 머물지 않고 민주해방이나 민족해방으로까지 확장되어 배타적 대립의 차원을 넘어서고 있고, 여기에 건강한 생명력으로서의 모성성이 구체적 형상성으로 작용하고 있다는 데 그 의의가 있다.

5.

제7시집 『저 무덤 위에 푸른 잔디』 이후 고정희의 시는 현실 모순을 강력히 비판하고 언어의 칼로 혁명을 선도하려는, 치열한 삶에서 터져 나오는 성찰의 기록이었다. 모순된 현실에 '정면 대결'하면서 '목숨을 걸고 하는 모든 일은 아름답다'[5)]는 고정희의 시정신은 우리를 숙연하게 한다.

> 이제부터 인생이 무어냐고 묻거든
> 허튼삶 삽질하는 힘이라 말해둬
> 이제부터 목숨이 무어냐고 묻거든
> 허튼넋 몰아내는 칼이라 말해둬
> 대쪽 같은 사람들아
> 금쪽 같은 사람들아
> 각자 목숨에 달린 허튼밥줄 가려내!
> 각자 연혁에 얽힌 허튼돈줄 잘라내!
> 진짜밥 잔짜사랑 뉘 아니 그릴쏜가
> 허튼밥줄 끊고 나면 눈이 뜨일거야
> 허튼돈줄 자르고 나면 새 길이 열릴거야
> 새벽이 오기 전에 매춘능선 넘어가세
> 이 밤이 가기 전에 허튼꿈 불을 놓으세
> 허, 불이야 불이야 불이야
> 허튼넋 허튼바람 활활 타는 불이로다
>
> (「밥과 자본주의 - 몸바쳐 밥을 사는 사람 내력 한마당」 부분)

'허튼꿈'에 불을 지르며 '해방의 피와 살'이 되고 '평등의 길잡이'가 되고자 하는 시인의 불꽃같이 치열한 삶에서 내지르는, "각자 목숨에 달린 허튼밥줄 가려내! / 각자 연혁에 얽힌 허튼

5) "사랑도 목숨 걸면 불이 되고 간음도 목숨 걸면 꽃이 되듯이 목숨 걸고 하는 일은 아름답단다 목숨 걸고 하는 일은 거룩하단다"(「현대사연구 · 3 - 나의 바두기에게」)

돈줄 잘라내!"라는 일성은 도덕적 우월성을 지니고 있다. 한국의 시인 중 그 누가 이보다 우리의 허위의식을 날카롭게 지적한 사람이 있었는가? 단숨에 문제의 핵심에 육박하는 촌철살인의 시정신이야말로 고정희 시의 미덕이다.

그러나 뭐니뭐니해도 고정희 시의 미덕은 상처받은 영혼을 위무하고 그들에게 사랑의 메시지를 전하는 데 있다.

상한 갈대라도 하늘 아래선
한 계절 넉넉히 흔들리거니
뿌리 깊으면야
밑둥 잘리어도 새 순은 돋거니
충분히 흔들리자 상한 영혼이여
충분히 흔들리며 고통에게로 가자

뿌리 없이 흔들리는 부평초잎이라도
물 고이면 꽃은 피거니
이 세상 어디서나 개울은 흐르고
이 세상 어디서나 등불은 켜지듯
가자 고통이여 살 맞대고 가자
외롭기로 작정하면 어딘들 못 가랴
가기로 목숨 걸면 지는 해가 문제랴

고통과 설움의 땅 훨훨 지나서
뿌리 깊은 벌판에 서자
두 팔로 막아도 바람은 불듯
영원한 눈물이란 없느니라

영원한 비탄이란 없느니라
캄캄한 밤이라도 하늘 아래선
마주잡을 손 하나 오고 있거니

(「상한 영혼을 위하여」 전문)

이 시가 사회적 현실에 대한 날카로운 의식과 민중적 한을 밑바탕에 깔고 있으면서도 그 궁극적인 귀결점은 대결과 좌절을 극복한 자리에서 얻어지는 기독교적인 사랑과 희망이다. "상한 갈대라도 하늘 아래선 / 한 계절 넉넉히 흔들리거니"라는 표현은 "상한 갈대를 꺾지 아니하며 꺼져가는 등불을 끄지 아니하고 진리로 공의를 베풀 것이며"(이사야 42:3)라는 성경 구절을 인유한 것으로, 이것은 죄악에 빠져 영원히 죽을 운명에 처한 인간을 버리지 않고 구원하시는 하느님의 무한한 은혜를 나타낸다. 여기서 '하늘'은 그의 모든 시들이 그렇듯 하느님의 세계를 상징한다. 그래서 '상한 갈대'는 모든 소외되고 상처받은 영혼을 지칭하며 '하늘'은 그 상한 영혼들을 치유해주는 하느님의 은총의 장이다.

뿌리 없이 흔들리는 부평초잎이라도 물 고이면 꽃이 피고, 이 세상 어디서나 개울물은 흐르며, 등불이 켜지는데 하물며 뿌리 깊은 갈대라면 밑둥이 잘리어도 새 순은 돋아나는 법. 어떠한 고난과 고통에서도 뿌리 깊은 하느님의 구속과 은혜는 영원한 것이기에 살을 맞대고 가는 사랑의 연대의식은 고통과 설움을 극복할 수 있는 유일한 실천적 대안인 것이다. 목숨을 걸고 서로 살을 맞대고 가는 연대 투쟁은 "캄캄한 밤이라도 하늘 아래

선 / 마주잡을 손 하나 오고 있”을 것이라는 강한 믿음을 전제로 한다. 시인에게 목숨 걸고 하는 일은 모두 아름답고 거룩하다. 여기서 ‘마주잡은 손’은 ‘하늘’로 표상되는 하느님의 구속의 역사와 은혜이기도 하지만 살을 맞대고 가는 연대의식의 등가물이기도 하다. 고통에게로 가서 충분히 흔들리고 나면 고난이 다할 것이라는 이러한 믿음은 ‘영원한 눈물’이나 ‘영원한 비탄’이란 없다는 인식의 연장선이다.

우리가 ‘상한 갈대’를 민중이라는 사회학적 논리로만 해석할 때 그 의미 영역은 형편없이 축소되고 만다. 하늘 아래 그 어떤 인간이라도 상처받지 않는 영혼을 소유할 수는 없다. 기독교식으로 말하면 원죄로 인하여 땅은 저주를 받았고 인간은 땀을 흘리며 종신토록 수고하여야만 그 소산을 먹으며 여자는 잉태하는 고통을 통하여 자식을 낳고 결국은 죽을 수밖에 없는, 저주받은 운명을 지니게 된 것이다. 그러므로 지상의 모든 인간은 상한 영혼의 소유자들이다. 그러나 인간을 구원하시는 하느님의 구속의 역사와 은혜가 그를 믿는 인간들이 살을 맞대고 가는 사랑의 연대의식과 조우할 때 고통과 설움을 넘어서 평화와 안식을 누릴 수 있는 여지가 마련될 수 있는 것이다. 따라서 이 시는 사회적 갈등과 대립을 극복하고자 하는 단선적인 것이 아니라 실낙원의 현실에서 고통 당하는 상한 영혼들을 위무하고 우리 모두에게 하느님의 사랑을 전하는 복음의 노래라고 할 수 있다.

이상에서 살펴본 고정희의 시와 삶의 여정은 시를 쓰는 작업을 통해 삶의 좌표를 설정하고 개인과 사회의 구원에 이르기 위한 참회와 실천의 길이었다. 그의 시적 대상이 개인적 실존이나 민중, 여성, 민족의 모순에 이르기까지 매우 다양하고 이를 극복하기 위한 방법이 절대적 사랑의 연대의식이라는 점에서 그의 시는 사회학적 논리로 간단히 설명될 수 없는 복잡성을 지니고 있다. 시적 대상이 무엇이든 거기에는 반드시 절대적 사랑이 튼튼한 뼈리로 자리잡고 있다. 그 사랑은 첫째가 구원을 예비하신 하느님 사랑이고 둘째가 '살림'과 '생명'의 원천으로서의 어머니 사랑이다. 전자가 인간의 영혼의 문제를 해결하려는 천상의 사랑이라고 한다면 후자는 인간의 삶의 문제를 해결하려는 지상의 사랑이었다. 절대적이라는 점에서 등가성을 갖는 이 두 사랑이 고정희 시의 원천이라고 할 수 있다. 주로 개인적 실존의 문제나 민중해방을 시적 대상으로 하는 시들에는 하느님의 절대적 사랑이 작동하고 여성해방과 민족해방을 시적 대상으로 하는 시들에는 어머니의 절대적 사랑이 작동하는 경향이 강했다.

전체적으로 보면 그의 시에서의 현실인식은 기독교적 상상력에 의존한다. 오늘의 인간세상을 실낙원으로 파악한 시인은 실낙원을 기행하면서 이 시대의 아벨들이 당하는 고통과 수난을 증거하고, 죽어서 정신적으로 살아 있는 의인의 삶을 희구하거나 사랑의 연대의식을 강조함으로써 이 슬픔과 좌절을 극복하고자 하였다. 특히 사랑의 연대의식은 "일찍이 보지도 듣지도 못했던 세상 / 이룰 수도 꿈꿀 수도 없었던 땅 / 어머니 하느님 나라가 / 이미 시작되었"(「십일간의 해방구 - 암하레츠 시편 10」)던 10일간의 해방구로서 '오월 광주'에서 절정을 이룬다. 이러한 연대의식이 절대적 사랑과 조우할 때 구체적 형상성을 얻었다. 공존에의 의지와 생명에 대한 사랑을 노래한 고정희의 시는 넓게는 현실에서 고통 당하는 상한 영혼들을 위무하고 우리에게 참다운 복음을 전하기 위한 '디아스포라'이며, 좁게는 정의로운 사회를 위하여 사랑을 실천하는 비판담론이었다.

Chapter 4

피로 씌어진 언어의 화살 - 김남주론

1. 혁명전사로서의 삶과 예술적 실천

1980년 5월 광주민중항쟁 당시의 학살을 "무등산은 그 옷자락을 말아올려 얼굴을 가려버렸다/ 밤 12시/ 영산강은 그 호흡을 멈추고 숨을 거두어버렸다"(「학살2」)고 노래한 시인 김남주. 현실사회주의가 무너지고 자본주의는 이념적 착종현상을 보이고 있는 21세기 벽두에도 여전히 그의 시가 문제되는 것은 무엇 때문인가? 합리주의적 생산성을 추구하는 근대적 이성이 무력해지고 경계선이 불분명해진 오늘날까지도.

시인 황지우는 김남주의 죽음을 애도하는 자리에서 그를 일러 "아아, 이 아무도 못말리는 꼴통이여, 통큰 강도여, 혁혁한 전사여, 혁명가여,/ 그러나 끝끝내는 시인이여, 이 저주받은 대지를 노래한 시인이여"[1]라고 규정한다. 아마도 인간 김남주를

---

1) 황지우, 「그대, 뇌성 번개치는 사랑의 이 적막한 뒤끝」, 《실천문학》 1994년 봄호, 123쪽.

이보다 더 적합하게 표현하기는 어려울 것이다. 그는 길지 않은 전 생애 동안 '사랑의 무기'로서 시를 가지고 온몸으로 혁명을 실천한 인물이었기 때문이다.

대가리를 치면 꼬리로 일어서고
꼬리를 치면 대가리로 일어서고
가운데를 한 가운데를 치면
대가리와 꼬리가 한꺼번에 일어서고

뭐 이 따위 것이 있어
그래 나는 이 따위 것이다

만만해야 죽는 시늉하고 살아야
밥술이라도 뜨고 사는 세상에서

나는 그래 이 따위 것이다.

(「率然」 전문)

"침묵의 시위를 떠나 피로 씌어진 언어의 화살로 가자"(「길」)고 다짐하는 예술적 실천이 혁명가로서 그의 임무였다. 그 혁명은 손자병법에 있는 솔연(率然)[2]처럼 하는 것이었다. 대가리를 치면 꼬리로 일어서고 꼬리를 치면 대가리로 일어서며 한 가운

2) 率然이란 원래 중국 고대 전설 속에 나오는, 상산(常山)에 산다는 뱀의 이름이다. 《孫子, 九地》에 보면 "故善用兵者, 譬如率然. 率然者, 常山之蛇也. 擊其首則尾至, 擊其尾則首至, 擊其中則首尾俱至."(『漢語大詞典 2』, 漢語大詞典出版社, 1988, 382-383쪽)이라고 되어 있는데, 김남주는 전술로써 솔연의 방법을 위의 시 1연에 그대로 번역해서 몽타주하고 있다.

데를 치면 대가리와 꼬리로 한꺼번에 일어서는 솔연의 병법이야말로 싸움에 이길 수 있는 적극적인 전술이다. 그가 감옥에서 밖으로 보낸 편지들에는 필명으로 이 '솔연'이 쓰이고 있는 점으로 미루어 그가 얼마나 철저한 혁명 전사로 살고자 했는가를 짐작할 수 있게 한다.

그가 삶과 예술에서 보여주었던, 불의에 저항하는 혁명의 선도성과 불굴의 실천력은 한국문학의 시금석으로 자리하게 될 것이다. 역사적 사건을 추동하는 힘으로서 동학혁명, 3·1운동, 4·19혁명, 5·18민중항쟁 등이 그 구체적인 과정을 사상하고 오직 그 이념만이 시퍼렇게 살아 오늘날까지 우리들의 정신적 지주가 되는 것처럼, 좀더 나은 삶을 향한 인간정신의 숭고함을 혁명전사적 치열함으로 문학적 실천을 선도했던 김남주의 시정신은 앞으로 한국문학의 형상적 이념이 될 것임에 틀림없다. 이러한 시정신은 끊임없이 우리 문학사에 끼어들면서 한국문학의 빛과 소금의 역할을 담당하고 있다.

그러나 이런 혁명의 진정성과 순결성, 그리고 실천적 선도성은 한국문학의 문학적 이념은 될 수 있을지언정 미학적 예술성까지 담보하지는 못한다. 김남주의 시가 한국 현대시의 미적 전통으로 자리잡기 위해서는 새로움의 미적 자질과 형상성을 획득하고 있어야만 한다. 그의 시가 그런 자질과 특성을 머금고 있는가를 밝히는 작업이 곧 이 글의 목적이다.

2. 김남주 시의 인식론적 토대

김남주가 혁명가의 길을 걷고, 그의 시가 혁명전사에 대한 찬가일 수밖에 없었던 정신사적 맥락은 어디에 있을까. 산업화되어 가는 1970·80년대에 분단된 한국의 현실을 어떻게 인식하는가에 대한 인식론적 토대를 살핌으로써 그 맥락을 짚어볼 수 있을 것이다. 물론 그의 개인사적 삶이 투쟁과 투옥의 연속이었고, 시의 대부분이 감옥에서 씌어졌기 때문에 실제 현실에서 일정하게 절연되어 구체성이 떨어지고 신념에 가까운 고정관념에 근거하고 있다는 점은 인정된다.[3)] 그 고정관념이란, 첫째 시는 혁명의 무기로서 복무해야 하며 그러기 위해 시는 여타의 물리적 수단들과 마찬가지로 '사용'되어야 한다는 것, 둘째 모든 사회적 현실과 인간관계, 나아가 자연현상들까지도 유물론적·계급적 관점에서 파악해야 하며 시의 성취도는 그 철저성에 비례한다는 것, 셋째 시는 이지적 판단에 의해 계산되고 통제되어야 한다는 것, 넷째 우리 민족사회의 본질적 현실은 제국주의에 의한 분단과 매판적 지배계급의 독재적 지배로 규정될 수 있고, 따라서 근로 대중의 비타협적 계급투쟁만이 새로운 사회를 가

3) 그러나 김남주에게 감옥은 우리 현실 사회보다 정신적 자유를 더 많이 누리는 곳이기도 했다. 그는 출옥 후 첫 시집인 제4시집 『솔직히 말하자』의 「후기」에서 "신체적 자유에서야 감옥에서보다는 더 많은 자유를 누리고 있지만 사실 나는 사상이라든가 창작이라든가 하는 정신적인 자유에서는 감옥에서보다 훨씬 적은 자유밖에 누리지 못하고 있는 것이다"라고 토로한다. 현실의 변화에 따른 그의 투쟁의 목표가 변하기도 했지만 어떻든 감옥에서 쓴 옥중시가 그의 정체성과 문학적 이념을 더 잘 보여준다.

능하게 할 수 있으며 시인은 모름지기 그러한 혁명운동의 이념적 전위가 되어 동참함으로써만 감동적인 시를 쓸 수 있다는 것이다.[4] 문제는 이러한 유물변증법적 인식의 토대가 시의 육체라고 할 수 있는 시적 형상성을 얼마만큼 획득하고 있는가에 있다.

다음의 시는 김남주의 고정관념이라고 할 수 있는 인식론적 토대가 어떻게 시적 형상성을 획득하는가를 보여준다.

> 마을 앞에 개나리꽃 피고
> 뒷동산에 뻐국새 우네
> 허나 무엇하랴 꽃 피고 새만 울면
> 산에 들에 나물 캐는 처녀가 없으면
>
> 시냇가에 아지랑이 피고
> 보리밭에 종달새 우네
> 허나 무엇하랴 산에 들에
> 쟁기질에 낫질 하는 총각이 없다면
>
> 노동이 있기에
> 자연에 가하는 인간의 노동이 있기에
> 꽃 피고 새가 우는 봄도 있다네
> 산에 들에 나물 캐는 처녀가 있기에
> 산에 들에 쟁기질 하는 총각이 있기에
> 산도 있고 들도 있고

---

4) 김사인, 「김남주 시에 대한 몇 가지 생각」, 『진혼가』(연구사, 1994년 개정판), 96쪽.

꽃 피고 새가 우는 봄도 있다네

(「나물 캐는 처녀가 있기에 봄도 있다」 전문)

이 시에서 우리는 김남주의 유물론적 인식태도를 어렵지 않게 읽어낼 수 있다. 어느 평론가는 이 작품이 우리 현대시에서 사랑의 걸작으로 평가받을 만하다고 말하면서 "자연의 변증법적 단계의 애정관을 뛰어넘어 우주 삼라만상의 주체자로서의 인간이 향유해야 할 사랑의 참모습을 추구"하고 있다고 높이 평가한다.[5] 그러나 실제로는 사랑을 문제 삼는 것이 아니라 인간과 자연 대상과의 관계에서 인간이 주체적으로 노동함으로써 이상적인 세계를 건설해 가야 한다는 이성중심주의적이고 유물변증법적인 인식론을 시로 표현한 것에 불과하다. '자연에 가하는 인간의 노동'이란 주체가 대상에 의미를 부여하는 근대적 사유방식이다. 그러므로 개나리꽃, 뻐꾹새, 꽃, 새, 시냇가의 아지랑이, 보리밭의 종달새 등은 그 자체로 존재 의의가 있는 것이 아니라 노동하는 인간과 함께 할 때 존재자로서의 의미를 부여받는다.

그에게 자연과 사회는 인간의 삶의 조건을 개선하는 방향으로 변혁되어야 하는 대상일 뿐이다. 그는 하이네, 마야코프스키, 네루다, 브레히트, 아라공의 시와 생애를 통해서 유물론적이고 계급적인 관점에서 세계와 인간관계를 문학적으로 형상화하는 창작기술을 배웠으며 전투적인 휴머니스트로서 그들의 인간적

5) 임헌영, 「김남주의 시세계」, 『솔직히 말하자』(풀빛, 1989), 198-199쪽.

인 매력에 압도되기도 했다. 그들이 김남주에게 주었던 교훈은 "인류에게 유익하고 감동적인 작품을 쓰기 위해서는 작가 자신이 진실한 삶을 살아야 하고, 자기 시대의 중대한 문제를 해결하는 데 있어서 착취와 억압에 저항하는 불굴의 전사가 되어야 한다는 것"이었다.[6] 그래서 그는 그들의 시에는 '육체를 가진 인간'이 있고, '인간과 인간 사이를 원수지게 하기도 하고 동지이게 하기도 하는 물질'이 있다는 것을 강조한다. 따라서 "사랑마저도 그들에게는 물질적이다 전투적이다 유물론적이다"(「그들의 시를 읽고」)고 노래한다.

나는 그린다 여인의 얼굴을
허공에 담배연기 속에 그 까만 눈을
내 고뇌의 무덤 그 하얀 유방과
달빛에 젖은 골짜기 그 축축한 허벅지를
눈을 감고 그린다 허공에 담배연기 속에

오 부챗살처럼 펼쳐지는 여인의 몸 밤의 잠자리여
입술을 기다리는 입술
팔을 기다리는 허리
가슴을 기다리는 가슴
오 귀가 멀수록 가깝게 들리는 그대 거친 숨결이여
나는 놓는다 나는 놓는다 나는 놓는다
그대가 마시는 모든 술잔에 나의 입술을
그대가 만지는 모든 사물에 나의 무기를

---

6) 김남주, 「나는 이렇게 쓴다」, 『창작이란 무엇인가』(정민, 1990), 281-282쪽 참조.

그대가 그리는 모든 그리움에 나의 노래를
깊고 깊은 골짜기에서 그대는 갈증의 샘처럼 흐르고
나는 땅속 깊이 그대를 파헤쳐 하늘 아래 별처럼
붉은 아기 하나 태어나게 하고 싶다

(「고뇌의 무덤」 전문)

남녀의 사랑까지도 유물론적 전투성을 바탕으로 한다. 「고뇌의 무덤」은 에로티시즘의 절창이라고 할 만하다. 그러나 그 사랑은 '붉은 아기'를 태어나게 하는 혁명의 메타포이다.

그는 철저하게 마르크시스트였다. 마르크시즘의 두 기둥이라고 할 수 있는 실천논리와 유물변증법이 그의 시적 토대이다. 전자는 세계를 해석할 것이 아니라 변화시켜야 한다는 것이고, 후자는 인간의 존재를 결정하는 것은 인간의 의식이 아니라 오히려 인간의 사회적 존재가 인간의 의식을 결정한다는 사실을 의미한다. 이러한 인식론적 편향성을 가지고 있는 그가 시 쓰는 이유를 "변혁운동의 사회적 토대이며 원동력인 대중의 정서와 이성에 어떤 변화를 일으켜 대중들 스스로가 현실에 대한 바른 이해와 변혁의지를 갖도록 하는 데"[7]에 두었던 것은 어쩌면 당연한 일이었는지도 모른다. 그의 시가 평이하고 논리 정연한 어법으로 대중을 가르치려고 한 작품이 많다는 것은 여기에서 연유한다.

---

7) 위의 글, 274쪽.

3. 삶의 조건을 변혁하기 위한 실천논리

김남주는 체험적 진실과 시를 동일시한다. "위대한 작품을 창조해내는 유일한 길은 위대한 삶인 것이다"라는 명제를 시금석으로 삼기 때문에 그의 시는 체험의 세계에서 한 발자국도 벗어나지 않는다. 따라서 그의 시들은 그의 인간적 체험 모두를 여과 없이 그대로 보여준다. 우리는 그의 시들만 읽어가도 그가 어떤 삶을 살았는지 알 수 있다. 그래서 그의 시에는 시적 주체인 화자가 대부분 김남주이거나 그를 닮은 '전사'이다. 그는 자신의 시에 대하여 다음과 같이 말하고 있다.

> 그래서 당연하게도 내 시의 내용은 맑은 공기, 깨끗한 물, 따뜻한 불, 밥이며 집이며 옷이며 학교며 노래며, 이런 것들을 갖고 싶어하되 그것을 제 뼈와 살의 노동으로 만들어내는 노동자 농민에 대한 애정이고, 기본적인 그런 것들을 갖고 싶어하면서도 그것을 남의 노동의 대가를 착취함으로써 독점하려는 자들에 대한 증오이고, 증오의 대상 '나쁜 사람들'을 찾아 무기를 벼리는 사람들에 대한 찬가이다.[8]

김남주 시의 큰 구도는 못 가진 자들에 대한 애정과 가진 자들에 대한 증오를 예각화하는 것이고, 노동의 대가를 착취하여 자본을 독점하는 '나쁜 사람들'과 '솔연'처럼 싸우기 위해 무기를 벼리는 사람(혁명전사)들을 찬양하는 것이다. 그가 추구한 시의 길은 계급해방을 기저에 깔고 이것이 구체적으로 전개되는 과

8) 김남주, 「후기」, 『사랑의 무기』(창작과비평사, 1989), 222쪽.

정에서 "억압의 사슬에서 민중이 풀려나는 길이고/ 외적의 압박에서 민족이 해방되는 길이고/ 노동자와 농민이 자본의 굴레에서 벗어나는 길"(「길」)로 세분화되었다. 따라서 그의 시는 ① 인간다운 삶을 갈망하는 민주화의 문제, ②민족해방과 주체성 확립의 문제, ③계급해방과 평등 사회 실현의 문제를 해결하려는 예술적 실천이었다. ①은 인간다운 삶을 구속하는 독재 권력에 대한 투쟁과 저항의 기록이고, ②는 민족의 주체성을 위협하는 미제국주의의 해악에 대한 고발과 남북분단의 이념적 갈등의 극복 및 민족통일 논리의 제시이며, ③은 노동자와 농민에 대한 애정과 계급 없는 이상사회의 건설에 대한 희구의 노래이다.

김남주의 전 생애와 삶과 예술적 실천을 잘 보여주면서 시적 긴장과 미학을 획득하고 있는 작품은 그의 문단 데뷔작이라고 할 수 있는 「진혼가(鎭魂歌)」이다.

1

총구가 나의 머리숲을 헤치는 순간
나의 양심은 혀가 되었다
허공에서 헐떡거렸다 똥개가 되라면
기꺼이 똥개가 되어 당신의
똥구멍이라도 싹싹 핥아 주겠노라
혓바닥을 내밀었다
나의 싸움은 허리가 되었다 당신의
배꼽에서 구부러졌다 노예가 되라면

기꺼이 노예가 되겠노라 당신의
발밑에서 무릎을 꿇었다 나의
양심 나의 싸움은 미궁(迷宮)이 되어
심연으로 떨어졌다 삽살개가 되라면
기꺼이 삽살개가 되어 당신의
손이 되어 발가락이 되어 혀가 되어

삽살개 삼천만 마리의 충성으로
쓰다듬어 주고 비벼 주고 핥아 주겠노라
더 이상 나의 육신을 학대 말라고
하찮은 것이지만 육신은 나의
유일(唯一)의 확실성(確實性)이라고 나는
혓바닥을 내밀었다 나는
무릎을 꿇었다 나는
손발을 비볐다 나는

2

쓰고 있다
지금 나는 쓰고 있다
세 겹으로 네 겹으로 갇혀 쓰고 있다
내 탓이다라고
서투른 광대의 설익은
장난 탓이다라고
어설픈 나의 양심 탓이라고
미지근한 나의 싸움 탓이다라고
모두가 모든 것이 내 탓이다라고
나는 지금 쓰고 있다

움푹 패인 주먹밥 위에
주먹밥에 떨어진 눈물 위에
눈물 같은 국물 위에
환기통 위에 뺑끼통 위에
시멘트 바닥에 허공에 천장에
벽 위에 식구통 위에
감시통 위에 침 발라
손가락으로 발가락으로 혓바닥으로
마르도록 벗겨지도록
피나도록 쓰고 있다

여러 골이 쑥밭이 된 것도
여러 집에 뒤집힌 것도
설익은 광대의 서투른
장난 탓이라고 함께
사랑했다는 탓으로 불려다니고
끌려다니고 밥줄이 막히고 끊어지고
스승의 난처한 입장도 나의
어설픈 양심 탓이다라고
법관의 어색한 표정도
간수의 안타까운 동정도
또 누구의 미안한 응원도 모두가
모든 것이 내 탓이다라고

공포(恐怖)야말로 인간의 본성을 캐내는 데
가장 좋은 무기(武器)이다라고

3

참기로 했다
어설픈 나의 양심과 나의
미지근한 싸움은 참기로 했다
양심이 피를 닮고
싸움이 불을 닮고
피와 불이 자유를 닮고
자유가 시멘트바닥에 응집된
피 같은 불 같은 꽃을 닮고
있다는 것을 배울 때까지는
응집된 꽃이 죽음을 닮고
있다는 것을 알 때까지는
만질 수 있을 때까지는
온몸으로 죽음을
포옹할 수 있을 때까지는
칼자루를 잡는 행복으로
자유를 잡을 수 있을 때까지는
참기로 했다
어설픈 나의 양심
미지근한 나의 싸움
양심아 싸움아 너는
차라리 참아라 차라리
참는 게 낫다고 참아라

(「진혼가」 전문)

이 시는 《창작과비평》 1974년 여름호(32호)에 그가 처음으로 문단에 시를 발표한 8편중의 하나이다.[9] 이 시도 "하찮은 것이지만 육신은 나의/ 유일(唯一)한 확실성(確實性)"이라고 믿는 유물론적 인식태도가 밑바탕을 이루고 있다. 시적 주체는 1973년 '함성지 사건'으로 취조를 받을 때 총구가 머리숲을 헤치는 극단적인 죽음의 공포 앞에서 얼마나 무참하게 굴복하고 말았는가를 통렬하고 솔직하게 고백하고 있다. 미지근한 싸움에 대한 처절한 자기반성에서 그는 감방에서 주는 주먹밥과 거기에 떨어지는 자신의 눈물과 국물과 환기통, 뺑끼통(변기), 시멘트바닥, 허공, 천장, 벽, 식구통, 감시통 위에 침을 발라 손가락, 발가락, 혓바닥으로 '미르도록 벗기지도록 피나도록' 모든 것이 자신의 미지근한 싸움 탓이라고 쓴다. 이렇게 처절하게 쓰는 행위는 자기반성이며 그의 시이기도 하다. 한국 현대시에서 부당한 권력에 굴복하고 이처럼 처절하고 통렬하게 자기반성을 수행하고 있는 시가 있었는가? 염무웅이 "김남주의 싸움에 있어서 가장 위대한, 남이 대신하기 어려운 무기는 그의 대책없는 순결성이다."[10]라고 말한 것도 여기에서 연유한 것이다. 따라서 이 시는 총구로 인해서 영혼이 파괴되었는데 이 상처받은 영혼을 달래

---

9) 데뷔작 8편은 「잿더미」, 「비」, 「헛소리」, 「동물원에서」, 「그들은 누구와 함께 자고 있는가」, 「불」, 「부우머랭」, 「진혼가」 등이다. 제3시집 『조국은 하나다』에 실린 「그 방을 나오며」란 시를 보면 그가 처음 시를 써본 것은 1973년 '함성지' 사건으로 10개월간 옥살이를 하는 감옥에서 였다. 그때 감방의 하얀 벽에 "이빨로 손톱을 깨물어 피의 증오로" 새겨 놓았던 시는 다음과 같다. "이 벽은/ 나라 안팎의 자본가들이/ 제국주의자와 그 괴뢰들이/ 쌓아올렸다/ 남과 북을 가로막아 그들의 재산을 지키기 위해/ 놈들로 하여금 놈들의 손톱으로 하여금/ 이 벽을 허물게 하리라 언젠가는"

10) 염무웅, 「남주를 기다리며」, 김남주 제3시집 『조국은 하나다』(남풍, 1988), 356쪽.

는 방식이면서 동시에 미지근하고 어설픈 투쟁과 설익은 양심을 지닌 생활인으로서 김남주를 조상하는 진혼가이고, 혁명 전사로서 시인의 출발을 알리는 선언문의 성격을 띠고 있다.

그가 미지근한 싸움을 참기로 한 것은 혁명가의 전술에 의한 것이다. 이것은 '피의 교훈'으로서 반격하기 위한 만반의 준비를 의미한다. '남민전사건'에 연루되어 감옥으로 넘어가면서 뒤에 남은 '남조선민족해방전선' 동지들에게 유언처럼 '마지막 인사'를 하면서 화자는 "역사의 변혁에서 최고의 덕목은 열정이네/ 그러나 그것만으로 다 된 것은 아니네 지혜가 있어야 하네/ 지혜와 열정의 통일 이것이 승리의 별자리를 점지해준다네/ 한마디 더 하고 싶네 적을 공격하기에 앞서/ 반격을 예상하고 그에 대한 만반의 준비가 되어 있지 않으면/ 공격을 삼가게 패배에서 맛본 피의 교훈이라네"(「마지막 인사」)라고 말하고 있는 점이 이를 반증한다. 만반의 준비는 곧 "온몸으로 죽음을/ 포옹할 수 있을 때," "칼자루를 잡는 행복으로/ 자유를 잡을 수 있을 때"이다. "다시 한번 칼자루를 잡아 보기 위해서"는 살아 남아야 하고, 아낌없이 가진 것을 내줄 줄 알아야 하는데, 예를 들면 "개떡인 양 한 점 살점이라도/ 선뜻 던져줄 줄 알아야"(「일보전진 이보후퇴」) 진정한 혁명가라는 것이다. 열정과 지혜의 통일을 이룬 혁명전사의 덕목은 때를 기다려 승리를 쟁취한다는 데 있다. 그러나 그 승리는 전사의 자기희생에 다름 아니다.

꽃이다 피다
육신이다 영혼이다
그대는 영혼의 왕국에서
육신을 어떻게 다루었는가
그대는 피의 꽃밭에서
영혼을 어떻게 다루었는가
파도의 침묵 불의 노래
영혼과 육신은 어떻게 만나
꽃과 함께 피와 함께 합창하던가
숯덩이처럼 검게 타 버리고
잿더미와 함께 사라지던가

(「잿더미」 부분)

그대가 한 발자국 전진하면
그 뒤에는 피가 강물이 되어 흐르고

그대가 한 발자국 물러나면
그 앞에는 시체가 산이 되어

오 자유여 무서운 이름이여
나는 부르지 않으리 그대 이름을 함부로

내란의 무기 위에서 시가전의 바리케이드에서
피의 꽃으로 내가 타오르는 그 순간까지는

(「꽃이여 이름이여 자유여」 부분)

그의 시에서 '꽃'은 혁명을 실천하는 육신을 상징하고, 피는 자유를 부르는 고귀한 영혼을 가리킨다. 그 육신과 영혼이 혁명의 실천 과정에서 "숯덩이처럼 검게 타 버리고/ 잿더미와 함께 사라"진다는 것은 "내란의 무기 위에서 시가전의 바리케이드에서/ 피의 꽃으로 내가 타오"른다는 것을 의미한다. 따라서 이것은 '피의 꽃으로 내가 타오르는' '전사'의 자기 희생만이 자유를 쟁취할 수 있는 유일한 길임을 천명하고, 그렇게 되기를 바라는 소망의 시적 형상이다. 그에 따르면 "싸움을 낳는 죽음보다 아름다운 죽음은 없"기 때문이다.[11] 불의에 투쟁하다 죽는 것이야말로 아름다움이며, 이것이 역사에의 진보를 가능하게 했다는 시적 인식이다. 그가 시속에서 보여주는 '혁명의 길'은 "끝이 보이지 않는 도피와 투옥의 길이고/ 죽음으로써만이 끝장이 나는 긴긴 싸움"(「혁명의 길」)이었다. 그래서 "기어코/ 어둠을 사르고야 말 불빛"(「솔직히 말해서 나는」)이 되고자 했던 이 같은 도덕적 우월성과 혁명적 열정이 김남주 시의 미덕이라고 할 수 있다.

그에게 있어서 최선을 다하지 않은 미지근한 싸움은 역사 앞에서 유죄가 된다.(「시집 『진혼가』를 읽고」) 따라서 '투쟁의 그날그날'이 김남주에게는 시의 요람이었다. "혁명이 나의 길이고 그 길을 가면서/ 부러진 낫 망치 소리와 함께 가면서/ 첨으로

11) "죽음에 값하는 싸움 하나 있기에/ 피 흘리는 싸움에 값하는 죽음 하나 있기에 형제여/ 이 땅에서 나 벅찬 행복입니다 눈물입니다/ 삼월에서 사월로 사월에서 오월로/ 하나됨의 핏줄로/ 내달리고 쓰러지고 다시 일러나 아우성치는/ 크낙한 싸움 하나 있기에/ 죽음 위에 죽음 하나 쌓아올려 꽃봉오리로 살아 있기에/ 내 가슴은 숨가쁜 아름다움입니다 경이입니다"(「싸움」).

시라는 것을 써보게 되었다고/ 노동의 적과 싸우다 보니 농민과 함께 노동자와 함께/ 피 흘리며 싸우다 보니/ 노래라는 것도 나오더라고 저절로 나오더라고/ 나는 책상머리에 앉아 시라는 것을 억지로 써본 적이 없다고/ 내 시의 요람은 안락의자가 아니고 투쟁이라고 그 속이라고/ 안락의자야말로 내 시의 무덤이라고"(「시의 요람 시의 무덤」) 노래하고 있는 점으로 미루어 우리는 그가 감옥에 있을 때 오히려 더 행복했을 것이라는 생각을 하게 된다. 그래서 그의 옥중시들이 더욱 시적 긴장을 유지하고 있는지도 모른다.

4. 촌철살인(寸鐵殺人)의 직접성과 서정적 진실

김남주의 시가 '전사의 찬가'로서 시적 형상성을 얻는 것은 단숨에 문제의 핵심에 육박해서 촌철살인하는 직접성에 있다. 시적 주체가 물러설 수 없는 싸움에 임하는 전사이기 때문에 살기(殺氣)에 가까운 적의를 가지고 적과 대치하는 긴장된 투쟁 상황이 시의 형식을 간명하게 만든다. 군더더기 없는 진술은 문제의 핵심으로 곧바로 치고들어 시를 무기로 만든다. 예를 들면 "시인이여/ 누구보다 먼저 그대 자신이/ 싸움이 되어서는 안 되는가/ 시인이여/ 누구보다 먼저 그대 자신이/ 압제자의 가슴에 꽂히는/ 창이 되어서는 안 되는가"(「시인이여」)의 경우에서처럼 실천 없이 입으로만 자유 평등과 투쟁을 노래한 시인에게

거침없이 일침을 놓는다. 이런 시작법은 시적 대상을 간접적으로 에둘러 표현하는 것을 미덕으로 삼는 기존의 시문법을 무질러버린다.

낫 놓고 ㄱ자도 모른다고
주인이 종을 깔보자
종이 주인의 모가지를 베어버리더라
바로 그 낫으로.

(「낫」 전문)

종으로 상징되는 민중의 분노와 복수를 그 어떤 수식도 없이 섬뜩하게 보여준다. 가진 자에 대한 증오를 넘어서서 광기에 가까운 분노의 폭발이다. 유대인들의 지혜서인 『탈무드』에서는 복수와 증오의 차이를 다음과 같이 규정하고 있다. "자네가 나에게 낫을 빌려주지 않았기 때문에 나도 말을 빌려줄 수 없네"라고 한다면 '복수'이고, "자네가 낫을 빌려주지 않았지만 나는 자네에게 말을 빌려주겠네"라고 한다면 증오이다. 김남주의 시에서는 점잖은 증오의 차원을 훨씬 뛰어 넘어버린다. 피아의 관계 설정 자체가 목숨을 담보하여 싸우는 전장이다. 이렇게 긴장된 전투적 정신의 백열상태가 '허위의 장막'을 헤치는 '시인의 칼'(「하늘과 땅 사이에」)로서 촌철의 시 형식을 가능하게 하고, 그러한 시는 '피묻은 진실'을 알몸으로 드러낸다. 이것이 「나의 칼 나의 피」의 세계이다.

미군이 있으면
삼팔선이 든든하지요
삼팔선이 든든하면
부자들 배가 든든하고요

(「쓰다 만 시」 전문)

미군이 없으면
삼팔선이 터지나요
삼팔선이 터지면
대창에 찔린 깨구락지처럼
든든하던 부자들 배도 터지나요

(「다 쓴 시」 전문)

위의 두 시는 상호텍스트적으로 읽어야만 시적 긴장과 의미가 살아난다.[12] 김남주 시의 한 축인 반외세의 문제를 다루고 있는 이 시는 분단국가인 현실에서 부자들이 미군의 보호를 받으며 든든하게 잘 살고 있는 현실과 그런 현실의 파괴를 두려워하는 부자들의 허위의식을 섬뜩한 이미지로 표현하고 있다. 그에게 미국은 "침략과 약탈로 거재를 쌓아올린 마천루의 나라"(「아메리카여 아메리카여 아메리카여」)이기 때문에 "내가 죽

12) 「쓰다 만 시」와 「다 쓴 시」는 1985년 《실천문학》 여름호에 발표되었다. 나중에 『나의 칼 나의 피』와 『조국은 하나다』에는 그대로 실려 있으나 옥중시선집 『저 창살에 햇살이』에는 「삼팔선」이라는 제목으로 합쳐지고 내용도 달라졌다. 「쓰다 만 시」가 1연이고 「다 쓴 시」는 2연인데 2연은 다음과 같이 달라졌다. "미군이 없으면/ 삼팔선이 터지나요/ 삼팔선이 터지면/ 부다들 배도 터지고요" 김남주의 시가 대부분 옥중시이기 때문에 원본을 확정하는 일이 필요하다. 대부분의 시들이 판본에 따라 표기가 각기 다르다.

어 차라리 개로 환생할 수 있다면/ 내 눈엣가시 주둔군의 저 철사줄이라도 물어뜯을 것을/ 내 증오의 깃발 성조기에 대고 울부짖기라도 할 것을"(「동두천에서」)하고 염원하기도 한다. 이러한 민족의 문제는 "조국은 하나다"라는 슬로건으로 응집된다.

"조국은 하나다"
이것이 나의 슬로건이다
꿈속에서가 아니라 이제는 생시에
남 모르게가 아니라 이제는 공공연하게
"조국은 하나다"
권력의 눈 앞에서
양키 점령군의 총구 앞에서
자본가 개들의 이빨 앞에서
"조국은 하나다"
이것이 나의 슬로건이다

(「조국은 하나다」 부분)

하나 된 조국을 방해하는 세력은 크게 세 가지이다. 하나는 인간다운 삶을 구속하는 독재 권력으로 시속에서 '권력의 눈'으로 구체화되었다. 또 하나는 민족해방을 가로막는 외세인데 이것은 시속에 '양키 점령군의 총구'로 표현되었다. 그리고 나머지 하나는 계급해방과 평등사회를 가로막는 자본가계급으로 이 시속에서는 '자본가 개들의 이빨'로 이미지화되었다. 이 방해 세력이 적이고, 이 적을 물리치기 위한 전사가 시인이며, 그 시인의 슬로건이 "조국은 하나다"이다.

김남주의 이러한 슬로건이나 선전선동시들은 역사에 대한 성급한 열망에서 연유한다. 이런 시들이 빠지기 쉬운 함정은 대중을 지나치게 피동적인 존재로 설정한다는 데 있다.[13] 변혁운동에 나설 것을 목청껏 외친다고 변혁이 이루어지는 것이 아니라 독자 대중들이 능동적으로 변혁운동에 참여할 때 변혁은 가능할 것이기 때문이다. 따라서 좋은 시는 답답한 현실일지라도 그 현실을 집요하게 추구하여 그 본질을 드러냄으로써 독자 대중이 스스로 변혁의 방향과 동력을 찾아내고 이를 자각하는 데 있다.

이런 선언적 명제로서의 슬로건이나 선전선동이 시가 될 수 있었던 것은 「아버지」와 같은 이야기 시(narrative poem)가 가지고 있는 솔직성과 냉혹한 자기비판, 그리고 곧바로 진실에 육박하는 촌철살인의 직접성, 「어떤 관료」 등에서 쓰인 풍자나 알레고리 등 다양한 기법을 동원한 혁명적 대중성 등이 시적 형상성을 얻었기 때문이다. 알레고리적 상징의 사용을 예로 들면, "이 길로 가다 오른 쪽으로 꺾으면 노예의 길이고/ 저 길로 가다가 왼 쪽으로 펴지면 해방의 길이다/ 옳지 옳지"(「옳지 옳지」)와 같은 경우, 우익은 노예의 길이고 좌익은 해방의 길인데 전자는 꺾이고 후자는 펴진다는 이미지가 부각된다. 시적 사유가 여기와 저기, 오른쪽과 왼쪽, 노예와 해방, 꺾이고 펴지고 등 철저하고 단순하게 이분법적이지만 이것들이 서로 대위법적으

---

13) 최두석, 「리얼리즘의 시정신」, 윤여탁/이은봉 편, 『시와 리얼리즘 논쟁』(소명출판, 2001), 321쪽.

로 맞물리면서 좌우익에 대한 시인의 정치적 이념이 구체적 형상을 얻는다. 이처럼 시적 사유가 이분법적인 까닭은 시인의 효용론적 문학관에서 연유한 것인데, 몽매한 대중으로 하여금 진취적이고 혁명적인 정서를 배양하도록 하기 위해서는 시의 대중성을 필요로 했기 때문이다.

그러나 그의 시를 시답게 하는 가장 중요한 요인은 혁명적 서정성이라고 해야 할 것이다. 이 서정성은 철저한 자기성찰을 거치고 나서야 가능하다. 대지적 상상력에 기대고 있는 김남주의 시가 자신의 생활 기반을 벗어나면 공허한 관념의 차원에 머물고 만다. 시인이 "생활의 이 기반에서 내가 발을 떼면/ 내 시는 깃털 하나 들어올리지 못한다"(「다시 시에 대하여」)고 언표하고 있는 것은 자신의 시가 관념의 차원에서 벗어나 구체성을 획득해야 한다는 사실에의 통각이었다. 그가 자신의 현실을 얼마만큼 집요하게 추구하면서 과장하지 않고 자신의 삶으로의 성찰로 내면화시켰느냐에 따라 시의 성패가 좌우된다. 다음과 같은 시는 그러한 내면화가 충실하게 이루어지고 있다.

나를 태운 압송차가
낯익은 도시 거리의 인파를 빠져나와
들판 가운데를 달린다
아 내리고 싶다 여기서 차에서
따가운 햇살 등에 받으며 저만큼에서
고추를 따고 있는 어머니의 밭에서
숫돌에 낫을 갈아 나락을 베고 있는 아버지의 논에서

빙둘러 서서 염소에게 뿔싸움을 시키는 아이들의 제방에서
내려서 그들과 함께 일하고 놀고 싶다
내려서 손발에서 허리에서 이 오라 풀고 이 사슬 풀고
내달리고 싶다 아이와 같이 하늘 향해 두 팔 벌리고
내달리고 싶다 발목이 시도록 논둑길을
내달리고 싶다 가슴에 바람 받으며 숨이 차도록
가다가 목이 마르면
손으로 표주박을 만들어 샘물로 갈증을 적시고
가다가 가다가 배라도 고프면
땅으로 웃자란 하얀 무우를 뽑아 먹고
날 저물어 지치면
귀소의 새와 함께 집으로 돌아가고……
그러나 나를 태운 차는 멈춰주지 않고
들판을 가로질러 역사의 강을 건넌다
갑오농민들이 관군과 크게 싸웠다는 황룡강을
여기서 이기고 양반과 부호들을 이기고
장성갈재를 넘어 전주성을 넘보았다는
옛 싸움터의 고개를 나도 넘는다
이 가을에 나는 푸른 옷의 수인이 되어.

(「이 가을에 나는」 부분)

시적 주체는 열정적 파토스를 차분하게 가라앉히고 자신의 처지와 희망을 점검한다. 다른 감옥으로 이송되면서 느끼는 소망이 어린 날 자신이 체험했던 고향을 추체험하는 것이라는 점에 주목할 필요가 있다. 그 체험의 세계는 가장 구체적이고 자유로운 곳이다. 이 세계가 감옥이라는 세계와 대비되면서 시적

주체의 자유에 대한 간절함이 뚝뚝 묻어난다. 그러나 여기에서 끝나지 않고 그를 태운 차가 들판을 가로질러 '역사의 강'을 건넘으로써 시인의 인식의 지평이 넓어진다. 지금 이 순간 감옥살이하면서 장성 갈재를 넘는 행위 자체가 동학혁명 때 동학도들이 평등 사회를 만들기 위해 넘었던 행위와 겹치면서 동일시된다. 이것은 곧 자신의 수인생활이 동학의 일떠섬과 다름없다는 역사인식이다.

이 같은 내성적 사유를 거쳐 이루어진 시들은 독자 대중을 단순하게 피동적 존재나 계몽의 대상으로 삼지 않고 자신과 함께 가야 할 능동적 존재로 설정함으로써 시적 형상성을 얻고 독자에게 감동을 준다. 시인은 모름지기 삶 앞에 다소곳하게 서서 귀 기울여야 하는 것, 그의 시적 표현대로 한다면 "파란만장한 삶/ 산전수전 다 겪고/ 이제는 돌아와 마을 어귀 같은 데에/ 늙은 상수리나무로 서 있는/ 주름살과 상처자국투성이의 기구한 삶 앞에서/ 다소곳하게 서서 귀를 기울여야 하는 것"(「시인은 모름지기」)이 필요하다.

이런 성찰을 거치고 난 다음 시인이 추구하는 삶의 모습은 혁명적 서정성을 동반한다.

> 한파가 한차례 밀어닥칠 것이라는
> 이 겨울에
> 나는 서고 싶다 한 그루의 나무로
> 우람하여 듬직한 느티나무로는 아니고
> 키가 커서 남보다

한참은 올려다봐야 할 미루나무로도 아니고
삭풍에 눈보라가 쳐서 살이 터지고
뼈까지 하얗게 드러난 키 작은 나무쯤으로
그 나무 키는 작지만
단단하게 자란 도토리나무
밤나무골 사람들이 세워둔 파수병으로 서서
그 나무 몸집은 작지만
다부지게 생긴 상수리나무
감나무골 사람들이 내보낸 척후병으로 서서
싸리나무 옻나무 나도밤나무와 함께
마을 어귀 한구석이라도 지키고 싶다
밤에는 하늘가에
그믐달 같은 낫 하나 시퍼렇게 걸어놓고
한파와 맞서고 싶다

(「이 겨울에」 전문)

해방공간에서 백석이 '그 드물다는 굳고 정한 갈매나무'(「남신의주 유동 박시봉방」)를 정신적으로 닮아가려고 했다면 김남주는 1980년대 민주화의 시대에 "삭풍에 눈보라가 쳐서 살이 터지고/ 뼈까지 하얗게 드러난 키 작은", "싸리나무 옻나무 나도밤나무와 함께/ 마을 어귀 한구석이라도 지키"는 '도토리나무'나 '상수리나무'를 닮아 '한파'로 상징되는 압제를 막아내기 위해 '파수병'이나 '척후병'으로 행동할 수 있기를 소망하고 있다. 그런 소망이 구체적인 이미지와 메타포를 통하여 이루어지고 있다는 데 김남주 시의 아름다움이 있는 것이다.

김남주는 민중이 해방되기를 바라는 혁명의 노래를 부르다 갔다. '피로 씌어진 언어의 화살'인 그의 시에는 '피묻은 진실'이 담겨 있고, 그런 진실은 한국문학의 형상적 이념으로 계승되어 갈 것이다. 마치 김수영과 김지하가 각각 1960년대와 1970년대 시정신의 벼리 역할을 담당했듯이 김남주는 1980년대 우리 시의 정신적 지주 역할을 담당했다.

고은 시인이 그의 시야말로 "우리 자신들의 비겁을 깨뜨리게 하는 사상과 정서의 무한 교직의 폭력"[14]이라고 언급한 것은 결코 과장이 아니다. 그런 폭력적 이념이 「진혼가」, 「이 겨울에」, 「이 가을에 나는」, 「쓰다 만 시」, 「다 쓴 시」, 「낫」, 「어떤 관료」, 「고뇌의 무덤」 등과 같은 몇 작품에서 육체를 얻었다. 혁명적 이념이 시적 육체를 얻을 수 있었던 가장 주요한 요인은 시인의 처절하리만큼 냉엄한 자기반성과 내성적 사유, 그리고 현실의 본질과 진실을 촌철살인하는 직접성과 혁명적 서정성에 있다.

14) 고은, 「서문」, 『나의 칼 나의 피』(인동, 1987), 9쪽.

Chapter
5

온몸으로 부르는 사랑의 노래

- 김준태론

1.

"光州여 무등산이여 / 아아, 우리들의 영원한 깃발이여 / 꿈이여 十字架여 / 세월이 흐르면 흐를수록 / 더욱 젊어져갈 靑春의 도시여"라고 1980년 5월 광주의 혁명성과 역사성을 현장에서 체험하고 절규한 시인 김준태(1949 -   )는 우리 시대의 '어둠밭'을 가는 실천적 민중운동가이면서 '사람'에 대한 사랑을 '온몸'으로 절규한 시인의 한 사람이다. 그의 시는 고향이 가지고 있는 대지적 상상력과 도저한 생명주의에서 연원하여 민족과 삶에 대한 사랑으로 확산되고 있다.

그의 시는 자연으로 돌아가 고향(그의 시에서의 고향은 그의 실제 고향인 해남만이 아니라 주체적인 삶의 근원이다)의 흙이 주는 대지적 상상력에서 출발한다. 여기에서 자연이 주는 생산의 본질인 원초적 생명력을 키우고, 나아가 '기어이' '끝끝내' 살아남아 사랑을 실천하기 위해 이것은 밥의 현상학으로 이어지며, 시인이 1980년 광주에서 '하느님'을 보아버림으로써 사람과 '지금 이곳'의 모든 것을 사랑하는 사랑의 시학으로 종합되었다가 시 쓰는 행위에 대한 반성이 끊임없이 동반되면서 이제는 통일문학을 지향하고 있다.

김준태 시인은 그의 말대로 "삶은 더럽게도 잘 생긴 나의 진짜 애인"이라고 여겨 자신의 삶과 시를 분리하지 않고 하나로 보기 때문에 그의 삶 자체가 시이고 시가 곧 그의 삶이다. 그래서 그는 "사실 어느 때를 막론하고 시인이란 순결성이 제일이다"라고 주장하면서 "시 한 편을 위해서 죽을 수 있는 각오만이 진정한 시인의 자세"라고 말한다. 따라서 그는 세계사의 발전법칙 속에서 루카치가 말한 '문제적 개인'으로서 '순결성'을 유지하려고 하기 때문에 개성이 강하고 '惡童기질이 있는 시인'(문병란)이란 평가를 받았고, 나아가서 그의 시는 자전적 요소를 다분히 가지고 있는 '열렬한 휴머니즘의 열창'(김주연)이 아닐 수 없게 된 것이다. 그러나 그와 그의 시에 대한 평가는 대부분 전라도 토박이 시인이 쏟아 놓은 고향의 노래라거나 아니면 실천하는 지성으로서 민중을 노래한 광주의 찬가라는 투이다. 이런 평가의 이면에는 마치 내용은 좋은데 형식은 아직 거칠다는 조야한 이분법적 논리가 지배적이어서 그의 시에 대한 평가가 호오의 양 극단을 달리고 있는 것이다. 모든 예술이 그렇듯이 미적 감응은 시대와 장소 그리고 개인에 따라 다를 수밖에 없다.

부르주아적 미학에 길들여진 사람에게는 김준태의 시가 단순하고 투박하며 세련되지 못하다고 할 수 있으리라. 반면에 진보적 미학에 길들여진 사람에게는 그의 시가 생동감 있게 느껴질 것이다. 그러나 좋은 시는 어떤 미학의 입장에 서건 우리에게 '즐거움과 유익함'을 줄 수 있어야 할 것이다. 시도 하나의 예술이어야 하기 때문이리라. 따라서 이 글은 그의 시가 '즐거움과 유익함'을 줄 수 있는가, 있다면 그 근원은 무엇인가를 밝히는 작업이 될 것이다.

2.

김준태의 시가 우리 문단에서 크게 주목되기 시작한 것은 1980년 6월 2일자 『전남매일』에 「아아 광주여! 우리나라의 십자가여!」가 발표되면서부터이다. 물론 1969년 『시인』에 「서울驛」「머슴」「詩作을 그렇게 하면 되나」 등을 발표하면서 등단하여 독수리처럼 날아보겠다는 포부를 펼쳤던 1970년대에도 그의 시가 가지고 있는 '순결성'과 짐승 울음소리 같은 높은 어조의 '강도적(强盜的) 이미지' 때문에 문단의 주목을 받지 않은 바는 아니다. 그러나 1980년 광주항쟁을 온몸으로 치르고 나서 얻어진 시적 성숙함이 한국의 시대적 상황과 맞물림으로써 그는 시단의 총아가 되었다.

아아, 광주여 무등산이여
죽음과 죽음 사이에
피눈물을 흘리는
우리들의 영원한 靑春의 都市여

… 중략 …

하느님도 새떼들도
떠나가버린 光州여
그러나 사람다운 사람들만이
아침 저녁으로 살아남아
쓰러지고, 엎어지고, 다시 일어서는
우리들의 피투성이 도시여
죽음으로써 죽음을 물리치고
죽음으로써 삶을 찾으려 했던
아아 통곡뿐인 南道의
불사조여 불사조여 不死鳥여

해와 달이 곤두박질 치고
이 시대의 모든 산맥들이
엉터리로 우뚝 솟았을 때
그러나 그 누구도 찢을 수 없고
빼앗을 수 없는
아아, 자유의 깃발이여
살과 뼈로 응어리진 깃발이여

아아, 우리들의 都市
우리들의 노래와 꿈과 사랑이

때로는 파도처럼 밀리고
때로는 무덤을 뒤집어 쓸지언정
아아, 光州여 光州여
이 나라의 十字架를 짊어지고
무등산을 넘어
골고다 언덕을 넘어가는
아아, 온몸에 상처뿐인
죽음뿐인 하느님의 아들이여

… 중략 …

예수는 한번 죽고
한번 부활하여
오늘까지 아니 언제까지 산다던가
그러나 우리들은 몇 백번을 죽고도
몇 백번을 부활할 우리들의 참사랑이여
우리들의 빛이여, 영광이여, 아픔이여
지금 우리들은 더욱 살아나는구나
지금 우리들은 더욱 튼튼하구나
지금 우리들은 더욱
아아, 지금 우리들은
어깨와 어깨 뼈와 뼈를 맞대고
이 나라의 무등산을 오르는구나
아아, 미치도록 푸르른 하늘을 올라
해와 달을 입맞추는구나

광주여 무등산이여
아아, 우리들이 영원한 깃발이여

꿈이여 十字架여
세월이 흐르면 흐를수록
더욱 젊어져 갈 靑春의 도시여
지금 우리들은 확실히
굳게 뭉쳐 있다 확실히
굳게 손잡고 일어선다.

「아아 光州여! 우리나라의 十字架여」

이 시는 그가 한 시간 만에 써버린 109행 12연의 장시이다. 이 시로 김준태는 '일국의 시인'이라는 명성과 영예를 안았지만 수사기관에 불려가는 고초를 겪었을 뿐 아니라 직장을 잃고 학원 강사로 "열병을 여섯 번 앓고, 앓으면서도 주사꽂고 가르치며 뛰며" 살아야 하는 아픔을 감내해야 했다. 또한 우리에게는 무성한 풍문과 함께 살아 있음에 대한 환상을 심어주었다. 그의 행동하는 지성으로서의 실천 때문에 이 시가 돋보이는 것도 사실일지 모르나, 실제로 이 시는 역사를 읽어내는 시적 인식력과 격동의 역사적 사건을 구체성 있게 보여주는 시적 형상화가 절묘하게 결합하고 있는 수작이다.

그에게 1980년 5월 광주는 "죽음과 죽음 사이에 / 피눈물을 흘리는" 곳이고, 아버지, 어머니, 아들, 딸, 그리고 아이를 밴 아내가 죽고, 우리들의 혼백까지 찢어져 산산이 조각나버린 곳이며, "해와 달이 곤두박질 치고", "하느님도 새떼들도 / 떠나가버린" 살육과 절망의 시공간이다. (이때를 김남주 시인은 「학살 · 2」에서 "밤 12시 / 거리는 한 집 건너 울지 않는 집이 없었고 /

무등산은 그 옷자락을 말아올려 얼굴을 가려버렸다 / 밤 12시 / 영산강은 그 호흡을 멈추고 숨을 거둬 버렸다"고 노래하고 있다.) "그러나 사람다운 사람들만이 / 아침 저녁으로 살아남아" "죽음으로써 죽음을 물리치고 / 죽음으로써 삶을 찾으려 했던" '남도의 불사조' 광주는 '살과 뼈', 즉 죽은 자와 산 자가 응어리진 '자유의 깃발'이었다. 5연에 오면 특정한 시공간으로서의 광주가 골고다 언덕의 예수에 대한 패러디와 만남으로써 자연스럽게 하나의 사람이 된다. 부정칭으로서의 광주, 그는 이제 '하느님의 아들'로서 '우리나라의 十字架'를 짊어지고 '골고다 언덕'을 넘어갔다가 다시 넘어와서 '罪人처럼 고개 숙이고' '넋을 잃고 밥그릇조차 대하기' 어렵고 무서워하는 '살아남은 사람들'과 만난다. 그를 만난 우리들은 지금 더욱 살아나고 튼튼해져 살아남은 자와 죽은 자가 어깨동무하고 '무등산'과 '미치도록 푸르른 하늘'을 올라 '해와 달', 즉 자유와 사랑, 진실에 입맞추게 된다. 이제 광주는 한국 현대사의 아픔과 상처만이 아니라 살아남은 자들이 굳게 뭉쳐 손잡고 지켜가야 할 우리들의 정신적 원천인 것이다. 그래서 광주는 우리들의 '꿈'이며 부활의 '十字架'인 것이다.

울분과 감동, 그리고 절망이 뒤섞여 격앙된 감정만이 횡행하던 시공간 속에서도 어느 한쪽으로 치우치지 않고 절제된 균형을 유지하고 있는 점이 이 시의 탁월함이다. 이 시가 시적 긴장과 균형감각을 유지할 수 있었던 것은 먼저 인간화된 광주가 예수의 부활이 가져오는 상징성과 맞물렸기 때문이고, 다음으로는 9연에서처럼 시 속에 산문이 끼어듦으로써 죽음에 대한 구체성이 실현되었기 때문이다. 이러한 균형감각은 그의 초기 시에서부터 꾸준히 견지해 온 김준태 시인의 미덕이다.

3.

김준태 시의 활달함과 건강성은 그의 제 1시집 『참깨를 털면서』(창작과비평사, 1977) 이후 『꽃이, 이제 地上과 하늘을』(창작과비평사, 1994)에 이르기까지 두루 편재해 있다. 그의 시의 건강성은 고향의 발견에서부터 시작한다. 그가 시단에 얼굴을 내밀기 전인 1968년 조선대 독어독문학회지에 발표한 「원초적 생명과의 만남 혹은 현존재에로의 불꽃의 조명 - 청마 유치환과 휠더린을 중심으로 -」라는 글에서 자연으로 돌아갈 것을 권고하고 있는데, 여기에서 자연은 고향의 다른 이름이다. 휠더린에게서 고향을 통하여 조국과 이웃과 '천상의 불꽃'을 발견하고 청마에게서 '원초적 생명의 의지'을 읽어낸 그는 자연으로 돌아간다는 것이 현실 도피가 아니라 오늘의 진보를 의미한다고 본 것이다. 자연, 즉 '푸른 나무의 껍질 밑에 움트는 작은 손가락들'은 "원초적 사랑이며 영원한 에네르기인 바, 우리는 싹트는 생명의 소리를 너와 나 그리고 모든 이들의 가슴 속으로 일로 확대시켜 '자연과 역사성의 친근한 형상화'를 이룩해야 할 것"이라고 주장하기에 이른 것이다.

김준태의 시에서 고향은 존재의 근원이고, 삶의 에네르기이며, 우주의 자궁이다. 그 고향은 '못 배운 누이들', '술에 취한 홀애비', '머슴', '인정 많은 형님들', '암컷이라곤 씨앗도 없어 장가들지 못한 老총각 녀석들', '늙은이와 아이를 낳지 못하는 여자들'만 '곰보 딱지처럼 남아' 있는 곳이다. 그러나 그 고향에서 김준태는 삶의 진정한 가치를 발견한다.

> 책도둑이여, 그러나 난 고향이 있는 것이다
> 읽어도 읽어도 바닥이 나지 않는 고향이
> 창문만 열면 노을 저편에 꿈틀거린다.
>
> 「잃어버린 책」 끝 부분

김준태에게 고향은 "읽어도 읽어도 바닥이 나지 않는" 삶의 교과서인 것이다. 그리고 그 고향은 그의 내면세계에 충만해 있기 때문에 창문만 열면 노을 저편에 언제나 꿈틀거리고 있는 것이다. 시인은 자주 고향에 못가는 것을 가슴 아파하고, 도시의 아파트 베란다 화분에 난 잡초라도 하느님처럼 곁에 두고 살고자 한다. 그래서 그는 "잠시 차에서 내려 / 숨 한번 길게 내뿜고 싶구나 / 이 무진장 빨리 달리는 차에서 내려 / 아무리 바빠도 잠시 내려서 / 풀벌레 울음소리 죄다 듣고 싶구나 / 맨발로 논길과 밭길을 걸어가며 / 하늘의 흰 구름 뜬 구름도 / 빼놓지 않고 바라보고 싶구나 / 너무 빈틈 없이 너무 빨리 달리는 / 이 억울한 인생의 신발을 벗고서 / 부모님 누워 계신 황토산을 올라 / 한번쯤 소나무로 서 있고 싶구나 / 독야청청

소나무로 서 있고 싶구나.(「잠깐 쉬어 가기를 좋아하는 사람을 위하여 부르는 노래」 전문)"라고 본질적인 삶의 공간인 고향으로 가고자 하는 염원을 절창하고 있는 것이다. 고향과 자연으로 돌아가는 것은 결국 시인 자신의 정체성을 확인하는 작업이기도 하다.

고향에서 시의 근원을 찾던 김준태는 5월 광주항쟁을 치루고 나서 '1980년 7월 31일 오후 5시'에 하느님을 보고 느낌으로써 생에 대한 인식의 확산을 가져오게 된다. 그가 실제로 하느님을 보았는지 어떤지는 중요하지 않다. 다만 그가 생명의 소중함을 깨닫고 사람 자체를 미치도록 사랑해야 한다는 인간성에 대한 신뢰를 회복했다는 점이 중요하다. 5·18은 그에게 생명과 사람의 소중함을 깨우쳐준 역사적 사건이었다. 5·18의 '금남로'는 "내가 사람이라는 사실을 / 처음으로 알아낸 거리"이고 "연초록 강언덕이었다"(「금남로 사랑」). 다시 말하면 광주가 생명의 근원인 고향이 된 것이다. 5월 광주에서 생명과 사랑을 깨닫고 난 그는 "그런 뒤로 가슴이 터질 듯이 부풀었고 / 세상 사람들이 누구나가 좋아졌다 / … 중략 … / 세상 사람들 누구나를 보듬고 / 첫날밤처럼 씩씩거려 주고 싶어졌다". 그래서 그는 "아아 나는 절망하지 않으련다 / 아아 나는 미워하거나 울어버리거나 / 넋마저 놓고 헤매이지 않으련다 / 목숨이 붙어 있는 것이라면 피라미 / 한 마리도 소중히 여기련다 / 아아 나는 숨을 쉬는 것이라면 무엇이든지 / 사람이 만든 것이라면 하찮은 물건이라도 / 입맞추고 입맞추고 또 입맞추고 살아가리라 / 사랑에 천번 만번 미치고 열두번 둔갑하여서 / 이 세상의 똥구멍까지 입을 맞추리라 / 사랑에 어질병이 들도록 입맞추리라"고 노래하게 된 것이다(「나는 하느님을 보았다」). 또 그는 "어느날 문득 / 나도 모르게 / 혹은 무심하게 / 이런 조그마한 것들을 / 짓눌러 죽여버릴까봐 / 날마다 나는 / 손톱을 깎으며 / 더욱 사람이 되자"고 자성하는 진정성을 보인다.(「十五年」)

이러한 생명 존중과 사람 사랑은 <끝끝내>와 <기어이>의 시학이 유발하는 '버팀과 이겨냄'의 시정신으로 이어진다. 김준태는 불알을 까버리는 형(刑)인 궁형(宮刑)을 당하고 "똥통에 처박힌 것 같은 현재를 참고 살"면서 130권의 『史記』에서 "불알이 없어도 불알보다 더 떳떳한 / 숨쉬는 대장부의 역사를 썼"(「사마천」)던 사마천이 죽음으로써 역사와 현실을 극복한 굴원보다 오늘을 살아가는 우리들에게 더 설득력이 있다고 본 것이다(산문집 『詩人은 독수리처럼』, 21-22쪽).

그의 시에서 <기어이>와 <끝끝내>는 가장 많이 쓰이는 시어 중의 하나이다. 이러한 시어의 선택이 김준태다운 굵직한 '강도적 이미지'를 연출하면서 애오라지 끈질긴 온몸의 시학을 이루는 것이다. '끝끝내' '기어이' 이루려는 온몸의 시학은 "함께 만나고 함께 보듬고 가는"(「함께 가는 길」) 대동세상을 앞당기고자 하는 의지의 다른 표현이다.

> 오오, 새벽에 깨어나면 그대여
> 우리 이제 뉼과 흙 속에 뼈를 세우고

옛사람 잠든 산천에 찔레꽃이 피어나듯
물거품 같은 빛깔도 이 세상의 아름다움을 더하듯이
우리가 사람과 사람이라는 사실을 끝끝내 노래하자.

「인간을 거룩하다」마지막 연

이 지구상에 어린 아기의
발가락이 하나라도 남아서
풀꽃 같은 몸짓으로나마 꿈틀거리는 한
오오, 끝끝내까지 뜨겁게 끓여질 국밥이여
인간을 인간답게 이끌어 올리는
국밥이여 희망이여……

「국밥과 희망」 마지막 연

'버팀과 이겨냄'은 생명을 온전히 보존하기 위함이기 때문에 시인은 국밥을 먹으며 사랑을 신뢰하고(「국밥과 희망」), 사랑을 위해 죽은 사람의 뜻을 오늘에 되살려("우리 이제 물과 흙 속에 뼈를 세우고") "우리가 사람과 사람이라는 사실을 끝끝내 노래하"려는 의지를 키운다. 따라서 생명과 사람의 사랑을 지향하는 시정신은 역설적으로 죽음의 시학을 노래하도록 한다. 마치 '우리나라의 十字架'가 민족의 부활인 것처럼. 그 시에서의 죽음은 단순한 현상학적 죽음이 아니라 부활과 새생명으로서의 죽음인 것이다. 그러므로 "이 세상에서 사라지는 것은 하나도 없다." 다만 '다른 모양'으로 "이 세상 구석구석을 살아가며 / 때로는 파아란 불꽃을 튕긴다"(「이 세상에서 사라지는 것은 하나도 없다」). 예를 들면 "비는 자신을 더욱 죽여 / 꽃과 나무의 잎새를 싱그러이 / 펴 올린다."(「비」). 결국 죽음은 또 다른 모양의 삶인 것이다. 여기에서 그의 시는 역동성을 담보하게 된다.

4.

"인간의 존재 방식과 존재 의의는, 그리고 인간다움의 뿌리는 고향에 있"고, "시인의 사명은 귀향이다"라는 하이데거의 명제에 전적으로 동의하면서 고향에서 시적 근원을 찾으려 한 김준태는 고향을 '역사의 본질과 대면할 수 있는 곳'으로 인식한다. 그에게 있어서의 귀향은 '민족과 세계에로의 발견'이다(「김남주론」, 1988). 따라서 그는 '고향의 창문'을 통하여 민족의 본질과 역사와 경제와 장래를 읽어 내고 있는 것이다.

詩는
쇠붙이의 굴뚝에선 나오지 않는다
詩는 大地의 밑창에서 태어난다.

「詩(밭시 45)」전문

시는 '大地의 밑창'인 고향의 자연에서 태어나지 결코 '쇠붙이의 굴뚝'으로 대표되는 도시적인 것, 인위적인 것에서 태어지 않는다는 인식이 그의 시를 지배하고 있다. 그의 시에 박노해의 시와 같은 도시 노동자들의 삶을 그린 시가 거의 없다는 사실은 이런 시적 인식과 무관하지 않을 것이다. 이런 인식 태도를 가지고 쓰여진 그의 시에는 지양해야 할 대상과 복원해야 할 대상이 극명하게 대립하고 있다. 전자는 '쇠붙이'의 상징성이 야기하는 생명 파괴의 모든 것들, 즉 총칼, 라디오, 폭력, 기계, 망치, 도시의 비인간성, 저들 등이며, 후자는 '大地'의 상징성이 가져오는 원시적 생명력의 모든 것들, 즉 흙, 밭, 씨앗, 잡풀, 보리밥, 강물, 풀벌레 울음소리, 개똥, 우리들 등이다. 전자와 후자 사이에 견고한 벽이 존재하고, 벽의 이쪽은 질곡의 현실 세계이고 저쪽은 우리가 추구하는 이상 세계이다. 이런 대조적인 의미가 시화될 때 제1시집 『참깨를 털면서』(1977)와 제2시집 『나는 하느님을 보았다』(1981)와 제3시집 『국밥과 희망』(1984)에서는 사물이나 상황 속에 용해되어 있어 시적 긴장을 수반하지만, 제4시집 『불이냐 꽃이냐』(1986)에서부터 제7시집 『칼과 흙』(1989)까지는 시인이 지향하고자 하는 쪽으로 시선이 기울어져 작위적인 대조가 이루어짐으로써 시적 긴장을 약화시키는 경향이 나타난다.

산 그늘 내린 밭귀퉁이에서 할머니와 함께 참깨를 턴다.
보아하니 할머니는 슬슬 막대기질을 하지만
어두워지기 전에 집으로 돌아가고 싶은 젊은 나는
한번을 내리치는데도 힘을 더한다.
世上事에는 흔히 맛보기 어려운 쾌감이
참깨를 털어대는 일엔 희한하게 있는 것 같다.
한번을 내리쳐도 셀 수 없이
쏴아쏴아 쏟아지는 무수한 흰 알맹이들

都市에서 십년을 가차이 살아본 나로선
기가막히게 신나는 일인지라
휘파람을 불어가며 몇 다발이고 연이어 털어댄다.
사람도 아무 곳에나 한번만 기분좋게 내리치면
참깨처럼 쏴아쏴아 쏟아지는 것들이
얼마든지 있을 거라고 생각하며 정신없이 털다가
<아가, 모가지까지 털어져선 안되느니라>
할머니의 가엾어하는 꾸중을 듣기도 했다.

「참깨를 털면서」 전문

1970년에 쓰여진 이 시는 균형감각을 잘 유지하고 있는 김준태의 대표작이다. 도시와 농촌이 대립하고 있으나 그 대립은 생경한 관념의 충돌이 아니라 고향의 할머니에게서 배운 삶의 교훈과 지혜가 자신의 도시적 삶을 건강하게 할 수 있으리라는 자기 반성을 성실하게 수행하고 있다. 시인이 '십년 가차이 살아본' 도시의 삶 속에서는 노력한 만큼의 결과를 얻지 못하였으나 시골의 경작은 노력한 만큼의 결과를 얻을 수 있다는 사유가 시의 내면에 숨어 있다. 그러나 그런 관념적 사유는 참깨를 터는 행위 속에 간접화되어 시적 긴장을 유발한다. 시인은 '어두워지기 전에 집으로 도라가고 싶'어, 달리 말하면 자신의 계획대로 빨리 어떤 성과를 거두기 위하여 힘껏 참깨를 터는 행동의 조급성을 보여준다. "모가지까지 털어져선 안되느니라"는 할머니의 꾸중은 젊은이의 행동이 앞서는 조급성이 자칫 일을 망칠 수도 있다는 지혜를 담고 있는 것이다. 시인은 자신이 가지고 있는 행동의 조급성을 진지하게 반성하고 있을 뿐 아니라 삶의 지혜와 교훈을 고향에서 발견하고 있는 것이다. 또한 할머니는 일찍 조실부모한 시인에게 있어서 삶의 지주이자 상상력의 원동력이다. 이러한 예는 그의 시 전편에 편재해 있다. 특히 「처녀작」은 할머니의 인생사와 그에 대한 사랑이 잘 형상화되어 있다.

보리꽃이 피면 가겠네
살구꽃이 피면 고향이여 가겠네
칼날 같은 기계 속에 팔려온 목숨이어도
노을의 저 불타는 입술에 속살을 부비고
억새풀 굳센 바람으로 가서 춤추겠네
매말라 터진 살덩이를 적시겠네

돌아간다는 것은 어쩌면 새로운 출발
고향이여 지금은 당당하게 돌아가겠네
썩은 고목 속에 집짓는 검은 박쥐들을 쫒아내며
언덕마다 나무마다 흐르는 강물마다 가슴을 행구며
산꿩이 푸드득 靑天 하늘로 날아 오르듯
황톳길 들녘에서 다시 태어나겠네

… 중략 …

천번을 돌아선들 오로지 하늘과 바람으로 씻겨지는 고향산천이여
보리꽃이 피면 풋풋한 보리꽃에 묻혀서
살구꽃이 피면 연분홍 살구꽃에 묻혀서

한많은 오천년을 흙덩이로 울겠네
그 울음으로 다시 들불을 이루겠네.

「기계 속에서」

이 시는 제 2시집에 실린 것이다. 이 시에서 시적 화자는 칼날 같은 기계 속에 팔려와 매말라 터진 살덩이를 적시기 위해 귀향하고자 한다. 현실의 대타적 공간으로서의 대립항이 고향인 것이다. 그러나 여기에서의 대립은 내재되어 겉으로 잘 드러나지 않는다. 부정적인 현실로서의 이쪽은 '팔려온 목숨' '매말라 터진 살덩이'로 표현되어 시적 화자의 자신에 대한 성찰로 드러나기 때문에 이상향의 저쪽과 대립하는 느낌을 주지 않는다. 또한 시인이 귀향하고자 하는 염원이 객관적 상관물, 즉 보리꽃, 살구꽃, 노을, 억새풀, 썩은 고목, 박쥐, 언덕, 나무, 바람, 강물, 산꿩, 青天하늘, 황톳길 들녘, 늑대, 연두콩알 같은 눈물, 짚신, 나막신, 들기러기 떼, 흙덩이, 들불 등의 상호작용으로 당위성과 보편성을 띨 수 있게 된 것이다. 그래서 그의 모든 시에 있어서의 <울음>은 '끝끝내' '기어이' 버티고 이겨내는 생명의 원초적인 본능이면서 동시에 몸부림인 것이다.

그러나 같은 제 2시집에 실린 「그대 노래」는 이쪽과 저쪽의 대립이 너무 단순한 사실에 의해 검토되고 있기 때문에 공감의 기반을 형성하기 어렵다. 우리가 '저들을' 기다리고 꿈꾸고 노래하고 그리워하면서 '저들의 밥을 먹'을 때에는 이상 세계인 부정칭으로서의 '그대'가 '산이 막혀' '물이 막혀 못 오시'지만, '지들이' 아니라 '우리가 바로 기다림'이고 '찬란한 꿈' '새벽과 희망' '그리움'이면서 '우리의 밥'을 먹을 때에는 '그대'가 '산이 막혀도 구비구비 오시'고 '물이 막혀도 철석철석 오시'게 된다. 이러한 '저들'과 '우리'의 단순 대립은 이분법적 사고의 경직성을 피하기 어렵게 한다.

칼과
흙이 싸우면
어느 쪽이 이길까

흙을
찌른 칼은
어느새
흙에 붙들려
녹슬어버린다.

「칼과 흙(밭詩 52)」전문

1980년대 중반에 오면 김준태의 시에서 이분법적 사고, 즉 칼과 흙으로 대표되는 파괴(소멸)와 생산이라는 관념의 대립이 곳곳에서 발견된다. 두 관념을 어우르는 통합적 사고 속에서 사물과 상황을 객관적 시각으로 꼼꼼히 살피면서 시인이 끌어 안으려는 세계가 설득력을 가지려면 부정적인 세계가 단순화되지 않고 구체적인 크기로 자리잡아야 할 것이다. 그리고 그의 초기 시에서 보여주었던 구성적 이미지가 객관적 상관물을 통하여 구체화되어야 할 것이다.

5.

김준태에게 시를 쓴다는 행위는 무엇을 의미하는가? 그것은 자신의 말에 이름을 붙이는 일이다.

나는 나의 말에게 이름을 붙여주어야 한다
주전자에 물이 끓으면 넘치듯이
그렇게 나의 모오든 말을
세상 곳곳에 뿌려주어야 한다
사실은 그들의 말인 나의 말을
사실은 그들의 노래인 나의 노래를.

「智異山을 넘으며」후반부

시인의 '말'은 시인의 삶이고 그 삶은 역사성과 사회성을 갖는 '그들'의 민족적 현실이다. 그 현실과 시인이 일체가 되었을 때 "주전자에 물이 끓으면 넘치듯이" 자연스럽게 노래할 수 있을 것이라는 인식이다. 그래서 좋은 시는 "말을 꼬불려서 곧은 문장을 비틀어서" 시어의 선택과 배열에만 신경 쓰는 시적 조사(poetic diction)에 있지 않고, 우리의 민족적 현실, 즉 '네놈이 걷어차 버린 애인에게', '밤중에 떨어지는 꽃잎 밑에', '里長네 집에서 통닭을 삼키는 面書記의 혓바닥에', '어금니로 질근질근 보리밥을 씹어대는 시골 할머니의 흠없는 마음속에', '全琫準이가 육자배기를 부르며 돌아오던 진달래꽃 산굽이에', '네놈의 뒤통수에 패인 흉터에', '아침마다 쓸어내는 房먼지에' 있다는 진술이 가능해진다.(「詩作을 그렇게 하면 되나」) 또한 그의 시는 생활의 일상성 속에서 폭력으로부터 받은 상처를 치유하기 위해서 씌어진다.

> 우리 고향 사람들은 지금도
> 어린 아이들이 미친개에게 물리면
> 그놈의 개똥을 찾아서 발라주곤 하지요
> 미친개에게 물린 곳은
> 미친개의 똥이 더없이 좋은
> 藥이라고 그러는 모양이에요
> 그래서 요즘 나도 써 놓은 詩마다
> 미친개의 똥을 빈틈없이 발라두지요
>
> 「草歌」첫 연

그에게 시는 자신의 또 다른 모습이기 때문에 써 놓은 시마다 미친개의 똥을 빈틈없이 발라둔다는 것은 시, 곧 시인 자신이 현실의 폭력에 상처를 입었다는 우회적인 표현이 된다. 폭력적 현실을 드러냄으로써 그 폭력에 의한 상처를 치유하려는 것이다. 이 시의 마지막 연에서 "밤에 청승맞게 우는 사람의 울음소리를 들은 적이" 없는 사람은 '아마 짐승 아니면 악마일 것'이라고 진술하고 있는 점으로 미루어 '그들의 말'은 이 사회에서 소외받은 계층의 사람들의 말일 것이다. 이 사람들은 물방울과 같은 존재이다. 물방울은 "밟으면! / 죽지 않고 / 땅에 스며들어 / 뿌리를 적신다! // 그것이 다 / 하늘님, 부처님, 조상님 / 생명님, 우리들의 뜻"이다.(「물방울」) 물방울과 잡초와 같은 민중은 강인한 생명력을 지니고 있다. 이 민중과 시인이 하나 되었을 때 시가 살아난다는 선험적 인식 속에서 민중을 위하여 시를 쓴다는 자기 고백이다. 그래서 그의 시에는 실천의 논리가 강렬하게 구현된다.

자기 몸뚱이를 속이지 않고
아파하는 아파하는 바람
바람 속에 깨꽃같은 세월이 피어 오르고
강 건너 밭두렁에 파랑새 운다
강 건너 밭두렁에 파랑새 날은다.

「자기의 몸뚱이를 속이지 않고 아파하는 바람 속에 깨꽃같은 세월이 피어오른다」마지막 연

사고와 행동, 언행, 예술이나 학문의 세계와 삶의 세계가 따로따로가 아니라 하나 되어 민중을 사랑할 때 '깨꽃같은 세월'이 피어오를 것이다. 따라서 "역사는 내일에 맡길 수 없"다는 현실 논리가 '탈냉전의 시대'인 오늘날에도 유효한 것이다.

코리아의 나그네 나는 보고 또 보았다네
학살자를 기어이 추적하여 처단하지 않으면
그놈의 精液이 또 다른 학살의 씨앗을 잉태한다는 것을
그래서 죽임의 역사를 내일에 넘겨서는
안된다는 것을 — 오늘의 작센 하우스

「역사는 내일에 맡길 수 없는 것!」 일부

그러나 시집 『꽃이, 이제 地上과 하늘을』(1994)에 오면 제2시

집 『나는 하느님을 보았다』(1981)에서 보이는 시적 긴장과 공감을 얻기 힘들다. 또한 1980년대 중반 「불이냐 꽃이냐」로 치열하게 고민하던 것(제2시집의 「저녁노을」에서는 '꽃'보다 '싸우는 사람'에 더 높은 의미와 가치를 부여하고 있다)이 여기에 오면 '꽃'의 우위로 나타난다. 그에게 '불의 길'은 '아우성의 길'로서 그것은 '밤의 어둠을 밝히'고 '피묻은 칼을 녹여버'린다. 반면에 '꽃의 길'은 '노래의 길'로서 '낮의 어두움을 밝히'고 '피묻은 칼을 닦아'낸다. 이 '불'과 '꽃'은 혁명과 사랑의 상징어이다. 예전에는 혁명과 사랑으로 '칼'이 상징하는 폭력에 대응하려 했다면 이제는 '꽃'(사랑)으로만 폭력의 세계에 대응하려고 한다. 「꽃은 불보다 세상을 더 넓게 비춘다」는 인식이 그것이다.

> 오, 우리의 몸 안의 칼을 부러뜨리는 꽃!
>
> 「꽃이, 이제 地上과 하늘을 통치하리라」 마지막 행

> 꽃을 좋아하는 사람은
> 그 향기로 세상에 피어나고
> 불을 맹신하는 사람은
> 그 불길 무너질 때
> 자신마저 잿더미가 돼버린다
>
> 「꽃을 좋아하는 사람」2연

이제 그는 사랑 노래를 가지고 "그대들에게 늘 달려가기 위해" 운동화만을 신는 시인이 되었다.(「운동화 사랑」) 이런 변화는 그가 노래하는 대상이 소외받은 자들에서 통일을 염원하는

민족으로 바뀌었기 때문이다. 이러한 시적 인식의 변화는 탈냉전의 논리와 무관하지 않을 것이다. 사회주의권의 붕괴 이후 역사 허무주의가 팽배하고, 그 공간을 서구의 포스트모더니즘이 범람하면서 혁명의 논리는 이제 큰 공감을 불러일으키지 못하기 때문이리라.

최근의 시들은 기행시들이 대부분이다. 시인은 독일의 브레히트 묘지에서, 중국의 만리장성에서, 마오의 얼굴을 들여다보면서, 백두산에서, 장백폭포 앞에서, 봉오동 가는 길에서, 청산리 수남마을에서 우리 민족의 역사와 통일을 노래하고 있다. 그러나 그 시들에서 광활한 웅장함과 스케일 큰 호흡을 느낄 수 있으나 1980년 전후의 시에서 느꼈던 시적 긴장과 공감은 많이 약화된 것처럼 보인다. 더욱이 요즘에는 그의 시를 접하기가 어렵다는 것은 무엇을 의미하는 것일까? 혹시나 시인으로서의 '순결성'을 잃은 것은 아닌가? 고향과 5월이라는 샘물을 너무 많이 퍼올려서 이제는 바닥이 나버린 것은 아닌가? 이러한 과작은 샘이 얕아 비가 오면 건수가 나오는 경우야 없겠지만 맑은 샘물을 길러올리기 위해서는 그 샘을 더 깊이 파던가 아니면 다른 샘을 파야 할 것 같다. 예전과 같은 좋은 시를 접할 수 있기를 희망한다.

Chapter 6

경험의 질서와 원시적 생명력

- 범대순론

1.

범대순(1930～　　)은 시를 쓰는 시인이면서도 여전히 영향력 있는 영문학자이다. 우리가 그의 시를 읽으면서 학문과 예술이 여기저기에서 갈등하고 있는 양상을 자주 만나게 되는 것은 이 때문일 것이다. 그가 1950년대 후반부터 시를 써왔지만 1980년대에 이르러 제3시집 『異邦에서 老子를 읽다』를 상재할 무렵부터 본격적으로 시인의 길을 갔다고 보이므로 우리는 학자로서의 범대순과 시인으로서의 범대순 사이에서 주춤거리지 않을 수 없다. 따라서 시인으로서의 범대순을 살피고자 하는 이 글은, 전자와의 상관성 속에서 시 텍스트에 실현되어 있는 내포 작가(implied author)로서의 범대순을 드러내는 작업으로 연결될 수밖에 없다. 왜냐하면 작가란 단지 작품을 쓴 자가 아니라 작품이 창조되는 과정에서 서서히 생겨나는 임시적인 존재(implied being)이기 때문이다.

그러나 서정시의 주관성은 어떤 경우이든 실제 시인의 그것과는 다른 가상적 주관성(virtual subjective)이기 때문에 경험적 자아가 시적 자아로 변용될 수밖에 없다. 이로 말미암아 우리는 그의 시 텍스트를 읽어내면서 시인의 무의식을 해명하거나 가능의 세계를 찾아낼 수 있는 것이다. 따라서 '허구'의 독자에게 '허구'의 주인공으로 이야기하는 퍼소나(persona)가 실제 시인과 너무도 닮아 있는 그의 시에서 내포작가로서의 범대순을 실제 시인과 따로 떼어서 설명한다는 것이 무의미한 일이 될 여지가 있음에도 불구하고, 분석의 가치를 제고하게 하는 것은 경험적 자아와 시적 자아가 빚어내는 긴장과 진정성의 아름다움이다.

2.

범대순의 시를 관류하고 있는 것은 경험의 세계이다. 범대순은 시인이기보다 먼저 한 사람의 진실한 인간이기를 선언했던 (『生命의 書』 서문) 유치환처럼 자신이 경험했던 삶을 중시하고, 그 삶의 내용과 체험에서 가치를 창조하려고 하였다. 그는 1994년 제5시집 『백의 세계를 보는 하나의 눈』을 상재하면서 「독자를 위하여」라는 머리글을 빌어, 이성이나 관념보다는 자신의 경험을 더 신뢰한다고 언명하고 있다. 자신을 궁극적으로 지배하는 것은 이성이나 관념보다 경험을 통해서 형성된 자기 자신이라고 믿기 때문에 그의 경험의 세계가 그의 사상과 인생이라는 것, 그래서 경험에 대한 그 자신의 신뢰를 표현하려는 노력이 그의 시가 되었다는 것이다. 따라서 그의 시는 '경험에 대한 그 자신의 신뢰를 표현하려는 노력'의 결정체에 다름 아니다. 이 지점에서 우리는 범대순의 삶 텍스트와 그의 시 텍스트가 일정한 평행선을 그어가면서 어떤 울림을 만들어갈 것이라는 기대를 갖게 된다. 시라는 양식이 범대순 시인에게는 생명의 근원이며 인격적 완성의 그릇으로서 존재하게 된다.

자를 가지고 있으면 재고 싶고
되를 가지고 있으면 담고 싶듯이
마음을 먹고 있으면 갖고 싶듯이
손이 손을 만나면 쥐고 싶듯이.

시도 담을 그릇을 가지고 있으면
무엇이고 가득 채우고 싶어진다.
살아 있는 곡식으로도 채우고 싶고
금 같은 아이들로도 채우고 싶어진다.

그러나 시의 그릇 안에 담는 으뜸은
바람같이 담지 않고 가득한 느낌
담지 않고 때로 더러 담고
때로 빈 그대로 다만 가득 담는 것.

나도 그런 그릇이 하나 있긴 하지만

너무 큰 그릇이라 반 차기가 힘들다.
대대로 써서 많이 닳아 버렸지마는
스스로 들어 알몸으로 살고 싶다.

-「그릇」 전문

위의 시는 제4시집 『起承轉結』(1993)에 실려 있는 것으로 시인의 시관을 가장 잘 반영하고 있다. 1, 2연은 시인이 시의 구성 원리로서 기승전결이라는 그릇을 발견함으로써 생활의 양식('살아 있는 곡식')이나 안락과 희망('금 같은 아이들')으로 시를 가득가득 채우고 싶어 하는 경험적 자아의 조급성을 보인다.

3연에 오면 경험적 자아는 시적 자아로 변용된다. 경험적 자아가 새로운 방법을 발견하고 그것을 실용적 목적으로 유용하고자 하지만 변용·창조된 시적 자아는 경험적 자아와 일정한 거리를 유지하면서 반성적으로 자기인식을 시도한다. '시의 그릇 안에 담는 으뜸은' '빈 그릇 그대로 다만 가득 담는 것'이라는 역설이다. 여기에서 우리는 화광동진(和光同塵)을 포함한 노자의 '허(虛)'의 개념을 만나게 된다. 이 '허'의 개념은 "담지 않고 때로 더러 담고 / 때로 빈 그릇 그대로 다만 가득 담는 것"이라는 표현 속에 완벽하게 담긴다. 특히 '때로 더러 담다'라는 표현은 가히 시인다운 면모를 보여주는 부분이다. '더러'라는 의미가 양을 나타내는 부사 '얼마만큼'과 때를 나타내는 부사 '이따금'을 의미하기도 하지만 동시에 타동사로서 '일정한 수량이나 정도에서 얼마를 떼어 줄이다'는 의미를 함축하기도 한다. 이 '더러'라는 어휘만큼 노자적인 말도 흔하지 않을 것이다.

4연에 이르면 있고 없음이 상보적 관계에서 허(虛)와 실(實)의 온전한 전일체를 이루는 기승전결이라는 시의 그릇에 "스스로 들어 알몸으로 살고 싶다"는 염원을 드러낸다. 시의 그릇에 알몸으로 담기고 싶어 하는 바람은 풀어서 말하면, 시인이 노자의 세계에 들어 노자처럼 살고 싶다는 뜻이며, 더 나아가서 온몸으로 시 텍스트를 쓰겠다는 스스로의 다짐인 것이다. 따라서 범대순의 시는 1965년 제1시집 『黑人鼓手 루이의 북』에서부터 1999년 제9시집 『北窓書齋』에 이르기까지 실제 시인의 삶과 깨달음의 과정을 그대로 보여준다.

> 아침 건널목에서 지나가는 기차를 만난다. 우연한 일로 나는 큰 사건같이 설레었다. 예쁘다 기차도 예쁘고 탄 사람들도 예쁘게 때맞추어 일어나는 햇빛 닮은 소리로 간다. 열살 때 처음으로 읍내 나들이를 따라갔다. 건널목에 서서 넋을 잃고 기차를 보았을 때 산너머 기적 소리와 꿈으로 살아 있었던 것이 눈앞에 검고 길게 오래 맨발 앞을 지나갔었다. 있고 없음이 마음 속에 있다고 배운 뒤에도 마음 밖에서 다만 거품을 구하고 사는 속에 나이를 먹으면서 나는 기차를 잃어버렸다. 날마다 가까이 만나는 것이 이미 거기 없다. 지금 나는 부처와 예수의 가르침을 지고 있다. 런던 하이게이트 칼 마르크스의 묘지도 믿는다. 그들이 버리고 부린 욕심 나라고 먼 산이랴만 아침 햇빛을 타고 가는 예쁜 기차 같이 않구나.
>
> –「아침 햇빛을 타고 가는 기차」 전문

최근의 시집 『北窓書齋』에 실린 이 시는 시인의 지향점이 어디에 있는가를 극명하게 보여준다. 범대순의 시정신의 지형도를 그리는 데는 이 시만한 것도 드물 것이다. 시인은 어느 날 건널목에서 아침 햇살 속에서 햇빛을 타고 가는 기차를 보면서 어린 시절(열살 때) 기차를 처음 보고 꿈을 키웠던 충격을 회상한다. 시인에게 있어, 그것은 미지의 세계에 대한 동경과 문명 세계에 대한 선망을 심어주기에 충분한 것이었다. 그가 처녀 시집 『黑人鼓手 루이의 북』의 후기에서 "처음으로 汽車를 본 그때의 感激을 좀체 놓지 못한다."고 쓰고 있는 것이라든지, 제3시집 『異邦에서 老子를 읽다』(1986)에서 "먼 산 어느 모롱이 뒤로 / 기적이 상기 메아리로 서서 있다."(「落葉」)고 표현한 점으로 미루어보면 시인에게 기차는 하나의 이상향이거나 꿈이다. 그러나 시인은 이성적으로 사유할 때 모든 것은 마음에 달렸다는 일체유심조(一切唯心造)를 배웠지만 이를 실천하지 못하고 오직 물질세계의 허상만을 좇아 살다가 그 기차를 잃어버렸다. 그래서 '날마다 가까이 만나는 것'이지만 그것은 어린 시절 꿈의 기차가 아니다. 시인은 부처와 예수와 마르크스를 찾아 배우고 그 가르침을 믿지만 그 가르침이 '아침 햇빛을 타고 가는 예쁜 기차'와 같지 않음을 새삼스러이 깨닫는다. 자신이 의식적으로 배우고 익힌 모든 철학과 사상이 어린 시절 체험을 통해 꿈을 꾸게 하는 초심(初心)만 못하다는 깨달음에 이른 것이다.

위의 시에서 우리는 다음 몇 가지 사실을 확인할 수 있다. 먼저 앞에서 언급했다시피 시인은 경험의 세계에 절대적 가치를 부여하고 있다는 점이다. 그리고 그 경험의 세계 중에서도 유년의 체험이 중요하기 때문에 시인에게는 그때 경험한 검은 기차로서의 원시적 생명력이 중요한 시의 지향점으로 남아 있음을 알 수 있다. 이러한 과정 속에서 위의 시는 그 생명력으로서의 기계문명에 대한 동경과 강인함에의 의지를 드러내게 되었다. 그리고 그러한 서구적 기계문명과 동양적 정신문명을 조화롭게 끌어안으면서 자족적인 삶을 살고자 하는 시적 자아의 독특한 세계관과 조우하게 될 때 독자는 이 시인의 시를 이해할 수 있는 단서를 발견하게 된다. 이러한 단서가 기계문명과 정신문명의 어우러짐을 꿈꾸는 시인 범대순의 시세계에 한 발 더 접근하는 통로를 제시해 줄 것이기 때문이다.

3.

범대순 시인의 시는 기계가 보여주는 역동적인 힘과 미래에 대한 낭만적 환상에서 출발한다. 어린 시절 '아침 햇빛을 타고 가는 예쁜 기차'로 상징되는 꿈의 세계가 심어준 환상은 시인으로 하여금 기계문명이 인간의 꿈과 이성을 실현시켜 줄 것이라는 믿음을 갖게 했다. 그는 자신의 시론에서 밝혔던 바대로 열등의식에 대한 강력한 반발에서 오는 강인함에의 의지를 가지고 있다. 이 강인함에의 의지가 기계시를 쓰게 하고 원시적 생명력을 형상화하려는 근본적 동기를 이루었다.

처음에는 女王처럼 조심스레 주위를 살피다가
스스로 울린 청명한 나팔에 氣球는 비둘기

꼬리 쳐들고 뿔을 세우면 洪水처럼 신음이 밀려 이윽고 바위 돌 뚝이
무너지고.

그것은 희열
사뭇 미친 瀑布같은 것
짐승 소리 지르며 목이고 가슴이고 물려 뜯긴 新婦의 남쪽 그 뜨거운
나라 사내의 이빨 같은 것.

그리하여 슬그머니 두어 발 물러서며
뿔을 고쳐 세움은
또 적이 스스로 무너짐을 기다리는 知慧의 자세이라.

–「불도오자」 부분

시인은 불도저가 작업하는 모습에서 사납고 힘센 '부사리' 황소와 상씨름꾼인 사촌 형의 이미지를 본다. 그 불도저는 여왕처럼 우아하고 꼬리를 쳐든 황소처럼 당당하며 상대가 스스로 무너지기를 기다리는 아량과 지혜까지 겸비하고 있다. 그가 하는 작업은 젊은 남녀의 육체적 열락처럼 격정적인 희열을 동반한다. 시인은 불도저에 매료되어 오래도록 서서 지켜보면서 "어느 화사한 마을 너와 더불어 찬란한 화원 / 찔려서 또 기쁜 薔薇의 茂盛을 꿈꾸고 있"다. 불도저의 작업이 이루어낼 미래의 문명, 그것은 찬란한 화원일 터인데 그 화원에서 시인은 가시에 찔리는 아픔을 감수하면서 장미의 무성한 아름다움을 만끽할 수 있을 것이라는 꿈을 꾸고 있는 것이다. 무의식적일망정 시인은 기계문명이 가져올 아픔과 부작용을 직관적으로 보이내고 있으면서도 문명 세계로의 동경과 유혹을 전위로 드러내려고 한다.

이러한 문명에 대한 예찬은 마리네티를 중심으로 한 미래파 운동에서 쉽게 볼 수 있고, 시인이 연구한 스펜더의 시에서도 접할 수 있다. 우리의 경우는 1930년대 주지주의 시를 쓰려고 했던 김기림의 「기상도」에서 기계문명에 대한 예찬을 읽어낼 수 있다. 그러나 이런 문명 예찬은 세계의 문화사가 보여주듯이 자칫 파시즘에의 경사를 갖지 않을 수 없는 함정이 도사리고 있다.

하늘이 고우니 입이 달다.

위로 팔뚝과 나의 시가
낭랑한 깃발처럼 뜰에 선다.

거리의 움직임은 어느 개선의 엔진
간간 산새가 날아 또 미더웁다.

아 어젯밤 나는 보람찬 제왕
폭풍에 몰리던 파도의 행렬.

아침은 유유한 솔개의 행차
아침은 기적소리 잡종 수탉의 혼례.

인간은 알로 자연을 딛고
뒤로 영광을 더불고

아 화려한 출발을 동자에 심자.
그리하여 하늘을 풀어 벼룻결에 앉히고
역사를 닮은 하나의 회상을 새겨놓자.

―「아침의 印象」 전문

시인의 이성은 '개선의 엔진'으로 상징되는 기계문명과 '산새'로 상징되는 자연이 공존하는 것을 이상으로 한다. 그런데 시적 자아는 어젯밤의 '보람'처럼 문명으로서의 '기적소리'와 자연으로서의 '잡종 수탉'을 갈등 없이 혼례시킨다. 인간은 아래로 자연을 딛고 정복하여 영광스러운 미래를 설계해야 한다는 이러한 논리는 철저하게 서구적 진보 사관에 따른 문명관으로(이런 인식은 뒷날 노자를 읽으면서 동양적 세계관으로 회귀하는 모습을 보인다.), 1960년대 이후 '잘살아 보자'는 개발 논리와 맞닿아 있다. 그러나 이것은 운명 공동체의 역사에서 드러나는 열등의식을 기계론적 사유로 극복하려는 것에 지나지 않는다. 시인은 개인의 열등의식과 민족의 열등의식을 극복하기 위해 정신적·물질적 강인함을 길러야 하다는 사유체계 속에서 기계를 노래하면서 상승지향적 의지를 키우며(「안테나」), '싸이렌처럼' 울던 황소와 그 황소를 닮은 아버지를 형상화하면서 힘찬 도약으로서의 개발 논리를 폈던 것이다(「부사리 畵像」).

여기에서 문제가 되는 것은 서구적 진보 사관에 의한 개발 논리가 아니라 그것을 너무 쉽게 긍정하는 시인의 자세이다. 인간다운 삶을 영위하기 위해서는 문명의 진보가 불가피하다. 그러나 그것은 시에서가 아니라 과학으로서의 학문과 정치, 경제 분야에서 문제 삼아야 할 일이다. 오히려 시인의 관심은 그 개발 논리에 함몰되는 인간성의 상실과 원시성의 상실을 복원하는 일에 집중되어야 할 것이다. 시인이 개발 논리를 긍정하는 태도는 체질적 병약함에 대한 반작용일 개연성이 높다.

범대순 시인의 산문과 시들을 보면 어린 시절 병약한 아이로서 겪었던 물리적 힘에 대한 열등의식을 여기저기에서 만날 수 있다. 예를 들면, 시인이 자신의 "애기들이 욕하는 것을 / 착한 어린이가 아니라고 나무라는 것이지만, / 속으론 실은 이놈들아 조금 더 큰 것을 / 조금 더 큰 놈들에게 / 아프리카의 어느 사건 만큼이나 그렇게 크게 해보라고 / 속으로 실은 그렇게 희망하고 있는 것"(「辱說考」)은 열등의식의 반작용으로서 자식들이 강인하게 자라기를 바라는 염원이다. 그 염원이 자기 자신에게 미칠 때는 자기반성을 수반한다.

그러나 나 또한 보잘것없이 흔들고 흔들리는 것
가까운 사람의 변두리에 서성거리며
눈은 작은 것에 까다롭다

그러나 정말로 내가 흔들고 싶은 것은
죄없는 자식이나 아내의 순한 마음이 아니고
애잔한 이웃이나 벗의 시새움이 아니고

한 여름 시골길 어느 연못
소나기에 연잎 물방울이 흔들리듯
멀리 섬이 서서 큰 바다를 흔들듯
주먹이 멱사릴 흔들듯
오 나도 한번 천지를 흔들고 싶다

－「나도 한번 天地를」 부분

일상의 삶에서 보잘것없는 것에 흔들리고 작은 것에 까다로워서 죄 없는 자식과 순한 아내와 애잔한 이웃과 벗들을 귀찮게 흔들어 왔다는 자기반성이 수반됨으로써 시인은 이제 자연과의 교감을 통해 근원에 접근하면서 천지를 흔들고 싶어 한다. 자기반성을 통해 그 열등의식을 강인함에의 의지로 승화시킨 것이다. 그러나 그 의지만으로는 천지를 뒤흔들 수 없다. 시인이 자신의 '원시'를 회복했을 때만 천지를 흔들 수 있는 잠재력이 발동한다.

> 차가웁고 순수한 것이
> 나의 가슴 속에서
> 어린 시절을 흐르더니
> 이윽고 나의 원시에 닫는다.
>
> 그때다 기가 난 것은
> 맑은 무엇이 나의 원시와 닿는 순간
> 불 속을 달리는 들소같이
> 나는 소나기 속에서 크게 넘쳤다.
>
> 내가 넘치자
> 번개가 따라온다.
> 번개에 놀란 숲이 움추리는 가운데
> 나와 천둥은 마음껏 세계를 웃었다.
>
> -「소나기」 부분

시인이 미국의 숲 속에서 기세 좋게 쏟아지는 소나기를 흠뻑

맞고 어린 시절을 회상하면서 자신의 원시라고 할 수 있는 생명의 근원을 되살려 낸다. 이것을 쉽게 뒤집어 말하면 어린 시절을 통해서 원시의 근원과 본질에 도달할 수 있다는 이런 생각은, 시인이 자신의 마음 안에서 "불보다 더욱 안에 있고 / 뿌리보다 더욱 오래 있는 / 끊임없는 하나의 바람과 같은 / 그것이 일어서고 있음을"(「바람」) 자기 성찰을 통하여 명징하게 들여다보고 있기 때문에 생겨난 것이다. 따라서 "먼 나라 숲 속에서 / 소나기 속을 달리면서 / 천둥과 번개를 거느리고 / 나는 비로소 나의 원시를 회복하였다."는 것은 결국 천둥과 함께 마음껏 세계를 웃어줄 수 있는 힘과 능력을 갖추었다는 말이며, 소나기로 대표되는 자연까지를 '다스리는' 것으로 그 힘이 넘치고 더욱 가득하면서 찬란하다는 의미까지를 포함한다. 시인은 어린 시절을 통해서만 생명력의 근원에 도달할 수 있다는 믿음을 가졌던바, 초기부터 최근의 시집에 이르기까지 아름답게 가난한 어린 시절과 처음 시를 배우던 '목포 오거리'를 시의 주조적 내용으로 삼는 요인의 근거도 여기에 있다.

어떻든 시인의 열등의식은 강인함에의 의지로 바뀌고 이 의지가 서구적 이성과 만나면서 기계시가 탄생하게 된 것이다. 그 의지가 내면의 성찰로 이어질 때는 원시적 생명력의 추구로 이어지지만, 그 원시성에도 자연을 정복하려고 하는 서구적 이성이 짙은 음영을 드리우고 있다.

그렇다면 그의 시에서 '원시'란 무엇인가? 범대순 시인은 초기 기계에 대해 관심을 가지고 시작할 때부터 '짐승'의 이미지와 아프리카의 검은 이미지를 기계와 병치시키려고 하였다. 따라서 이성에 의한 학자로서의 지향점과 함께, 아프리카의 검은 색깔에 대한 이미지와 동물적 원시성을 추구하는 시인으로서의 지향점이 맞닿은 곳에서 시인의 시는 긴장을 얻는다.

짐승 소리 지르며 목이고 가슴이고 물려 뜯긴 新婦의 남쪽 그 뜨거운 나라 사내의 이빨같은 것.

－「불도오자」

그리하여 太陽과 密林과 검은 빛깔이 / 아아 이 靑春의 祖國되게 할 // 당신은 아뜨라스 / 검은 손이 불꽃처럼 밝다.

－「黑人鼓手 루이의 북」

짐승이 풀과 더불어 사람과 더불어 이웃하여 있을건가 나의 103號 硏究室.

－「103號硏究室」

짐승이 신화처럼 가까운 그런 벌판을 우리는 기대하였다.

－「四월에 우리가 期待하였던 것은」

언젠간 지구를 엎는 파도이고자 하였더니 / 새빨간 혀가 수도 없이 천공을 향하여 움직이는 / 이 짐승의 소망이었더니.

－「龍舌蘭」

창백한 오늘을 울어라 짐승이여

－「黑」

손바닥과 손바닥을 대고 / 조용히 땀을 흘리고 있는 짐승 // 그 짐승

이 되기까지는 / 아직도 먼 平壤 221키로의 물소리

—「통일로 종점」

당신이 불같이 울며 / 짐승처럼 소리치며 / 그 속에서 기뻐 날뛰며 / 내가 살고 있음을 / 비로소 깨닫게 될 것만 같아

—「詩人 로버트 크릴리에게」

오 소나기 원시의 해와 숲 / 그리고 검은 머슴새 할 것 없이 / 더운 맨살의 그 몸짓 몸짓이여

—「아프리카의 印象」

순수한 짐승이 되어라. / 어금니와 소리와 발톱과 / 사나움을 보면 더욱 사나운 / 아이야, 나는 너무 허약하였다.

—「복중기」

이러한 시들에서 보이는 짐승의 이미지는 때 묻지 않은 순수성과 길들여지지 않은 야성적 활력과 열정, 그리고 절대자의 신성(神聖)과 자연에 투시된 신성(神性), 또는 온전한 유기적 생명체 등을 의미한다. 이 같은 의미를 얻고 깨닫기 위해서 시인은 자신의 어린 시절로 되돌아가서 원시성을 회복하는 일이 무엇보다 중요했던 것이다. 그런데 "세월의 물레를 거꾸로 거꾸로 돌리면 / 짐승도 나무도 같이 물이 되고 불이 되고 / 바람과 같은 별과 별 같은 하늘과 / 그리하여 마침내 다만 검은빛이 되었다."(「검은 빛」)고 기술하고 있는 이 시에서 보듯이 자신의 근원을 찾아 어린 시절로 되돌아가고, 더욱 세월을 되돌리면 마

침내 짐승이미지와 별과 하늘이 모두 검은빛으로 변하고 만다. 그래서 아프리카의 검은 색깔로 표현되는 검은 이미지는 생명의 원천이라는 뜻을 함축하기에 이른다.

제4시집 『起承轉結』(1993)을 전후로 하여 이 짐승의 이미지를 통한 원시적 생명력의 추구가 잡초의 이미지를 통한 원시성 추구로 바뀌게 된다. 원시적 생명력이 교육이라는 현실과 만나게 됨으로써 학생들이 잡초처럼 강인하게 자라주기를 바라는 염원을 잡초에 투사한 것이다. 범 시인은 1986년 「雜草考」라는 수필을 통해 시만 야성의 땅에서 자라는 것이 아니라 큰 인물도 꽃밭이 아닌 거칠고 모진 잡초밭에서 나온다는 믿음을 설파한 바 있다. 그는 여기에서는 1950년대 시인이 몸담고 있는 초등학교장의 반대로 자신이 만든 어린이 신문의 제호가 '잡초'가 되지 못하고 '꽃밭'이 되고 말았기 때문에 오래도록 미련이 남았다는 사실을 보여준다. 그런데 그의 시 「잡초고 6」에서는 그러한 사실들이 시의 내용을 이루지만 의미가 약간 변형되어 있다. 수필에서는 '꽃밭'이라는 이름으로 어린이 신문이 발간된 것으로 되어 있는데 시에서는 시인이 제호를 '잡초'라고 우기는 바람에 결국 쓸모없이 버려지게 되고 사십 년이 지난 "지금도 생각하면 피가 선다"고 되어 있다. 이런 차이에서 우리는 시인의 무의식의 내면세계를 엿볼 수 있다. 시인은 어떤 신념을 가지고 있으면서도 그것을 실제의 삶에서는 끝까지 밀고 나가는 힘이 부족하여 현실과 일정하게 타협하고야마는 나약함을 가지고 있다는 것을 암묵적으로 시인하고 있다. 그러나 시속에서는 그 신념을 원시적 생명력으로서의 잡초에 투사하여 끝까지 밀고 나가 시적 긴장과 형상을 얻는다.

그의 시 「잡초고」와 「잡초고 1~6」에 실린 내용들은 모두 시인의 어린 시절, 잡초처럼 살아왔던 기록들이다. 여기에는 잡초처럼 살았던 야성적 힘이 오늘날 자신의 삶을 건강하게 유지시켜 주는 원동력이라는 인식이 밑바탕에 깔려 있다. 이 어린 시절의 체험이 그의 제7시집으로 '절구시'라고 이름하는 『아름다운 가난』(1996)의 내용을 이룬다. 범 시인에게 시를 쓴다는 것은 자신의 근원을 찾아 떠나는 길고 험난한 여정이었다.

4.

우리는 그의 시에서 이성과 감성, 또는 개발과 원시 사이에서 고뇌하는 학자 시인의 모습을 담아내려는 처절한 몸부림을 만나게 된다. 그가 시인이면서 영문학자라는 신분상의 모순과 그의 사고방식이 서구적 이분법에 익숙해 있기 때문일지도 모른다. 기계와 원시(자연), 서양(異邦)과 동양(老子), 과거와 현재, 탐구와 회귀, 시작과 끝, 창조와 파괴, 있음과 없음을 한눈에, 동시에 봐버리려는 의도에서 탐구된 것이 '기승전결'과 '절구'라는 시의 형태이다. 이 양극단을 거시적으로 통합하려고 할 때 학자의 자아와 시인의 자아는 물과 기름처럼 겉돌기 십상이다. 시인이 미국과 유럽과 아프리카를 여행하면서 끊임없이 배우고 익히지만 언제나 이 양극단 사이에서 방황하는 보습을 보인다. “예이츠의 깨달음을 알 만한 나이 / 이렇게 보면 지혜의 나이가 좋지마는 / 저렇게 보면 푸른 젊음이 귀하고 / 지혜의 비잔티움에서 하루내 헤매었다.”(「헤매임」)는 진술 속에 그러한 시인의 태도가 잘 나타난다.

앞장에서 살펴본 원시적 생명력을 추구한 시들은 대체로 후자의 입장을 취하지만 다음과 같은 시는 철저하게 전자의 입장을 고수한다.

고래잡이가 고래를 잡는 것이
작살질이 뛰어나서가 아니듯
사냥꾼이 호랑이를 잡는 것이
불질이 세상 없어서가 아니듯.

만 리 험한 바다에 나아가서
고래가 아닌 자기와 싸우듯이
시베리아에 닿는 장백산 깊은 골에
호랑이 아닌 자기가 적이듯이

시인이 싸워서 무찌르고 이기는 일은
사나운 호랑이도 고래도 아닌
한 줌의 흙으로 된 자기의 뼈 안에
수없이 작살을 꽂고 불을 놓는 일.

수도 없이 작살을 맞고 불을 맞고
안간힘으로 도망치는 짐승을 향하여

다시는 못 일어나도록 마지막 순간의 한 대를
심장을 향하여 힘껏 내꽂는 일.

— 「시정신」 전문

작살질이 뛰어나거나 불질을 잘해서 고래나 호랑이를 잡는 것이 아니듯이 시를 잘 쓰는 일은 언어를 다루는 기교에 있지 않다는 것, 오직 자기 안에 있는 짐승의 심장을 더 이상 도망치지 못하도록 꿰뚫어 버려야 한다는 것, 그것이 바로 그의 시정신이다. 다시 말하면 철저한 자아성찰을 통하여 자기 안에 있는 적을 무찌르는 것만이 진정한 시가 솟아나게 되는 통로라는 것이다. 따라서 이 경우에는 앞에서 살펴본 바와는 대조적으로, 원시적 생명력의 원천인 짐승의 속성을 철저하게 버림으로써 인격을 수양하고 인격체가 되는 것이 그의 시정신의 목적이 된다. 대단히 규범적인 이 같은 시정신에서는 훌륭한 인간 정신만을 문제삼기 때문에 그것을 어떻게 예술화할 것인가에 대해서는 눈을 감지 않을 수 없다. 예를 들면 2연 같은 경우는 오히려 3연으로 넘어가서 만들어지는 긴장을 미리 흩뜨리는 군더더기 진술에 가깝다. 차라리 2연을 빼버리면 시적 긴장이 견고해진다. 이런 현상은 굳이 시인이 기승전결이라는 규범적인 시 형식을 고집하기 때문에 생기는 오류일 가능성이 크다.

따라서 이처럼 규범적인 시인에게 있어 "아름다움은 스스로 있는 것이 아니라 / 숨어 누군가 애써 만드는 것"(「아름다움은」)이 된다. "애기가 일어나 아침 해를 만들 듯 / 수평선 멀리 누군가 낙조를 만들 듯 / 눈 내려서 피는 매화의 아름다움은 / 차고 외로운 마음이 만드는 것이 아니랴.”는 표현에서 우리는 시인이 믿는 아름다움의 실체를 읽어낼 수 있다. 시인 안에 있는 ‘차고 외로운 마음’이 없다면 어떤 것도 아름다움은 만들어내지 못한다. ‘차고 외로운 마음’은 자연 그대로가 아니라 자연과 인간이 합일하는 격물치지(格物致知)의 경지가 아니고서는 불가능하다.

물론 여기(餘技)로서 예술을 했던 전통적인 시인들에게는 시를 쓰는 행위가 인격완성을 위한 한 과정으로서 중요한 의미를 가질 것이다. 그러나 오늘의 시는 그러한 고귀한 인간 정신이 아니라 그것의 형상화에서 참다운 시정신을 구하는 것이 바람직하다고 믿고 있다. 그래서 시인도 그의 시정신과 시가 서로 상반된 모순을 보인다는 것을 냉정하게 인식하고 있다.

뒤부터 먼저 굴에 드는 짐승같이
나의 씨름판은 뒤씨름이 먼저다.
결판을 내고 처음부터 다시 붙인다.
상씨름은 처음부터 정해져 있다.

씨름판 뒤에는 꼭 싸움이 난다.
그리고 흥분하고 아쉽고 즐거웁다.
나의 시는 때가 없이 서는 씨름판
모래 밖에서 언제나 나는 장사이다.

–「씨름판」 부분

시인에게는 자신의 시(씨름판)에서 마지막(뒤씨름)이 중요하다. 결(結)을 마무리하고 나서 그에 따라 처음인 기(起)부터 시작하여 승(承)과 전(轉)을 다시 구성하는 방식이 그가 생각하는 가장 적합한 시의 구성원리이자 양식이었다. 그래서 좋은 시(상씨름)는 처음과 끝이 동시에 보이기 때문에 처음부터 정해져 있을 수밖에 없다. 그러나 시는 시도때도없이 시인의 마음에서 씨름을 하지만 정작 시인은 그 씨름판의 모래 밖에서만 장사이다. 어린 시절 어른들에 밀려 뒤에서 '어 어 소리'만 듣고 마음속으로 씨름판을 그렸듯이, 지금도 시인은 시의 한가운데 들어가지 못하고 그 밖에서 생각만으로 장사인 것이다. 이러한 자기인식은 시인이 시 쓰는 행위와 학문하는 행위 사이에서 갈등하는 자신의 모습을 객관화할 때 가능한 것이다. 이런 진솔함이 이 시인의 매력이고 강점일 것이다.

5.

범대순 시를 읽는 재미는 어디에 있는 것인가? 그것은 아마도 천진난만하고 악동 같은 시적 화자의 역설에 있을 게다. 애란인 젊은 여자와의 추억을 노래한, 첫 시집에 실린 「解剖學 教室에서 생긴 일」에서 보여주는 언어유희와 재치는 우리를 즐겁게 한다. 또 천장에 사는 쥐와 자신의 삶을 비교하는 「쥐」가 보여주는 골계미와 해학도 우리를 즐겁게 한다. 또 젊은 아낙이 들에서 말이 사랑하는 것을 보고 "콩 소승 한 말이 다 취해버렸다"(「님」)고 표현한 것에서 넘쳐나는 재기와 여유도 예사롭지 않다.

> 무슨 텐트가 이리 시원찮은 건지 일어서기가 바쁘게 무너졌다. 나의 빨강고 귀여운 일인용 텐트 석양에 풍선처럼 바람이 빠졌다. 트로이전쟁 때 그리스 군의 텐트엔 투구를 쓴 총사령관 아가멤논 장군이 유럽을 석권하던 몽고인의 텐트엔 짐승보다 사나운 징기스칸이 앉아 있었다. 나도 텐트 안에서 아가멤논 장군이나 징기스칸의 몽고 텐트를 꿈꾸었다. 큰 칼과 활 그리고 호랑이를 옆으로 텐트 앞에는 전차가 발을 굴렀다. 무너지는 텐트에 깔리는 나의 꿈이여. 나의 새벽이여 나의 젊음이여 인생이여 땅에 엎드려 새벽에 석양을 통곡하노니 돌아오라 바람이여 일어서라 나의 텐트여.
>
> -「텐드 유희」 전문

이 시는 새벽이면 태양의 양기를 받아 아가멤논과 징기스칸의 텐트처럼 위풍당당하던 것이 이제는 바람 빠진 풍선처럼 무너졌다는 처절한 통곡을 지적 유희와 언어적 해학 및 역설어법으로 재미있게 보여준다. 이런 어법 뒤에는 퇴락과 죽음에 대한 무의식적인 거부가 가슴 쓰리게 밀려온다.

진솔하고 담백하며 역설적인 시어 구사가 그의 시적 조사(poetic diction)라고 한다면 그의 시 형식은 기승전결이다. 기승전결은 시의 구성 원리이기도 하지만 자연의 법칙으로서의 삶과 생명의 원리이기도 하다. 이것은 시인이 '트인 시학'으로 주장한 "담장이 실해야 이웃간에 사이가 좋다"는 믿음에서 오는 전통 지향적 경향의 산물이다. 그의 전 시기의 시에 걸쳐 작용하는 이 원리가 얼마나 성과를 거두었는지는 미지수이다. 왜냐하면 그릇이 문제가 아니라 가치 있는 인간의 체험이 얼마나 예술적 형상성을 얻어내고 있는가를 심각하게 문제 삼아야 할 것이기 때문이다.

특히 8행 4절 8음보 20음절로 된 자수 정형시인 '절구시'는 새롭게 억지로 짜맞추어진 전통 가구 같은 느낌을 지울 수 없다. 마치 요즘 유행하는 샹들리에가 있는 물레방아 커피숍 같다. 물론 "가시 / 다음에 // 가시로 / 드는 // 가난 / 가시길 // 가는 / 꽃가마."(「아름다운 가난 110」)와 같이 작위적이긴 하지만 가시밭 같은 인생길에서 가난의 가시에 찔려 꽃가마 타고 죽음의 길을 가는 슬픔을 유려한 리듬에 실어 자수를 맞춘 시가 없는 것은 아니나, 오히려 짧은 시 중 자수에 얽매이지 않는 "무등산 / 스님 // 장작불 / 앞에 // 동짓달 / 눈보라 // 춘삼월 / 꽃보라."(「장작불」)가 훨씬 자연스럽고 정제되어 있다고 느껴진다.

또 '백지시'도 마찬가지이다. 『서경(書經)』에서 시언지(詩言志)하고 가영언(歌永言)이라 하였고, 20세기 서구의 시학에서도 시는 언어의 예술이라는 대전제가 무엇보다 중요했다. 언어를 떠난 백지의 세계나 깨달음과 같은 도(道)의 세계는 더 이상 시가 아니다. 백지로서 무엇인가를 전달하고 가득 채우려는 범 시인의 '백지시'와 '백지시론'은 다만 새로움과 전위를 추구하는 시정신으로서의 의의만을 가질 수밖에 없다.

이러한 일정한 한계에도 불구하고 우리가 범대순의 시를 즐겨 읽는 것은 그의 시가 시인의 삶 텍스트를 건강하게 붙들어주는 구실을 할뿐 아니라 우리에게 어떻게 사는 것이 바람직한 삶인가를 끊임없이 질문하기 때문일 것이다.

모래밭을 온 사람이 뒤돌아보면서
스스로 흐트러지지 않는 한결같음을 찾듯
산길을 가는 사람이 고개 앞에 쉬면서
가파른 길 앞으로 하얗게 있음을 구하듯.

관목을 쪄 말리는 작업을 거들면서
묘를 미리 준비해둔 할머니가
곱게 접어 장안에 넣어두고
가끔씩 만족스레 수의를 꺼내보듯.

전집을 엮고 짜는 일로 일하다가
고개를 들어 군간 눈을 감고 바라노니
글 하나 하나가 살아온 흔적이기보다는
살고 난 뒤 앞으로 먼 보람이기를.

하늘에 구름이거나 푸름이거나
석양 너머 빛나는 어둠이거나
백의 세계를 보는 하나의 눈
나의 처음 다음 그 다음이듯.

「그 다음」 전문

Chapter 7

아름다운 영혼과 절제의 미학

- 정재완론

1.

이 시집에 실린 시들은 정재완 시인께서 한평생을 몸담아온 진남대학교를 정년하기 전에 제9시집 『사람의 새』, 제10시십 『넘어가는 해』, 제2동시집 『온 세상 어린이』를 묶어 『여태 사랑을 고독하지 못했고 고독을 사랑하지 못했으니』(전남대학교출판부, 2001.9)를 상재한 이후에 쓴 유작들이다. 시기적으로는 2002년 초부터 2003년 9월 영면하실 때까지 1년 9개월 남짓한 시간동안 쓰신 것이다.

선생께서 췌장암으로 영면하신 지 1주기를 맞아 퇴임하신 이후 쓰신 유고들을 모아 그분의 아름다운 영혼을 기리기 위해 유고시집을 묶었다. 여기저기 흩어져 있는 시들을 수습해보니 한 권의 시집으로 엮기에 부족함이 없었다. 살아생전 당신이 직접『원탁시』에 발표한 8편의 시는 제1부로 묶고, 병상에서 투병 중에 쓰신 37편의 병상시는 제2부로 묶었으며, 선생의 컴퓨터 하드에 남아 있는 시의 이삭들은 제3부로 엮었다. 제2부 병상시 중 10편은 송지현의 「세속 사이로 난 오솔길 지기」라는 평문과 함께『시문학』통권389호(2003. 12)에 소개되기도 하였다. 제3부 「1행시 모음」은 엮은이가 제목만을 붙였다.

선생의 유고를 수습·정리하는 과정에서 모든 예술의 세계가 예술가의 삶의 경험에서 한 발자국도 벗어나지 못한다는 전제를 다시 한번 확인할 수 있어서 경건하게 옷깃을 여미지 않을 수 없었다. 시와 같은 삶을 살다가 삶과 같은 시를 남기고 '아기사과꽃'에게 '아장아장 걸음마로 인사 나누'며 '저승길'(「아기사과꽃」,『넘어가는 해』)을 가고 계실 선생님을 생각하면 가슴이 먹먹해온다.

정재완 시인은 1958년 청마 유치환 시인의 추천으로 시단에 데뷔한 이래 9권의 시집과 2권의 동시집을 상재하셨으니 결코 적지 않은 시작을 한 셈이다. 특히 1996년 회갑을 맞아『地上의 날에』를 상재한 전후로 선생께서는 시력 40년을 스스로 정리하고 성찰하면서 청마 선생의 당부 - '순연한 감수성과 치열한 시정신의 지향으로 시대와 인간에의 진실의 예지적 시세계의 실현' -를 잊지 않고 심기일전 초심으로 돌아가 굳건한 시작활동을 영위하게 되었다. 이때부터 선생에게 시는 곧 삶의 한 부분이 된 것이다. 매일같이 일상적 삶의 경험세계를 반추하면서 「낙수집」이라는 이름으로 '시대와 인간에의 진실'에 대한 성찰을 기록하였다. 이것이 예지적 이미지로 형상성을 얻으면 '이삭'이라는 이름으로 발표되곤 하였다. 따라서 선생의 시세계는 문학적 진실을 탐색하는 여정인데, 그것은 일상생활에 대한 반성적 성찰과 영혼의 순결성 유지에 초점이 맞추어져 있다고 할 수 있다.

이 유고시집은 선생의 시적 방법과 시작 과정, 그리고 시인의 지향성을 극명하게 볼 수 있다. 병마와 싸우는 절박한 생활 중에도 인간 영혼의 아름다움을 잃지 않고 시심을 불태우면서 매일같이 병상일기와 같은 시를 쓰신 점, 가족과 혈육에 대한 애틋한 정, 이웃 환자에 대한 애정과 간병인에 대한 고마움, 어린애와 같은 순수의 동심을 지닐 수 있는 영혼의 깨끗함, 절대자 야훼 하나님에 대한 믿음 등에서 우리는 선생의 인간됨을 가슴 저미게 느끼지 않을 수 없다.

2.

정재완 선생의 시는 저자와 자연 사이에서 영혼의 순수성을 지켜가고자 하는 소망의 표현이다. 선생이 회갑 나이에 이르러 시선집 겸 신작시를 곁들여 제8시집 『地上의 날에』를 상재한 며칠 후 전남대 캠퍼스 동산을 산책하면서 문득 만난 자연의 오랜 친구 까치의 비상을 보면서 섬광처럼 오는 깨우침을 작시한 다음의 시는 정재완 시인의 시세계를 잘 보여준다.

쓰면 뱉고
달면 삼키는 세상

연륜일까
세월은 화살처럼
살갗에 박히고

아픔도 허무함도
호소할 겨를이 없었다.

그래도 내 안에
출렁인 바다
산들의 부름 풍요의 들이

위안이었으며 변함없는
하늘의 축복이었다.

이윽고 지상의 날들은
기약없는 새떼같이 까맣게
날아갈 것이다.

「지상의 날에」 전문, 『사람 새』

60년 생애를 자화상처럼 그려내고 있는 이 시에서 우리는 시인의 내면을 들여다 볼 수 있다. 시인이 살아온 세상은 '쓰면 뱉고/ 달면 삼키는' 곳이다. 한국인이면 누구나 상투적으로 쓰는 '달면 삼키고 쓰면 뱉는다'는 관용어구를 도치시킨 이 구절은 시인이 얼마나 세상을 단순하게 보고 있는가를 알 수 있게 한다. 그만큼 세상물정에 어둡다는 말도 된다. 아마도 시인이 현실의 삶을 이미지로 살고 있기 때문일 것이다.("이미지로 산다/ 이미지는/ 삶을 삶으로 살아감의 상징인저." 「이삭집」 9.) 세상 사람들 사이에서 부대끼는 시인에게 '세월은 화살처럼/ 살갗에 박히고// 아픔도 허무함도/ 호소할 겨를이 없었다.' 견뎌온 세월은 살갗에 박힌 화살처럼 아픔이었고 그 상흔은 주름살로 남아 있다. 그래도 시인은 자신의 정신과 영혼에 '출렁이는 바다'와 '산들의 부름 풍요의 들'이 있었기에 위안이 되었으며, 이것을 변함없는 하늘의 축복으로 인식하였다. 여기에서 우리는 기독교에 귀의한 시인의 삶의 모습을 확인할 수 있다. 인간사보다는 참새와 까치, 바다와 산과 들 등 자연의 이법이나 풍요를 신의 섭리로 받아들인 것이다. 신의 섭리인 자연의 법칙에 따라 시인을 포함한 우리 모두의 삶에서 남아있는 '지상의 날들은' 까치 친구들이 날아가듯이 까맣게 날아갈 것이다. 이 시에서 시인은 우리에게 남아있는 '지상의 날들'이 많든 적든 '세월의 화살처럼' 살갗에 상흔을 남기고 '기약없는 새떼같이 까맣게' 날아가 버리고 말 것임을 환기시키고 있다.

그러나 이러한 '세월의 화살'이 시인에게 '마음과 사색의 공중 오솔길'을 만들어주어 이 허무를 극복할 수 있는 여지를 남긴다.

> 인간의 남자 친구 여자 친구도 종당
> 참새처럼 저마다의
> 마음과 사색의 공중 오솔길로
> 쓸쓸히 날아가 없어질 것인지.
>
> 「참새 친구」 부분, 『地上의 날에』

현실에서 만난 남자친구 여자친구도 종당에는 '세월의 화살'을 피하지 못하고 참새처럼 쓸쓸히 날아가 없어질 것이지만 그래도 '마음과 사색의 공중 오솔길'을 내어 '지상의 날들' 속에 오래도록 살아있게 될 터이다. 그래서 시인은 '땅 위 종종이다가 금세/ 하늘을 나는 새들의 깨우침'에서 '살아 있다는 건/ 감각이고 영성이다'라고 언명하기에 이른다.(「이삭집」 11.) 세월의 흔적들을 마음과 사색의 오솔길에서 생생하게 감각하고 더불어 절대자의 신령한 품성과 조우하는 것이야말로 살아있는 증표인 것이다. 이러한 영성의 감각이야말로 정재완 시인의 시적 원동력이다.

3.

정재완 시인께서는 2003년 7월 하순 췌장암 판정을 받으시고 2개월 동안 병마와 싸우면서도 결코 동심과 시혼을 놓지 않으셨다. 그러나 1996년 환갑을 전후하여 살아남은 자와의 이별을 준비하고 계셨다. 앞에서 살핀 바대로 삶과 죽음은 자연의 섭리일 뿐이라는 인식론적 사유가 정신세계의 밑바탕을 이루고 있었던 것이다. 그래서 이승과 저승의 경계를 좁히려는 의지를 곳곳에서 읽어낼 수 있다.

서울 둘째 딸네 집
손주 봐주러간다.

나의 저승 길도
이렇게 수월히
마음 가볍게

떠났으면 싶다.

「無題 (1)」 전문, 『넘어가는 해』

아무리 구차한 삶일지라도 누군들 이승의 삶을 하직하는 일이 기쁠 것인가. 어차피 피할 수 없는 이별이라면 사랑하는 딸네 집 '손주' 봐주러가듯이 그렇게 수월하고 마음 가볍게 떠나고 싶은 것이 인지상정이다. 그러나 이 시를 거꾸로 읽으면 저승길이 그렇게 쉽지 않다는 것을 여실하게 보여준다. 다만 우리들의 희망사항일 뿐이다. 시인은 靑馬의 「바위」를 읊조리면서 바위를 닮아가고자 함으로써 이승과 저승의 경계를 좁히려는 의지를 키웠다.(「바위」) 이 같은 의지에 주님의 사랑이 덧보태지면 생사의 이별이 달관의 이미지로 시적 형상성을 얻게 되는 것이다.

⑴ 본디 없을 수도 있었던 나인데
주의 은총으로 많은 것 얻어 갑니다.
삶의 체험 삶의 감동
그 느꺼운 이미지를 ……

「나날의 기도」 부분(2002.12)

⑵ 우리 이별이 예정돼 있네
사랑하는 사람들
이별의 플랫폼이

머지 않았네
각기 따로 떠나야 하는 -
생과 사의 갈림길
영 이별의 플랫폼이.

「이별」 전문(2003.5)

⑴의 시에서 시인은 "내 삶의 마지막 날엔/ 주님 기뻐하실/ 삶의 향기 가져다 바치오리."라고 마무리하기 전에 이미 이승의 삶에서 '주님의 섭리'로 살아가면서 '삶의 체험 삶의 감동/ 그 느꺼운 이미지를' 많이 얻어간다고 하여 이승의 삶을 갈무리하면서 이별을 예비하고 있다. 그래서 ⑵의 시에서 '생과 사의 갈림길/ 영 이별의 플랫폼'이 머지않았다는 사실을 직관으로 표현하기에 이른다. 사랑하는 사람들과 머지않아 이별하여 각기 따로 떠나야 한다는 사실을 시인은 그 어떤 감정도 끌어들이지 않고 담담하게 기술하고 있는 것이다. 그러나 그 이별의 시간이 그렇게 도둑처럼 빨리 찾아오리라는 것을 우리는 그때 미처 알지 못했다.

그러나 저승에 대한 시인의 인식은 갈등 속에서 이중성을 보여준다. 이별 이후의 세계는 주님의 품에 안기어 본향으로 돌아감이면서 동시에 불확실한 미래에 대한 공포이기도 하다.

나는 이세상은 알아도
저세상은 모르네.

모르는 세상으로

떠남은
여행인거야.

하느님 아버지의 품
영원한 본향으로
돌아감인거야.

「저 세상」 전문(2003.8.24)

시인에게 모르는 세상으로 떠남은 여행이듯이 모르는 저세상으로 떠남은 여행일 수 있다. 기대와 호기심, 그리고 설렘까지 동반한 여행은 그 이면에 낯선 시공간에 대한 불확실성으로 말미암아 불안과 염려가 공존함으로써 여행자의 의식세계가 팽팽한 긴장감으로 가득 차게 되는 것이다. 그러나 시인은 후자에 대한 우려를 기독교적 믿음으로 걷어내고 오직 전자의 긍정적 이미지만을 강화하고 있다. 생사의 이별을 되돌릴 수 없다고 판단한 이후에는 오직 '주의 품에 안길 날이/ 희망'이라고 굳게 믿게 된 것이다.(「죄와 고통」) 이러한 믿음체계에서는 죽음이 곧 부활이 될 수 있다.

그것은 나였다
나는 나였다
죽음 속에서도
어둠 속에서도
까무러치게 하였던 것은
나의 죽음

죽음 아니라 그것은
사랑이었다.

「낙수집 3-1. 부활」 전문(2003.2.4)

부활을 믿는 시인에게 죽음은 하느님 품에 안기는 일이고 영원한 본향으로 돌아감이지만 육신을 가지고 있는 인간에게는 죽음이 불가항력적 공포임에 틀림없다. 신의 아들인 예수까지도 겟세마네 동산에서 죽음을 앞두고 "내 아버지여 만일 할만하시거든 이 잔을 내게서 지나가게 하옵소서 그러나 나의 원대로 마옵시고 아버지의 원대로 하옵소서"(마태복음 26:39)라고 기도하였음에도 고골다 십자가에 못 박히시어 영혼이 떠나기 직전에 "나의 하나님, 나의 하나님, 어찌하여 나를 버리셨나이까"(마태복음 28:46)라고 울부짖는 것처럼 이승을 이별하는 일은 여행하듯이 아니면 딸네 집 나들이 가듯이 그렇게 홀가분하고 수월한 것만은 아니다. '한세상/ 인간 붙잡고/ 울고 웃고 노래'(「시인」)한 시인으로서는 '영혼과 육신의/ 분리는/ 공허이거나/ 쓸모 없'(「낙수집 1-9 달」)는 일이고, '정재완'이라는 이름이 있음으로 '남들 부르고/ 나도 의식해/ 이승의 예까지 왔'으나 저승에서는 그 이름 누가 불러줄까 염려하고 더불어 자신이 그곳에 있을까를 회의하는 것이며(「낙수집 3-5 이름」), '죽음 이후는 이승이/ 태초보다 아스라하리'(「낙수집 3-11 눈 세상」)라고 미루어 짐작하는 것이다. 그럼에도 생에 대한 집착이나 연민은 그 어디에서도 직접 표출되지 않고 절제되어 있다는 점에서 정재완은 의지의 시인이라 이름할 만하다.

4.

정재완 시인이 췌장암과 투병하면서 병상에서 쓴 시는 모두 36편이다. 두 달 남짓 동안 시작에만 몰두한 것처럼 보인다. 시가 하나님과 대화하는 영혼의 양식이었기 때문이리라.

시인은 우선 병과 화해하거나 친숙해지려고 한다. 자신에게 찾아온 췌장암을 마치 친구인양 그가 사람들로부터 조롱당하고 무시당하면서 만신창이가 됨으로써 심통과 화가 났으리라는 것을 뒤늦게 깨닫고 그를 달래며, '악 속에 선이 있고', '삶 속에 죽음 있듯이' 함께 공존할 수 있음을 설득하면서 병과 시인 사이를 따뜻하게 녹여보고자 한다.(「병(Sickness, illness)아!」) 또한 '홀연/ 럭비공같이 찾아온/ 췌장암 인구'에게 서로 미워하거나 혹독히 굴지 말고 이승의 연분으로 다독여가며 살아가야 하지만 '악수 나누고/ 하늘 뜻이라면 우리/ 헤어지기로 하'자고 간곡히 부탁하기도 한다.(「췌장암에게」)

병중에도 시인은 가족(아내, 세 딸들과 사위들, 외손자 외손녀, 아우 등)에 대한 사랑과 고마움을 표현하고, 이웃 환자들에 대한 배려와 소망을 빌고, 더불어 예수의 삶을 본받아 고통하는 이를 위해 기도하기도 하며, 병상에서 추석을 기다리거나 까치 한 마리를 보면서 옛날의 소년으로 되돌아가기도 하는 등 순수 동심의 시심을 잃지 않았다.

간절한 화해의 요구에도 불구하고 럭비공같이 찾아온 췌장암 친구는 시인의 육신을 파멸로 이끌고 간다. 그러나 시인의 영혼은 더욱 명징하고 순수해진다.

병상 24시간은
어느 시간보다도
살아 있다네.

삶과 죽음이
의식의 바다에
뒤채기며

고기 비늘
번득이며
이〔齒〕 시리게 살아 있다네.

「병상 24시간은」(2003.8.25)

시인의 의식의 바다에 삶과 죽음이 고기비늘 번득이듯 뒤채기며 이 시리게 살아 있기 때문에 병상 24시간은 어느 시간보다 펄펄 살아있게 된 것이다. 생사의 갈림길에 선 병상의 고통은 그 어느 때보다 시간의 존재를 극명하게 확인할 수 있을 터이다. 그러나 그 시간은 흘러가지 못하고 영 끊기기도 하고 고통 속에 멈추기도 한다.(「시간」) 오직 고통이 심했으면 시간이 흘러가지 못하고 멈추거나 영 끊긴다고 표현할 것인가. 여기에 이르면 숨이 멎는 것 같은 막막함에 이르게 된다. 그럼에도 시인은 그 고통을 직접 토로한 적이 한번도 없다. 이같이 투병의 고통을 간접화하는 방식이야말로 시인의 영혼을 돋보이게 한다.

촌음을 다투는 시간 속에서 시인이 할 수 있는 일은 보람찬 하루를 여는 것, 곧 아침을 맞는 일이었다.

병상의 고통 속
하루가 지샘은

스스로 껍질 벗는 아픔
아니고서는,
달걀 노른자위로 해님 배인

아름다운 하루가
빚어질 수 없는 것.

天·地·人이 떠받들어 이룩한
解産의 땀 배인 보람찬 하루가 마냥
열릴 수 없는 것—.

「일기 시 2 – 海石 아우에게」(2003.9.20)

이 시에 이르면 병상의 투병은 오직 하루하루를 견디는 일이고, 더욱이 밤의 고통에서 벗어나 아침을 맞는 일이다. 여느 인간이든지 하루를 살아내는 일은 天·地·人이 맞물려야만 가능한 것이고 그것은 해산의 고통과 노력을 동반했을 때 의미가 있는 것일 터. 시인은 그 누구와도 그 고통을 함께 나눌 수 없는 것이라서 자신과의 끝없는 투쟁에서 '고독의 끝'을 보고야 만 것이다. 그것은 '사랑과 죽음의 갈림길'이었던 것이다.(「낙수집 3-10 고독의 끝」)

이러한 죽음에 대한 복합심리와 '고독의 끝'에서 시인이 영면하시기 이틀 전에 쓴 다음의 시에는 하나님의 종으로서 주님의 길을 따르는 참된 사도의 모습을 보여준다.

주님의 발자국은
사랑의 자취이네.
섭리의 발자국 흐름이네.

"지난 날 한숨 변하여
내 기도 되었고

내 갈 길 험악하여도
나, 주님만 따라가리"

험하고 어려운 길이지만
사랑의 빛길 되었네.

그 길 따르려고 이제껏
내 인생 길 찾아
찾아 예까지 왔네.

「일기 시 4 - 주님과 함께」 전문(2003.9.23)

선생께서 걸어온 '험하고 어려운 길'이 진정으로 주님을 따르는 과정에서 '사랑의 빛길' 되었고, 이제는 주님의 품에 안기어 영원한 본향에서 영생을 누리게 되셨다. 선생님의 영혼은 하늘의 영롱한 별빛으로 우리를 인도하시리라. 선생님의 명복을 빈다.

Chapter 8

'부활을 꿈꾸는 집'으로서의 '헛간' 짓기 - 이향아론

이향아 시인은 1963년 『현대문학』에 시를 발표한 이후 제1시집 『황제여』(1970)에서부터 제14시집 『꽃들은 진저리를 친다』(2003)에 이르기까지 40년 동안 꾸준히 시를 써왔고, 지금도 왕성하게 시작 활동을 하고 있다. 이렇듯 적잖은 양의 시를 계속 창작한다는 사실은 시가 시인의 삶의 일부이거나 바람직한 삶의 좌표로 기능하고 있다는 추론을 가능하게 한다. 그래서인지 그의 시에는 일상의 삶과 생활이 소재로 많이 등장하고, 그 속에서 시인은 어떤 진실을 발견하려고 하거나 삶의 지혜를 깨닫고자 한다. 일상생활에 뿌리를 박고 있기 때문에 그의 시에는 거창한 이념이나 변혁에의 의지보다는 수동적이라고 할 만큼 내면으로 향하고 있는 개인의 정서가 지배적이다. 일상의 다양한 삶의 양태에서 길어 올린 성찰과 깨달음이 그녀의 시를 강건하게 만든다.

날계란을 만지면 그의 외로움이 살갗을 파고든다.
결이 고른 그 딱딱함 속에는 밀도 있는 자존심이
천연스레 물인 듯이 숨죽이고 있는 것을
까마득히 모르는 사람들이 태반일 것이다.
날계란은 다만 날계란이라고,
그 속의 날개짓,
갇혀 있는 씨알의 울음과 환희와,
꿈꾸는 세계로의 완벽한 비상을
까마득히 모르는 사람들이 태반일 것이다.
날계란을 보면 허랑한 물처럼 흘러온 날들
섞여도 완전히는 섞일 수가 없어
더러는 죽고 더러는 살아난 목숨,
어둠이 그냥 어둠으로 끝날 뻔했던,
무서운 기억에 숨이 막힐 것 같다.
날계란을 보면
무너질 때는 귀족처럼 도도하게,
공처럼 아무데나 굴러가진 말고
모나지 않게, 둥그스럼하게
내 속의 실핏줄로 타이르는 소리 들린다.

「날계란」 전문

날계란은 일상생활에서 늘 접하는 식품이다. 가정주부라면 더 말할 것도 없다. 대부분 우리는 '날계란은 다만 날계란이라고' 여길 뿐이다. 그런데 시인은 그 속에서 '밀도 있는 자존심'을 읽어내고 있다. '천연스레 물인 듯이 숨죽이고 있는' 날계란은 딱딱한 껍질에 갇혀 '꿈꾸는 세계로의 완벽한 비상을' 예비하는

'날개짓'을 하고 있다. 설령 '울음과 환희'가 교차하는 삶일지라도. 이 날계란을 보면서 시인은 시인 자신을 포함한 우리들의 인생살이를 반성적으로 되돌아본다. '허랑한 물처럼 흘러온 날들'에서 우리는 '섞여도 완전히는 섞일 수가 없어/ 더러는 죽고 더러는 살아난 목숨'이고, '어둠이 그냥 어둠으로 끝날 뻔했던/ 무서운 기억'을 가지고 있다. 날계란으로 연상된 이러한 '무서운 기억'이 시인을 진저리치게 하고 숨 막히게 한다. 여기에서 시인은 경험적 진실을 바탕으로 삶의 지혜를 발견한다. 이 시는 날계란을 통해서 아무리 '허랑한 물처럼 흘러온 날들'의 반복이라고 하더라도 '무너질 때는 귀족처럼 도도하게' '밀도 있는 자존심'을 가져야 하고, 행동은 모나지 않고 둥그스름하게 하지만 그렇다고 '공처럼 아무데나 굴러가'는 지조 없음을 경계해야 한다는 것을 머리로만이 아니라 온몸, 특히 실핏줄로 체득하는 과정을 보여주고 있다. 이 같은 일상생활에서 얻은 깨달음이나 지혜는 시인의 자기 수양과 불가분의 관계에 있다.

> 하루 세 끼 밥 때문에 도둑질도 하고
> 밥이 원수야 원수라면서
> 가는 개비 슬픈 목을 매달기도 하지만
> 비워야 맑아진다
> 떠나야만 그립다
> 어머니, 저는 지금 공부하고 있습니다
> 배고파도 비굴하게 엎드리지 않으려고
> 배불러도 짐승처럼 타락하지 않으려고

어머니 저는 지금 수양하고 있습니다
배가 고플까 봐
그러다가 나 모르게 배가 부를까 봐
저는 지금 조심조심 훈련하고 있습니다

「밥을 먹으며」 부분

시인은 우리들과 똑같이 '한 끼라도 굶으면 큰일이 나'는 것처럼 밥에 인이 박혀 있다. 늘 그리움의 대상인 '어머니'를 청자로 하여 시적 자아는 먹고사는 문제를 토로하면서 어떻게 사는 것이 바람직한 삶의 태도인가를 탐색한다. 먹고살기 위해 '도둑질'도 해야 하는 현실상황에서 시인은 '비워야 맑아진다'는 것을 알기 때문에 끊임없이 조심조심 훈련하면서 공부하고 있다. '배고파도 비굴하게 엎드리지 않으려고/ 배불러도 짐승처럼 타락하지 않으려고' 수양하는 시인의 자세는 '밀도 있는 자존심'의 구체적인 양상이다. 시인이 '부끄러움을 비벼 삭일 언덕'이면서도 '미망의 동굴'인 집의 소중함을 깨닫는 것(「이제 집으로 가자」)이나 '응갯돌 빨래터' 풍경에 기대어 어머니를 그리워하는 것(「풍경에 기대어」), 그리고 '불로초'나 '독풀'이 아니라 '향기로운 취나물'을 뜯는 것이 인생이라고 생각하는 것(「취나물 뜯기」)과 콩나물을 다듬으면서 '나란히 사는 법'을 배우는 것(「콩나물을 다듬으면서」) 등은 일상에서 얻게 되는 소중한 자아성찰이자 생활의 지혜이다.

이러한 성찰은 시인 자신이 '사무치는 하늘보다/ 자지러지는 깊은 땅에 열두 빈 가깝다'(「밑두링에 서서」)는 자기인식과 밀접하게 관련되어 있다. 시인은 하늘이라는 이상적 세계에서보다는 땅이라는 현실 세계, 특히 개인의 일상적 삶에서 진리를 발견하려고 한다. 그래서 그녀는 '하늘의 별 같은 땅의 풀잎을 찾아내리라 결심'(「취나물 뜯기」)하는 것이다. 이향아 시인이 쓰고자 하는 시는 '하늘에 오르면 별이 되고 땅에 떨어져도 꽃이 될 이야기'이지만 실제로 그녀의 시는 일상의 현실에 더 가깝다. 그런데 이 일상생활의 진실은 인생이나 현실 세계가 자연의 순환과정의 한 부분이라는 순환론적 인식을 깔고 있다.

우리는 손을 잡고 안부를 물었다.
남편과 자식들과 지난 세월을
'나는 집에서 썩어' 친구가 말했다.
나는 추웠다.
우리 반 반장이었고 일류대학을 수석으로 졸업한
친구가 '썩는다'고 말하는 동안
그날사 저녁노을은 미치게 타올라
그녀의 둥근 이마 위로 미끌어지고
나는 갑자기 썩는 냄새로 진동하는 세상을 보았다.
김치는 냉장고 안에서 시시각각 익어가고
아침에 먹은 밥은 창자 속에서 으깨어지고
어두운 극지 이름 모를 곳에서 물고기들이 떼죽음하는
진실한 생명 중 썩지 않는 것이 있으랴.
썩는다는 것은 숨는다는 것일 뿐,
아, 썩는다는 것은 흐른다는 것일 뿐,
흘러서 잊힌다는 것일 뿐
몸 구석구석 피가 잘 돌아서

나도 탈없이 썩고 있는 중
나도 시시각각 잘 삭고 있는 중

「썩음에 대하여」 전문

시인은 '우리 반 반장이었고 일류대학을 수석으로 졸업한' 친구를 만나 안부를 묻고 대화하는 과정에서 자연의 섭리를 읽어낸다. 시인의 논리에 따르면 '썩는다는 것'은 숨는다는 것이고 흐른다는 것이고 더불어 흘러서 잊혀진다는 것이다. 이것은 자연의 순환 원리이자 섭리이다. 따라서 시인이 '몸 구석구석 피가 잘 돌아서' 탈 없이 썩고 있는 중이고 시시각각 잘 삭고 있다면 자연의 이법에 순응하면서 잘 살고 있다고 할 수 있다. 이러한 생태학적 사유와 행동은 일상생활에서 중용의 미덕을 숭상하지 않을 수 없게 할 터이다. 시인이 개인의 존재하려는 경향과 일상생활을 문제 삼으면서도 거기에 함몰하지 않을 수 있는 것은 이러한 인식론적 달관이나 깨달음 덕분이다. 여기에서 시인이 추구하는 바는 삶의 흔적에 집착하여 거기에 의미를 부여하면서 동시에 인생사가 자연의 순환과정일 뿐이라는 깨달음이다.

버리기 싫은 추억.
인연이 아니라며 돌아간 사람, 품고 죽을 비밀을 위해, 밀려나는 古典을 위해 부활을 꿈꾸는 집을 짓는다.
마른 심지 끝에 입김만 불면 불이 붙을 것 같은 아직은 멀쩡한 정신을 위해서, 결국은 우리들 은둔을 위해서 잠복을 위해서,
헛간이라고 불리우고야 말 허무의 궁전을 짓는다.
껍데기 한 칸을 더 늘린다.

「헛간을 지으며」 부분

시인에게 산다는 것은 끊임없이 헛간을 짓는 일이다. '버리기 싫은 추억'은 잃어버린 것들에 대한 그리움과 사랑이다. 우리는 모두 삶의 흔적에 대한 집착에서 헛간을 짓는다. 일상인들에게는 그 헛간이 단순한 껍데기에 불과할 것이다. 그러나 시인은 그 흔적에 집착하는 데만 머물지 않고 더 나아가서 그것을 통해 자신이 갱생하거나 부활하는 데까지 이르고자 한다. 시인이 시를 쓰는 행위 역시 결국은 '허무의 궁전'일지라도 또 다른 의미의 헛간을 짓는 것과 다를 바가 없다. 그것은 '부활을 꿈꾸는 집'으로서의 헛간이다.

> 누가 내게
> 이와 같은 슬픔까지 알게 하는가.
> 꽃이 피는 아픔도 예사가 아니거늘
> 저 순일한 목숨의 송이송이
> 붉은 울음을 꺾어다가
> 하필이면 내 손에서 시들게 하는가.
> 예수가 십자가에 매달린 것처럼
> 꽃은 매달려서 절정을 모으고
> 영원히 사는 길을 맨발로 걸어서
> 이렇게 순하게 못 박히나니
> 다만 죽어서야
> 온전히 내게로 돌아오는 꽃이여
> 너를 안아 올리기에는
> 내 손이 너무 검게
> 너무 흉하게 여위었구나.

황홀한 순간의 갈채는 지나가고
이제 남은 것은 빈혈의 꽃과
무심한 벽과
굳게 다문 우리들의 천 마디 말뿐
아무것도 없다.

죽어 가는 꽃을 거꾸로 매다노라면
물구나무서서 솟구치는
내 피의 염기,
내 피의 노여움,
내 피의 통곡.
꽃을 말린다, 입술을 깨물고
검게 탄 내 피를 허공에 바랜다.

「꽃다발을 말리면서」 전문

시인은 꽃이 거꾸로 매달려 말라가는 것에서 고골다 십자가에 못 박혀 죽어간 예수를 보고 있다. 예수가 '영원히 사는 길을 맨발로 걸어서/ 이렇게 순하게 못 박'힘으로써 인류의 죄를 구원하였듯이 꽃도 '다만 죽어서야 / 온전히' 시인에게 돌아와 '부활을 꿈꾸는 집'을 짓게 한다. '입술을 깨물고/ 검게 탄 내 피를 허공에 바'래는 시인의 행위는 오직 삶의 흔적들을 통해 '부활을 꿈꾸는 집'을 짓는 시작(詩作)이면서 동시에 예수처럼 속죄양이 되고자 하는 부활의 실천이다. 이향아 시인이 일상생활에 집착하는 것은 역설적으로 자신의 부활을 열망하기 때문이다. 더불어 시를 쓰는 행위도 생활의 지혜만이 아니라 영생을 얻기 위함이다. 그래서 그녀의 시는 기독적인 시각으로 읽힐 수 있는 가능성이 다분하다. 다음의 시도 그러한 성서적 상상력이 작용하고 있다.

흰 무명 행주 짜서 물기를 닦고
항아리 뚜껑을 덮었습니다
송두리째 잊어버리게 하십시오
해 아래 살던 영광과 수모
목숨을 바쳤던 수백 날의 사랑
뿌리와 이름을 잊어버리게
으깨어진 이마 홍수에 흘러
어둠 속에 파묻혀 죽을 때까지
죽음보다 지독한 외로움에 잠겨서
비몽사몽 향기로 헤맬 때까지
취기만 건지고 버리게 하십시오
저승처럼 몽땅 잊어버린 후
오도 가도 못하는 벼랑 끝에서
지등처럼 나는 흔들리겠습니다

「포도주를 담그는 날」 전문

시인은 기도하는 어조로 객관적 상관물인 포도주와 자신을 동일시하고 있다. 포도가 향기나는 포도주가 되기 위해서는 '해 아래 살던 영광과 수모/ 목숨을 바쳤던 수백 날의 사랑/ 뿌리와 이름'을 송두리째 잊어버리고 '죽음보다 지독한 외로움'을 견디어야만 한다. 이런 과정을 거쳐 포도는 '비몽사몽 향기'로 헤매는 취기를 갖는 포도주로 부활하는 것이다. 가나의 혼인잔치에서의 포도주처럼 시인도 희미한 '지등'으로나마 세상에 빛이 되겠다는 염원이 간접화되어 있다. 이러한 간접화의 방법이 이향아 시인의 시를 시답게 한다.

이처럼 일상생활 속에서 현명한 삶의 태도와 지혜의 깨달음이 처세학적인 것으로 전락하지 않은 것은 내면으로 향하는 시선이 밖으로 열리면서 끊임없이 일상사에서의 탈주를 시도하고 있기 때문이다. 일상의 현실이 하늘과 조우함으로써 개인의 구원과 함께 공동체의 빛과 소금으로서의 기능까지를 담보하게 된다.

> 내 속 안창에
> 귀신도 눈치 못 챌 후미진 곳에
> 있는 듯이 없는 듯이
> 지등 하나 불 켜 있다.
> 콩기름 등잔불에 심지를 돋우면
> 뿌옇게 퍼득이는 불새 한 마리
> 내 속 깊은 안창
> 바람 안 타는 곳에
> 평생에 한 번이나 울까 말까 한
> 불새 한 마리 살고 있다
> 미루나무 구름 걸린 높은 꼭대기
> 바장이지 말거라,
> 때를 기다려 피를 참는 새 울음
> 오늘처럼 하늘이 끈끈한 날은
> 늙은 나무 송진처럼 깊게 깔린다
> 이린 날 이린 때에는

큰북 한번 치고 싶다
낮은 음악 나무 북을
천둥 한 번 울고 싶다

「이런 날 이런 때는」 전문

시인의 안창 깊은 곳, '귀신도 눈치 못 챌 후미진 곳'에는 '있는 듯이 없는 듯이/ 지등 하나 불 켜 있다.' 미약하나마 마음 속 깊이 불을 켜고 있는 시인의 내면에 '평생에 한 번이나 울까말까 한' 불새 한 마리가 살고 있는데, '오늘처럼 하늘이 끈끈한 날'에는 때를 기다려 피를 참는 울음을 울고 있다. 그 울음은 '늙은 소나무 송진처럼' 깊고 처절하다. 이처럼 불새가 피를 참는 울음을 우는 것은 '미루나무 구름 걸린 높은 꼭대기'에 오르려고 '바장이지 말거라'라고 다잡는 또 다른 시적 자아의 자기 검열 때문이다. 그렇지만 부활을 위한, 목숨을 건 피의 제전이 열리는 때가 되면 그 불새가 피울음을 울고야 말 것이다. 그러나 시인은 그날을 위해서 참고 기다리는 자세를 배운다. '때를 기다려 피를 참는' 인내와 기다림은 너무도 처절하고, 이것을 이겨내기 위해 큰북을 치고 낮은 음악과 나무 북을 천둥으로 울리는 것이다.

이향아 시인이 쓰는 시 자체가 이러한 기다림과 인내를 천둥으로 울리는 것에 다름 아니다. 시인의 일상적인 삶 자체가 이러한 기다림과 인내의 연속이었다. "관청에서, 길에서, 오피스에서,/ 내 집 안방에서, 꿈길에서, 생시에서,/ 내 차례가 좀처럼 돌아오지 않고/ 기다림의 대열 거의 끝에서 나는,/ 점잖게 기침

하며 기다림을 삼킨다./ 버릇처럼,/ 노여움처럼,/ 아득한 소망처럼.”(「기다린다」) 현실의 의식세계에서뿐만 아니라 무의식의 꿈길에서까지 ‘하염없이’ 기다리는 시인에게 ‘차례’가 돌아왔을 때에는 불새가 피울음을 울고야 말 것이고, 세상을 향해 ‘지등’이 불빛을 비추게 될 것이다.

그러나 시인의 안창 깊은 곳에 살고 있는 불새가 천둥처럼 피울음을 울게 되면 우리가 더 이상 이향아 시인의 시를 읽을 수 없지나 않을까 걱정이 된다. 왜냐하면 부활의 절대적 자아에게는 ‘부활을 꿈꾸는 집’으로서의 시가 더 이상 의미가 없어 쓸 필요가 없기 때문이다. 이것이 이향아 시인의 시가 가지고 있는 아이러니이다. 마치 인생이 그런 것처럼.

하지만 우리는 안심해도 될 터이다. 그녀의 시가 영생을 얻기 위한 영혼의 기호로서 ‘부활을 꿈꾸는 집’이고, 개인의 실존적 삶 역시 잃어버린 것들에 대한 그리움과 사랑을 모아 ‘헛간’ 한 칸을 더 늘리는 일이기 때문이다. 그래서 이향아의 시는 시인 자신의 존재증명이자 영생에의 열망이며, 동시에 일상생활의 지혜와 삶에 대한 깨달음이면서 철저하게 미래를 위한 것이다. 시 창작의 힘이 여기에 있기 때문에 생명을 부지하는 한 부단히 시를 쓰게 될 터이다. 이향아 시인이 더욱 강건하여서 ‘마른 심지 끝에 입김만 불면 불이 붙을 것 같은 아직은 멀쩡한 정신’을 가지고 성스러운 영혼이 담긴 ‘헛간’을 여러 칸 늘리어 가시길 기원한다.

Chapter 9

반성적 자의식과 사랑의 형상성

- 오탁번론

1. 시의 파수꾼

오늘날 시는 가을날의 깃털처럼 가벼워졌다. 서경에 기록된 '시언지(詩言志) 가영언(歌永言)'이라는 말씀이 관습적 규약으로 작용하고 있을 때에는 시가 인간의 존재탐구나 인격완성의 장(場)으로 기능하면서 그 위의(威儀)를 가지고 있었다. 말의 뜻을 바르게 하는 시와 그것을 길게 늘어 빼 가락을 맞추는 노래는 동전의 양면처럼 늘 함께 붙어 있었다. 우리 문학사에서는 시가(詩歌)문학이라고 부르는 이것은 소리와 말의 뜻을 바르게 하는 것(正音)이었기 때문에 국가의 통치 이념이자 교육의 수단이었다. 시가문학이 근대화과정에서 시와 음악으로 분화되고, 서구의 문학이론이 수용되면서 시는 예술의 하위개념으로 전락하기에 이르렀다. 시가 철학이나 역사와 동등한 학문의 세계였는데 이제는 고급스러운 언어의 놀이에 지나지 않게 되었다. 상호 소통되는 교육적 기능은 거의 대부분 사라지고 일기와 같은 자성적 글쓰기가 되어 가고 있다. 시의 공적 기능이 축소되고 내밀한 사적 담론의 특성이 강화될 때 시의 위의는 찾아보기 어렵게 된다.

인간 삶의 조건이 달라졌으니 시의 개념이나 기능도 달라지는 것은 너무도 당연한 일이다. 게놈프로젝트가 인간의 DNA구조를 밝혀내는 마당에 시의 아우라를 고집하는 일은 어쩌면 무모한 일인지도 모른다. 우주나 인간의 시원에 대한 신성성이 사라지면서 모든 것이 가벼워져가고 있다. 삶과 죽음마저도 이제는 즐거운 소풍이나 게임이 되어가는 실정이다.

아우라의 상실은 인문학의 위축을 가져왔다. 인문학의 꽃임을 자임하던 시는 요즈음 다양한 방법으로 그 쇠퇴의 과정을 증언하고 더불어 자학적인 방법으로 시의 타나토스를 즐기고 있다. 이런 현상을 일러 여느 비평가들은 문학의 죽음이라고 진단한다. 그러나 시는 들판의 잡초나 변종 바이러스처럼 그로테스크한 모습으로 살아남아 소통보다는 자족적 글쓰기를 대행하고 있다. 환경오염 속에 생물의 종들이 형편없이 줄어들듯이 시 역시 그 종의 다양성이 줄어들어 획일화되어가는 양상을 보인다. 오늘날 한국시에 필요한 것은 종의 다양성을 살려내기 위해서 시의 환경을 보호해야하지 않을까. 이러한 시의 환경오염으로부터 한국 현대시의 우량종을 지켜내기 위해 시의 파수꾼을 자처하고 나신 이가 오탁번이나.

오탁번(1943∼　　)은 1967년 「純銀이 빛나는 이 아침에」가 중앙일보 신춘문예에 당선하여 시단에 나온 이래 『아침의 豫言』(1973), 『너무 많은 가운데 하나』(1985), 『생각나지 않는 꿈』(1991), 『겨울강』(1994), 『1미터의 사랑』(1999), 『벙어리장갑』(2002) 등 6권의 시집을 상재하고, '귀가 어두워져서 남이 욕하는 소리가 잘 안 들리'는 이순이 지나서도 한국 현대시의 파수꾼임을 자처하면서 왕성하게 시작활동을 하고 있다. 2003년에 회갑을 맞아 『오탁번시전집』과 『오탁번 시읽기 시적 상상력과 언어』가 태학사에서 간행되어 그의 시문학적 성과가 중간 점검되면서 어느 정도 갈무리된 바 있다.

지금도 마찬가지이지만 오탁번 시인은 문단 데뷔 시절부터 똑똑 튀게 도드라지는 면이 없지 않았다. 1966년에서 1969년까지 내리 동화와 시, 그리고 소설이 신춘문예에 당선하는 화려한 경력부터가 심상치 않다. 그러나 오탁번이 시인으로 주목받기 시작한 것은 1990년대 중반부터이다. 황현산이 지적한 바처럼, 그의 시와 삶이 어우러지는 '모험 가득한 시집' 『겨울강』(1994) 이후부터 그의 시는 제 목소리를 내기 시작한다.[1] 특히 '좋은 詩를 알아보는 眼目과 識見'이라는 기치를 내걸고 '詩의 威儀와 詩人의 品格을 회복'하기 위해 계간시지 『시안』(1998년 가을)을 창간한 무렵부터는 '좋은 시' 논쟁의 한가운데서 시 창작에 몰두하였다.

1) 황현산, 「세 번째 선택」, 오세영・김현자 외, 『오탁번 시읽기 시적 상상력과 언어』 (태학사, 2003), 233쪽.

오탁번 시의 의미층위는 공시적으로 크게 자유지향과 근원지향으로 나누어 정리할 수 있다. 김현자의 지적처럼 자유지향의 시가 번뜩이는 기지와 성찰, 촌철살인의 후려침으로 현대문명과 삶의 허위의식과 틀을 단숨에 뛰어넘는 강렬한 자유의식을 보여준다면, 근원지향의 시는 어머니나 고향으로 표상되는 존재의 뿌리에 대한 깊은 천착을 통해 근원을 탐구하고 있다.[2] 전자가 현실에 대한 환멸과 냉소를 위트로 표현하였다면, 후자는 시적 자아와 세계의 합일이나 생명의 근원을 아름다운 이미지의 세계로 언어화하고 있다. 문학적 완성도는 자연스럽게 후자 쪽에서 실현되는 양상을 보였다.

통시적으로 살피면 오탁번의 시는 두 번의 굴절이 있었다. 첫 시집에서 보였던 감각적 이미지의 세계가 두 번째 시집에 오면 바람 부는 현실세계로 차츰 옮아가는 양상을 보였다. 물론 그의 시 전체에 자유지향의 경향이 관류하고 있지만 제2,3,4시집에는 유독 사회에 대한 대응방식을 문제 삼는 빈도가 높아졌다. 그러다가 제4시집부터 달라지기 시작하고 제5,6시집에서는 미당 서정주의 시적 경향을 모범으로 삼아 성숙한 영혼의 눈으로 자연친화적 세계를 창조하기에 이른다. 이 자연친화적 세계는 초기의 감각적 이미지의 세계와 닮아 있기는 하나 다르게 반복되기 때문에 아름다운 이미지의 세계로의 회귀라고 말하기는 어렵다. 그렇더라도 초기와 후기는 공시적으로 근원지향의 세계를 중점

---

2) 김현자, 「이승에서 영원으로 이어지는 탯줄의 상상력」, 오세영 · 김현자 외, 위의 책, 45쪽 참조.

적으로 다루고 있는 것만은 분명하다. 그러나 궁극적으로 오탁번이 추구하는 세계는 생명을 생명답게 하는 사랑이었다.

2. 감각적 이미지의 세계

오탁번의 초기 시는 정지용의 시적 세계에서 자유롭지 못하다. 특히 시적 기교의 면에서 정지용에 경도되어 있는 모습을 보인다. 정지용의 시에 대한 연구로 석·박사학위를 받았다는 사실과도 무관하지 않을 터인데, 직접 「지용에게」라는 시를 쓰기도 하고, 그의 시 한 구절을 그대로 가져다 쓰기도 한다.

> 莊子가 살던 古典의 처소에도 誤解는 내린다.
> 우리들의 아침에는 바람이 불고
> 지구는 蓮닢인 양 오무라들고 ……펴고……
> 내 이름을 부르며 날아오르는
> 堤川의 산새들도 둥우리 속으로 숨었다.
> 셈본숙제를 하던 유년의 몽당연필이
> 하나의 상징이 될 줄은 몰랐다.
> 지나가는 것이 모두 상징이라면
> 다가와 있는 것도 상징이 아닌가.
>
> -「상징의 언덕에서」 부분

시적 형상성이 뛰어나다고 할 수 없는 이 시는 오탁번의 초기 시의 특성을 잘 보여준다. 먼저 정지용의 「바다 9」의 마지막

한 행(地球는 蓮닢인양 옴으라들고 ……펴고……)을 그대로 몽타주하고 있다는 것이 눈에 띈다. 다음으로 유년의 몽당연필이 하나의 상징이 되고 있음을 깨닫고 있다는 점이다. 그가 필생의 시작(詩作)으로 삼고 있는 어머니와 고향은 시인의 존재를 가능하게 하는 사랑의 확인이라는 점에서 주목된다. 마지막으로 '아침'과 '바람'이라는 시어이다. '아침'은 건강한 생명력과 활력을 부여하면서 '눈'이라는 시어와 만나 순수를 상징하고, 이것이 유년체험의 등가물로 발선한다. 제1시집에서 아침이라는 시어가 시의 제목에 들어 있는 것만도 「純銀이 빛나는 이 아침에」, 「아침散調」, 「아침行進」, 「아침의 豫言」, 「아침安否」 등으로 38편 중 5편이나 된다. 시인은 제1시집에서 '아침으로 밝아가는 불씨'를 불고 있는 것이다. 초기 시에 주목하면 오탁번 시의 원형성은 사물의 눈과 귀가 새롭게 열리는 청신한 아침의 서정이라고 할 수 있다.[3] 그런데 '바람'은 매우 복합적이다. 그것은 '아침'으로 가는 것을 가능하게 하는 무엇이기도 하지만 궁극적으로는 정지용의 「바람 2」에서 말한바 오롯한 사랑과 진리의 메신저이다. 다음의 두 시를 비교해보면 정지용과 오탁번 시의 상호텍스트성을 확인할 수 있다.

바람 속에 薔薇가 숨고
바람 속에 불이 깃들다.

바람에 별과 바다가 씻기우고

---

3) 홍용희, 「純銀의 언어학」, 오세영・김현자 외, 위의 책, 445쪽.

푸른 뫼ㅅ부리와 나래가 솟다.

바람은 音樂의 湖水.
바람은 좋은 알리움!

오롯한 사랑과 眞理가 바람에 玉座를 고이고
커다란 하나와 永遠이 펴고 날다.

– 정지용의 「바람 2」 전문

외우지를 못하는 수많은 바람소리다.

산맥 뒤 머언 山 작은 솔방울에서 비롯되어
山과 내를 뛰어넘고 달려와
내 몸의 귀를 사발통같이 열어놓고
산꽃이 피어 수술과 암술이 정을 나누는 이야기
풀벌레들이 교미하는 이야기도 들려주다가

외우지를 못한다는 생각도 잊게 해 주는
수많은 바람의 몸뚱아리가 되어
발정한 배암처럼 또아리를 틀고
벼개맡에 잡힐 듯 잡힐 듯 밤을 새운다.

– 오탁번의 「음악」 전문

위의 두 시는 시상전개와 공감각적 표현 면에서 너무도 닮아 있다. 전자가 바람의 본질적 의미를 탐색하면서 그 속에서 아름다움과 생명의 불, 오롯한 사랑과 진리를 발견하고 동시에 바람이 음악의 호수로서 좋은 것을 알리는 메신저임을 노래하고 있다면, 후자는 거꾸로 음악을 바람의 소리와 몸뚱이로 인식하여 그 속에서 식물과 생물의 건강한 사랑과 생명의 신비를 읽어내고 있다. 정지용의 바람이 오탁번에게는 '발정한 배암처럼 또아리를 틀고' 있는 것이다. 이런 이미지는 초기 시의 주조를 이룬다. 오탁번은 1968년 서울 대한극장에서 사랑하는 사람(김은자)과 영화 「닥터 지바고」를 볼 때, 그리고 그녀를 서울역에서 전송할 때 그의 내부에서는 '겨울바람'이 달려가고 있었고(「라라에 관하여」), "지용을 꿈꾼 저녁마다 창 밖에서 바람소리가 들렸다."(「지용에게」) 자연의 가위로 열매를 따내듯 시를 쓰는 "시인의 뜨락에는 / 無等의 바람이 넘실대고"(「鉛筆畵」), 한밤에 '홀로 깨어 차디찬 바람을 밀' 때 '회상의 화려한 눈이 내린다.'(「長調」) 또한 오탁번은 스승인 조지훈의 죽음에서 "살과 흙이 섞이는 것이 중요한 게 아니라 / 글이 흙과 섞이고 바람에 섞이는 / 아, 저 무한한 질서를" 무심결에 보아내기도 한다.(「春雪」) 따라서 오탁번 시에서 '바람'은 욕망 가까운 것이면서 생명의 근원을 이루는 그 무엇이다. 이 점이 정지용에서 서정주에로의 친연성을 가능하게 한다. 이 정지용과 서정주의 시적 원리가 오탁번이라는 서정공간에서 융합하고 변용되면서 '좋은 시'의 모습을 갖추어가게 된다.

이상과 같은 오탁번 초기 시의 특성들이 시적 형상을 얻었다고 할 수 있는 데뷔작 「純銀이 빛나는 이 아침에」나 「굴뚝 掃除夫」등은 바다가 "푸른 도마뱀떼 같이 / 재재발렀다"는 정지용류의 감각적 이미지 세계의 시적 인식과 동류의 것이었다.

3. 위악적 태도와 자의식의 세계

오탁번은 인간과 우주의 비밀스런 교감을 언어로 표현하려는 태도를 유지하면서도 장년기에 접어들면 초기 시에서 보여주었던 아름다운 이미지의 세계보다는 현실 세계에 대한 환멸과 냉소를 산문적 리듬으로 노출하는 경향을 보인다. 제2,3,4시집의 시들은, 시인이 제4시집 『겨울강』의 자서에서 밝힌 바대로, 그의 자화상이며 미완의 자서전이며 차마 남에게 보여주기 민망한 일기와도 같다. 이러한 내면 고백적 시들은 대체로 시적 긴장이 떨어지면서 감상에 치우친 감이 없지 않다. 이 점을 의식한 시인은 제4집 서문에서 "나도 모르는 사이에 어느덧 길들여진 孤立과 疏外의 세계관이 나의 시에서는 부끄러운 줄도 모르고 얼굴을 내어밀고 있다."고 하거나, "젊을 때부터 익혀온 시의 방법이나 장치도 내 작품의 맨 몸뚱어리 앞에서는 도무지 가당치가 않다. 비유나 구조를 이야기하며 칠판 앞에서 백묵을 잡는 일 또한 나의 쓸쓸한 시가 지닌 눈금과는 사뭇 동떨어진 것이 된다."고 말한다. 시인은 아주 솔직하게 자신의 시가 자신이 익히고 가르쳐온 시의 방법에 부합하지 않다는 것을 밝히고 있는 것이다. 그러나 그의 시는 영혼과 마주하여 나온 진솔함이 짙게 배어 있다.

여느 시인이라도 마찬가지일 터이지만 오탁번의 시는 자신의 삶에서 한 발자국도 벗어나지 않는다. 3살에 아버지를 여의고 '어머니의 영원한 막내'[4]로 곤고한 젊은 날을 보낸 오탁번은 시인이자 소설가이며 대학교수로 출세(?)하기에 이르렀지만 어머니를 1979년에 여의고 나서 심한 충격을 받은 듯하다.

이승은 한줌 재로 변하여
이름모를 풀꽃들의 뿌리로 돌아가고
향불 사르는 연기도 멀리 멀리
못 떠나고
관을 덮은 명정의 흰 글자 사이로
숨는다
무심한 산새들도 수직으로 날아올라
무너미재는 물소리가 요한한데
어머니 어머니
하관의 밧줄이 흙에 닿는 순간에도
어머니의 모음을 부르는 나는
놋요강이다 밤중에 어머니가 대어주던
지린내나는 요강이다 툇마루 끝에 묻힌
오줌통이다 오줌통에 비치던
잿빛 처마 끝이다
이엉에서 떨어지던 눈도 못 뜬
벌레다
밭두럭에서 물똥을 누면
어머니가 뒤 닦아주던 콩잎이다 눈물이다
저승은 한줌 재로 변하여
이름모를 뿌리들의 풀꽃으로 돌아오고

－「下棺」 전문

---

4) 문정희, 「어머니의 영원한 막내」, 『시인』 2001년 여름호.

어머니가 땅에 묻히는 순간까지도 시적 화자는 이엉에서 굴러 떨어지는 눈도 못 뜬 굼벵이 벌레에 지나지 않는다. 그러나 이처럼 영적으로 미숙한 존재인 시인은 밤중에 지린내 나는 요강을 대어주고, 밭두럭에서 콩잎으로 뒤를 닦아주는 어머니의 사랑 덩어리이다. 이 사랑 덩어리가 지금은 눈물 그 자체인 것이다. 그러나 시인은 어머니의 이승의 삶이 '이름모를 풀꽃의 뿌리로 돌아가고' 있지만 머지않아 그 어머니가 '이름모를 뿌리들의 풀꽃으로 돌아오고' 있다는 믿음을 가지고 있다. 이러한 믿음이 그를 지탱해주는 버팀목이 되었다.

어머니를 유일신으로 섬기는 시인은 세상살이가 어려울 때 어머니에게 고해성사를 한다. 술을 많이 마시고 담배도 많이 피우는 일을 고백하고, 할아버지와 아버지를 잊지 않고 밥도 많이 먹고 잠도 푹 자겠다고 다짐하거나(제2시집의 「어머니」), 죄를 짓고 회개하여 울고 있으면 어머니는 "괜찮다 울지마라 막내야 내가 다 안다"고 위로해주시고, 어렵게 목숨을 부지하고 삶의 신고를 겪는 과정에서 짓는 죄까지를 사면해주신다.(제3시집의 「어머니」) 이런 고백에 이르면 시적 긴장은 느슨해진다. 그러나 시인에게 어머니는 올바른 삶을 살아가는 지표가 되었다. 그래서 시인은 형님댁 뜨락에서 꺾어온 감나무 가지를 주홍빛 사랑으로 가득한 '저승에서 보내신 어머니의 엽서'로 인식하기도 하고(「감나무」), 병원에서 수술 받고 휠체어 타고 집에 돌아왔을 때 문갑 위 사진틀에서 바라보시는 어머니의 말씀('내 새끼야')이 '막 벙그는 난초꽃'이 되어 시인을 맞아 위무해주기도 한다.

(「歸家」)

이 ‘어머니’가 시가 되기 위해서는 어머니에 다가갈 구체적인 방법을 찾아야만 했다.[5] 이것이 오탁번에게 주어진 시인의 임무였다. 어머니의 세계가 지니고 있는 대지적 상상력이 빙하기의 우주적 상상력과 맞물리면서 시적 형상성을 갖게 되기까지는 건강상의 숱한 시련 및 ‘고립과 소외의 세계관’을 야기한 사회적 환멸을 경험해야만 했다.

오탁번의 대사회적인 자유지향의 시들은 현실세계에 대한 환멸에서 연유한다. 그 현실은 정치적인 현실이 아니라 문단, 특히 시단의 풍토였다. 1980년대 민중시에 대한 생리적 거부는 패거리문학 풍토에 대한 혐오에서 왔을 터이다. 그는 “신동엽의 금강 속에 그의 애호가들을 수장해버렸다.”(「우리 시대의 시인론」) 그가 생각할 때 과대평가 받고 있는 김수영 시인도 ‘훌륭한 시인이 아니고 훌륭한 시민’에 지나지 않는다. 왜냐하면 “현대시를 신체시처럼 쓰는 자유”만을 누리고 말았기 때문이다.(「김수영론」) 또한 이데올로기의 시를 썼던 임화 역시 “죽어서도 철이 안든/ 한심한 영혼”에 지나지 않는다.(「전화」) 이들에게는 ‘창작과정의 문학적 순수성’이 의심스럽기 때문이다. ‘문학을 문학으로 실천한다는 의식’을 오탁번은 문학적 순수성이라고 하는데, 젊은 사람들이 좋아하는 김수영 같은 시인은 시 이전의 의식을

5) “지금은 다 커서 나도 대학교수가 됐지만/ 어떻게 연구를 해야/ 어머니의 젖가슴으로 다가갈 수 있을까/ 이제는 저승의 이슬밭에서/ 뽀얀 젖 뚝뚝 흐르는 젖가슴 헤치고/ 탁번아 탁번아/ 막내를 부르고 계실/ 아아 나의 어머니”(「로히트 분유」)

표명하는 데 그치고 있기 때문에 좋은 시인이 아니라는 것이다.[6] 이러한 독설은 다분히 논쟁적일 수밖에 없었다. 더불어 논쟁은 시가 되지 않는다.

그렇다면 당시 그가 생각하는 시란 무엇인가. "어린 아기 똥 누듯/ 냄새 풍기면서도 예쁜 것이 시다/ 젖몸살 앓는 엄마의 아픔처럼/ 눈물과 미소가 얽힌 것이 시다/ 홍등가에서 사랑을 파는 여자들의/ 곪았지만 자꾸 파들어가고 싶은 어둠이/ 그 냄새나는 절망이 예술이다"(「응가」). "시는 몸으로 쓰는 게 아니지 / 슬픈 손으로 눈물젖은 눈으로/ 울면서 죽으면서 추는 춤이야"(「우리 시대의 시인론」). 이러한 시론은 어느 것 하나 구체적인 것이 없다. 모두 상징이고 또 다른 아포리아이다. 그는 "깨어지지 않는 꿈을 꾸는 사람은/ 시인이 아니다"고 항변한다. 대원군의 난초 그림이 "오늘도 진한 향기 피우며/ 난초 향기 맡을 줄 아는 사람 찾아다"니는 것은 그의 꿈이 형편없이 깨어져서 슬픈 꽃이 되었기 때문이라는 것이다.(「꿈속의 편지」) 임화야말로 꿈이 깨어진 사람일 터인데 오탁번의 논리로 그가 참된 시인이 되지 못한 이유를 설명하기에는 역부족이다. 따라서 그의 시에 등장하는 많은 시인들에 대한 평가도 직관에 의한 선문답 형식이라 다분히 논쟁적이다. 주변과 문단사회에 대한 떫고 뒤틀린 심사를 직설적으로 언급될 때 그런 시는 자조적 독백의 수준을 넘어서기 어렵다.

---

6) 오탁번・이승원, 「눈물로 빚어진 순수 서정」, 『서정시학』 2002년 가을호, 오세영・김현자 외, 앞의 책, 599쪽.

'모브의 회상'이라는 젊은 날의 시를 다시 펴보니 정말 눈물나네 일년 내내 콧물 흘리고 재채기하다가 그 때 그 시절의 이미지 만나니 정말 한없이 눈물나네 오랜만에 눈물 맛보네 너는 도려낼 귀가 있었지만 나는 지금 잘라 버릴 정관도 이제 없네 뚝뚝 피흘리며 살아야 할 그 나이에 나는 비뇨기과에서 정관수술 받으며 치욕을 흘렸네 예술은 사라지고 정치만 남은 몹쓸 세상에 태어나서 너의 까마귀 이중섭의 까마귀 그림 걸어놓고 보지만 날개소리 울부짖음 들리지 않고 다만 하나 까마귀 똥냄새뿐이네 오랜만에 예술이 된 여자의 살냄새 맡으니 정말 눈물나네 목졸려 고문당한 나의 정충들의 찬란한 반란을 보네

–「참회록」 전문

시인은 일년 내내 최루탄으로 콧물 흘리고 재채기하면서 보내다가 젊은 날에 쓴 시 「모브의 회상」을 통해 참회하고 있다. 예술은 사라지고 정치만이 남은 몹쓸 세상에서 옛날의 열정마저 없는 자신의 삶을 비통해하고 있다. "내 이미지의 유통은 막히어/ 수많은 재능의 방은 있어도/ 매매가 되지 않았다."고 하여 자신의 재능이 인정받지 못함을 한스러워하던 젊은 시절의 이미지는 고흐와 이중섭의 열정과 맞닿아 있지만 지금은 남성성까지 상실한 상태이다. 그는 늙어감과 남성성 상실을 못 견뎌 한다.

① 소나무 그림자 무더기로 나자빠져 있는
烏竹軒池에 세간 반 낚시대 드리우고
떡밥 뭉쳐 바늘에 꿰고
똥 지렁이 토막쳐서 성찬 차린다
얼굴도 모르는 잉어를 기다린다

입질도 못 받는 나의 생애는
역사도 관광도 똥도 못 된 채
烏竹잎에 듣는 빗방울처럼
울고 있다 울고 있다
텃세가 센 저수지에서
특수 떡밥처럼 특수하게 풀리고
바늘에 꿰어 죽어가는 지렁이
더럽게 나는 죽어가고 있다

－「烏竹軒池에서」 부분

② 식칼 들고 침입하여 여자옷도 벗기고
저금통장 빼앗아서 실속도 챙기는
완전범죄는 엄두도 못내고
지는 햇빛 얼굴에 받으며
한강 고수부지에 나와서
아무 욕망 없는 듯한 얼굴을 하고
가만히 손이나 겨우 잡아보는 일은
강물 속에서 엿보는 잉어의 수염을
아주 조금 흔들리게 하는 하찮은 것일까
정말 평화로운 노을처럼 수줍기만한
불 태우는 것은 하늘뿐 여자의 몸은
하나도 달구지 못하는 슬픔뿐일까

－「노을」 부분

①의 시는 시인이 율곡의 생애처럼 역사와 관광이 되지 못하고 지렁이처럼 '더럽게 죽어가고 있'음을 애통해하고 있다. 이것은 삶의 에네르기가 소진해가는 것과 밀접한 연관을 갖는다. 그

의 시 중에는 낚시에 관한 것이 매우 많은데 이것은 낚시가 인생의 메타포일 뿐 아니라 또 다른 상징성을 지닐 수 있기 때문이다. 그가 낚고자 하는 잉어는 단순한 물고기가 아니라 시인의 아니마이다. 그것은 "아무리 유혹해도 넘어가지 않는/ 수많은 계집아이들 번뜩이는 나체로/ 나를 울리는 계집아이들"(「바람」) 이다. 잉어는 여자의 육체적 이미지를 가지고 있고, 또한 경험적 사실이라기보다는 시인의 내면에 살아 숨쉬는 삶의 에네르기로서의 이상적인 여인상인 아니마일 것이다. 시인이 낚시질하는 행위는 삶의 에네르기를 확보하기 위한 노력으로 보인다. 그런데 시인의 자의식은 ②의 시처럼 슬픔뿐이다. 욕망은 있을지라도 "아무 욕망이 없는 듯한 얼굴을 하고/ 가만히 손이나 겨우 잡아보는 일"밖에 할 수 없다. 시인에게는 이미 여자의 몸을 달구게 할만한 매력과 에네르기를 가지고 있지 못하다는 것을 자의식은 명증하게 깨닫고 있는 것이다.

그러나 이런 자의식이 깨달음에만 머물 것이 아니라 존재의 상황 그 자체를 그대로 받아들이는 일이 필요하였다. 다시 말하면 자신을 객관화하는 능력이 요구되었던 것이다. 이러한 능력이 육화되었을 때 "이제 방탕의 기억들도 다소곳이 시들고/ 스쳐가는 구름 비껴나는 햇살도/ 허허로운 저녁나절의 꿈으로/ 조그맣게 접어서 베개 맡에 놓아"(「저녁나절의 꿈」)둘 수 있는 여유가 생기고, 이런 달관의 경지에 이르면 시선이 밖으로 뻗어가는 것이 아니라 안으로 모아지는 것이다.

겨울강 얼음 풀리며 토해내는 울음 가까이
잊혀진 기억 떠오르듯 갈대잎 바람에 쓸리고
얼음 밑에 허리 숨긴 하얀 나룻배 한 척이
꿈꾸는 겨울 홍천강 노을빛 아래 호젓하네

쥐불연기 마주보며 강촌에서 한참 달려와
겨울과 봄 사이 꿈길마냥 자욱져 있는
얼음짱 깨지는 소리 들으며 강을 건너면
겨울나무 지피는 눈망울이 눈에 밟히네

갈대잎 흔드는 바람 사이로 봄기운 일고
오대산 산그리메 산매미 날개빛으로 흘러와
겨우내 얼음 속에 가는 눈썹 숨기고 잠든
아련한 추억이 버들개아지 따라 실눈을 뜨네

슬픔은 슬픔끼리 풀려 반짝이는 여울 이루고
기쁨은 기쁨끼리 만나 출렁이는 물결이 되어
이제야 닻 올리며 추운 몸뚱아리 꿈틀대는
겨울강 해빙의 울음소리가 강마을을 흔드네

– 「겨울강」 전문

여기에 오면 시의 어조가 사뭇 달라진다. 냉소적이고 뒤틀린 말투가 사라지고 시인이 겨울강의 일부가 되어 있다. 특히 한국어의 섬세한 조탁과 배열이 돋보인다. 시인은 "얼음 밑에 허리 숨긴 하얀 나룻배 한 척"처럼 호젓하게 해빙의 새 생명을 꿈꾸고 있다. 강이 깨어나는 것은 시인의 영혼이 슬픔은 슬픔끼리

기쁨은 기쁨끼리 여울과 물결을 이루며 출항하는 것을 상징적으로 보여준다. 오탁번의 시가 한국현대시에 일조하는 것은 여기에서부터라고 생각한다. 불특정 대상에 대한 공격과 야유, 또는 못마땅함이 누그러들고 차분히 자성하는 그만의 목소리를 들을 수 있기 때문이다.

4. 자연친화적 세계

제4시집부터 세속적 욕망이 탈색되고 시선이 내부로 모아지면서 자아성찰이 본격적으로 이루어진다. 더불어 언어 예술로서의 시에 대한 인식이 확대되면서 한국어를 다듬어 쓰는 과정에서 오탁번의 시는 심미적 소통의 향유적 기능을 마음껏 발휘한다.

한국의 근대시가 너무 지나치게 사회적 이념의 나팔수로 전락하거나 상업적 대중추수에 따라 언어유희적인 방향으로 흘렀던 것도 사실일지나, 어느 경우이든 독자로부터 외면 받아왔던 것도 부인하기 어렵다. 시의 생산 면에서는 조금도 줄어들지 않고 오히려 늘고 있지만 그 수요는 다른 문학 장르에 비해 현저하게 줄어들고 있다. 시의 수요가 줄고 있는 현상의 근본 이유는 심미적 소통의 기본기능인 인지적 기능과 도덕적 기능에 문제가 있는 것이 아니라 향유적 기능이 제 몫을 다하지 못했기 때문으로 보인다. 시 자체를 즐기고 향유하는 것은 철저하게 놀이의 역할이 필요하다. 칸트가 말한 무목적의 합목적성, 즉 그 자체가 목적인 자체목적성은 이 향유적 기능을 말한다. 여행이나 수수께끼 또는 섹스처럼 그 자체가 즐거워서 경험하고 나면 부산물로 정신적 물질적 가치를 얻게 되는 것이다. 시도 예술인 이상 이와 다를 것이 하나도 없다. 우리 시가 공적인 놀이공간에 자리잡지 못하고 자꾸 밀려나는 것은 아마도 수요자를 흡인하는 향유적 기능이 제구실을 못하기 때문일 것이다. 우선 재미가 없고 유머와 위트가 부족한 것도 한몫을 한다.

오탁번이 생각할 때 시가 향유적 기능을 올바르게 수행하기 위해서는 우선 '어린 아이의 시선을 회복'하는 일이다. 일상 언어에 의해서 관습화되고 자동화된 세계인식은 더 이상 사물의 본질을 드러낼 수 없기 때문이다. 그의 시가 후기로 갈수록 유년체험과 동심의 상상력이 작동하는 것은 이 때문일 것이다. 다음으로는 적실한 한국어 표현의 묘미가 살아 있어야 한다. 시인은 '속손톱', '하릅 송아지', '엘레지', '잣눈' 등과 같은 고유어나 '녈비'와 같은 고어를 의도적으로 사용하고 있다. 또 '染色'과 '獵色', '시답다'와 '시답잖다', '며탁번(몇 학번)'과 '오탁번', '金南祚'와 '남작 부인' 등 동음이의어나 소리가 비슷한 말을 이용하여 표현의 묘미를 살리고 있다. 다음의 시를 보면 그가 생각하고 있는 시는 어떤 모습이고 시인은 어떤 사람인가가 분명해진다.

'오리알 빛 하늘에 티끌 한 점 없어지고'
- 신소설 「秋月色」에 나오는 가을 하늘을 묘사한 말이라네

'카페 홀짝/ Cafe One pair'
- 성수대교 쭉 건너 왼편에 있는 조그만 카페 이름이라네

상투 잘리고 목 떨어지는
개화기의 조선 땅
푸르디푸르다 못해 희디희게 물들어버린
스산한 가을 하늘을
오리알 빛으로 바라본
정녕 슬픈 시인이 있었네

한강이 금빛 허리 뒤척일 때
사랑하는 이와 함께
짝이 되어
술 한 잔 홀짝 마시는
카페 홀짝/ Cafe One pair
시집 이름보다도 더 예쁜
이 술집 이름을
어느 시인이 지었을까

'杏子板 검자주 옻칠 소반에 정갈한 백자 대접 흰 달 같이 놓이고, 다른 반찬 소용없어 간장 한 종지 앙징맞게 동무하여 따라온 것이, 벌써 마른 속에 입맛 돌게 하는데, 간장 한 점 숟가락 끝에 찍어 흰죽 위에 떨구고 한 술 뜨면'
- 「魂불」에 나오는 흰죽 먹는 장면이라네
  말 하나하나 고르며 밤을 밝힌 최명희는
  시 짓는답시고 죽을 쑤는 시인보다
  정말 진짜 시인이었네

오리알 빛 하늘 바라보며
술 한 잔
홀짝 하고 싶네
간장 한 점 찍어
흰죽
한 술 뜨고 싶네

–「詩人」 전문

오탁번에 따르면 어떤 상황이나 사물을 가장 적확하게 표현하는 것이 시이다. 이것은 대상이 스스로 존재가 드러나도록 그 대상의 언어로 표현되어야 한다는 논리인데, 이 존재의 빛을 드러내는 것이 시인이다. 개화기 조선의 스산한 가을하늘을 '오리알 빛'으로 본 최찬식, 사랑하는 사람과 짝이 되어 술 한 잔 홀짝 마시는 카페 이름을 '카페 홀짝/ Cafe One pair'로 지은 사람, 그리고 17년 동안 심혈을 기울려 『혼불』 10권을 쓰고 불귀의 객이 된 최명희야말로 진짜 시인이라는 것이다. 어디에서든, 어떤 글쓰기 양식에서든 적실한 표현은 모두 시라고 인식한 것이다. 그래서 오탁번은 자신의 단편소설 「저녁연기」(1984)의 한 구절을 동일한 제목의 시로 발표하기도 하였다.[7] 한국어의 적실한 표현이 무엇보다 중요하다고 본 것이다. 시 이전의 의식보다

7) 해가 지는 것도 모른 채 들에서 뛰어놀다가, 터무니없이 기다랗게 쓰러져 있는 나의 그림자에 놀라 고개를 들면 보이던 어머니의 손짓 같은 연기, 마을의 높지 않는 굴뚝에서 피어올라 하늘로 멀리멀리 올라가지 않고 대추나무나 살구나무 높이까지만 퍼져 오르다가는, 저녁때도 모르는 나를 찾아 사방으로 흩어지면서 논두럭 밭두럭을 넘어와서, 어머니의 근심을 전해주던 바로 그 저녁연기였다. -「저녁연기」 전문

이를 문학으로 실천하는 문학적 순수성을 '좋은 시'의 표본으로 삼기 때문에 오탁번에게는 김수영보다 서정주가 훨씬 훌륭한 시인인 것이다.[8)]

오탁번이 생각하는 '좋은 시'의 입장에서 향유적 기능을 유감없이 발휘하는 시는 아마도 어머니의 모성과 결부된 고향의 대지적 상상력이 동화적 상상력이나 우주적 상상력과 만나 몽상의 언어미가 실현될 때이다.

① 내 유년의 꿈을 실은 장수잠자리가
투명한 헬리콥터 타고
커다란 겹눈 반짝이며
꿈결 속 하늘로 날아온다
호적등본에나 남아있을 줄 알았던
추억의 비행장에서는
까망 파씨와 종종종 병아리와
금빛 송아지와 별별 장수잠자리가
날마다 꿈마다 뜨고 내린다
밤송이 머리에 중학생 모자 쓰고

---

8) 오탁번 시인은 여러 곳에서 정지용과 서정주의 시를 가장 좋아한다고 밝히고 있고, 「未堂을 위하여」라는 시를 직접 쓰기도 하며, 미당이 "감나무 가지가 찢어지게 달이 밝다"는 물 깃는 아낙네의 말에서 시적 표현을 얻듯이 오탁번 역시 민중들의 일상사에서 시적 표현을 발견하고 있다. 예를 들면, 아랫집 김씨에게서 '엘레지'라는 순수한 우리말을 배우거나(「엘레지」), 시골 아랫집 노인에게 감나무도 밤이면 잠을 자야 한다는 생태학적 깨달음을 얻기도 한다.(「감나무」) 후기로 갈수록 오탁번은 미당의 시풍을 창조적으로 계승한다. 미당시를 인유하거나 패러디하여 「선운사에서」, 「선운사 배롱나무」 등을 쓰고, 민간 설화를 시로 변용한 「굴비」나 「연애」, 「접물」, 「수세미외」 등의 시를 통해 건강한 성적 에네르기를 표출하고 있다.

떠나온 고향 길섶에
심심하게 피어있는 민들레도
홀씨 하얗게 하늘로 날리며
메롱메롱 나를 부른다

— 「메롱메롱」 부분

② 1억 년 전 퇴적암 위에
발자국 화석으로만 남은
卵生의 사랑이
영원을 가르며 날아갈 때
짝을 찾는 개개비 한 마리가
개개개 울음 운다

氷河가 긴 잠에서 깨어나
지구의 결빙을 음모할 때도
서걱이는 갈대밭 물녘
눈도 못 뜬 새끼들에게
어미새가 토해 주는 사랑이
불잉걸보다 뜨겁다

— 「새」 전문

①의 시는 오탁번의 '영혼에서 갓 꺼낸 따근따근한 시'로서 설명할 것이 별로 없다. 그의 말대로 중학생과 대학교수가 함께 좋아할 만한 시이기 때문이다. 쓰이는 시어도 유년기의 것이기에 추억을 환기하는 데는 그만이다. 그의 초기 시에서 보였던 감각적 이미지가 동심의 세계를 떠올리게 한다. 시인은 이 시를

“밥 먹으면서도 오줌을 누면서도/ 고치고 또 고쳤”다.(「달걀」) ‘현대시선독’ 강의시간에도 학생들과 감상하면서 고치고 또 고치는 성실함이 ‘좋은 시’를 만들어 낸다는 것을 시로 보여준다.

그러나 ②의 시는 상당한 수준의 상상력이 작동해야만 의미작용이 이루어진다. 시인의 우주적 상상력은 갈대밭 물가에서 짝을 찾는 개개비에게서 1억 년 전에 하늘을 나는 익룡의 사랑을 보아내고 있다. 억 년의 시간을 관통하여 생명의 신비는 사랑이라는 이름으로 영원을 가르며 날고 있나. 새로운 빙하가 시작되어 모든 생명의 멸절이 다가올지라도 개개비 어미 새가 눈도 못 뜬 새끼들을 기르는 사랑은 불잉걸보다 뜨겁다. 오탁번 시인이 유일신으로 믿는 어머니에게 다가가는 방법을 개개비의 사랑이나 어린 시절 고향의 풍경에서 발견한 것이다. 이로써 모성(母性)은 시적 형상을 입게 된 것이다.

그의 시에는 죽음에 대한 강박관념을 드러낸 시들이 많은데, 이 죽음을 넘어서는 유일한 방법은 근원적 생명력에 대한 믿음을 구체화하는 것이었다. 생명이 소진되고 늙어감에 대한 안타까움이 생명에 대한 기대와 동경을 우주적 상상력으로 노래하게 하는 것이다. 아니마에 대한 집착과 유년의 순수에 대한 동경은 동전의 양면처럼 같은 것의 다른 모습일 것이다. 동심이 가지고 있는 신화적 힘을 통해 영원으로의 초월을 꿈꾸는 시인은 자연친화적 세계 속에서 영혼의 안식을 얻고 있다.

5. 시의 위의(威儀)와 시인의 품격

이시영 시인이 간단없이 부성(父性)의 시적 표현을 얻으려고 했다면[9], 오탁번 시인은 모성(母性)의 시적 형상을 획득하려고 하였다. 시적 대상이 다르기 때문에 두 시인의 시적 언어와 어조는 사뭇 다르다. 전자가 남성적이고 투박하고 진지하다면 후자는 여성적이고 섬세하며 경쾌하다. 오탁번의 시적 경향과 언어적 특징을 가장 함축적으로 보여주는 것은 다음과 같은 시이다.

> 나의 시는
> 된장 항아리 속
> 꼬물거리는 쉬
> 쉰 보리밥 쉬파리
> 고추멍석 위에 쏟아지는
> 가을 뙤약볕
> 초등학교 습자시간
> 족제비털 붓끝에
> 서투른 궁서체로 피어나던
> 어머니 어머니
>
> －「시」 전문

---

9) "중학교 일학년 때였다. 차부(車部)에서였다. 책상 위의 잉크병을 엎질러 머리를 짧게 올려친 젊은 매표원한테 거친 큰소리로 야단을 맞고 있었는데 누가 곰 같은 큰손으로 다가와 가만히 어깨를 짚었다. 아버이였다."「차부에서」 전문.(이시영, 『은빛호각』, 창비, 2003)

시인이 자가진단한 오탁번의 시는 우선 된장 항아리 속의 꼬물거리는 쉬처럼 전통적 정서와 세계에 관련된 것으로 늘 살아있는 언어이다. 이 살아있는 구더기는 불필요한 것이기는 하지만 "할머니의 들숨으로/ 어머니의 날숨으로/ 알맞게 익어가는"(「장독대」) 된장에 없어서는 안 되는 것이기도 하다. 쉬가 있음으로써 된장은 된장이 된다. 또한 그의 시는 쉰 보리밥에 끓는 쉬파리처럼 강한 생명력을 원동력으로 한다. 그리고 고추를 고슬고슬하게 말리는 가을 띠약볕이기도 하다. 겉으로 보기에는 된장 항아리 속의 쉬처럼 불필요하게 느껴지지만 그것은 결국 우리의 영혼을 갈무리하는 가을볕으로 작용하는 것이다. 그러나 그런 기능을 수행할 만한 시가 되기 위해서는 초등학교 시절의 어머니, 추상하면 유년의 체험 속에 자리잡은 순수와 불잉걸보다 뜨거운 모성이 구체적 형상을 얻어야 한다. 천체물리학자가 새로운 별을 발견하듯이 여기에 적합한 새로운 언어적 형상을 발견했을 때 '좋은 시'가 되는 것이다. 이 '좋은 시'를 찾는 구도자가 오탁번이었다.

오탁번 시인은 가벼운 시대에 가벼움으로 가벼움을 극복하려고 하였다. 그의 시는 자신의 몸피만큼이나 가볍고 날렵하다. 가볍지만 결코 경박하지는 않다. '행간에서 킬킬거리는 장난기'가 '악동의 향기'를 풍기면서 우리를 즐겁게 한다.[10] 시적 대상은 진지하고 무거울지라도 그것을 다루는 방식이나 태도는 매우 가볍고 경쾌하다. 시인은 자의식이 매우 강해서 자신을 객관화

10) 유안진, 「행간에서 킬킬거리는 장난끼와 힘빅웃음」, 『현대시학』 2001. 1.

하여 보려고 하기 때문이다. 예를 들면, 쉰아홉 고개를 넘다 넘어져 수술을 받은 마당에 "파도에 휩쓸리는/ 갸울은 목숨"을 이야기하면서도 '환자복 바지'를 '푸른 바다'로 변용하는 재치를 부리고(「죽음에 관하여」), 자식을 낳아 기르고 학생들을 가르치면서 성실하게 살아온 일생을 "입품 방아품이나 파는/ 나의 영혼"이라고 자조하기도 한다.(「雜歌」) 過恭은 非禮라고 지나친 겸사는 오만일 수 있으나 그에게는 의례적인 말의 차원을 넘어 무의식의 터럭 하나까지도 객관화하려고 하는 엄밀성이 있다. 그의 우주적 몽상은 장자의 소요유(逍遙遊)에 나오는 곤(鯤)과 붕(鵬)처럼 광활한 것이지만 동시에 어란(魚卵)처럼 미세한 것이기도 하다.[11] 천체물리학이 1미터의 길이를 "빛이 眞空 속에서 2억9천9백79만2천4백/ 58分의 1秒 동안 진행된 거리"(「1미터의 사랑」)로 측정하듯이 오탁번 시인은 인간의 내밀한 정신세계를 미세하게 포착하고자 한다. 이것에 걸려든 자의식은 투명하게 해부되지 않을 수 없다.

새벽 안개 자욱한 물결 위로 물총새 날아갈 때
잉어 한 마리 낚으려고 깻묵 뭉쳐 던졌다
첫 달거리하는 계집애인 듯 비릿한 몸냄새
흰 턱수염 까맣게 잊고 잉어 한 마리 좇아
낚시바늘 날카롭게 세워서 유혹의 손짓을 했다

---

11) 『新譯 莊子』, 안동림 역주, 현암사, 31-32쪽. 鯤은 크기가 몇 천리나 되는 물고기이고, 이것이 변하여 鵬이라는 새가 된다. 그런데 이 鯤은 동시에 고기로 태어나기 전의 알(魚卵)이기도 하다. 가장 작은 것이 가장 큰 것이라는 논리이다.

잉어는 낮잠을 자고 난데없는 피라미들이
사정없이 달려들면서 새벽 난봉꾼을 놀렸다
어떤 놈은 불그스레한 혼인색을 띄고
피라미 같은 놈아 나하고 그 짓이나 하자는 듯
힘있게 세운 낚시 찌 마구 흔들어댔다
새벽 안개 걷히자 왜가리 한 마리가
피라미 잡아먹고 물똥 내갈리며 날아갔다
러브호텔의 살냄새도 물침대도 아닌
초평지 흐린 물 위에 뜬 낡은 좌대 위에서
피라미 같은 놈이 잉어와 수작하는 꼴 우습다고
발가락질하면서 왜왜왜 왜가리가 날아갔다

「잉어를 위한 헌사」 전문

이 시처럼 자신의 삶과 정신세계를 냉엄하게 진단하고 있는 시도 드물 것이다. 여기에서 낚시질은 아니마를 찾기 위한 시적 여정을 상징적으로 함의한다. 시인이 낚으려는 잉어는 "첫 달거리하는 계집애인 듯 비릿한 몸냄새"를 풍기는 젊고 이상적인 여인상이다. 그러나 그 잉어는 낮잠을 자고 피라미들만 '새벽 난봉꾼'이 '힘있게 세운 낚시 찌'를 마구 흔들어대면서 그를 유혹하고 있다. 이러한 상상적 인식에 이르면 피라미 같은 자신이 잉어와 수작하는 꼴이 우습지 않을 수 없다. 왜가리에게 손가락질도 못된 '발가락질'을 받아 마땅한 것이다. 이처럼 엄정하고 빈틈없는 자기해부와 자기반성적 자의식이 오탁번의 시를 건강하게 만든다. 영혼의 밑바닥을 찬찬하게 들어다볼 수 있는 힘이 오탁번을 '좋은 시' 파수꾼으로서의 임무를 성실히 수행하게 하는 것이다.

그는 40여 년 동안 시작활동을 해왔음에도 300여 편에 조금 못 미치는 시를 발표하였다. 과작임에도 그의 시를 보면 알곡이 소도록하다는 느낌이 드는 것은 그의 시에는 깜부기나 쭉정이가 그만큼 적기 때문일 것이다. 오탁번 시인의 시가 갈수록 아름다워지는 것은 독자들에게 크나큰 축복이다. 늘 강건하기를 빈다.

Chapter 10

자아성찰의 시적 형상성과 풍경의 깊이 - 김명인론

인생은 반복이지만 어제와는 다른 되풀이이고, 변하는 환경 속에서 나날이 다름을 창조하는 생활의 연속이다. 굳이 질 들레즈의 논리를 끌어들이지 않더라도 바람직한 인생은 '차이'의 반복을 통한 '생성'에서 얻어진다. 과거를 전적으로 부정하는 것이 아니라 그 과거를 다시금 정립하여 현재와 미래로 연결시키는 창조적 힘이야말로 '생성'의 원동력이다. '좋은 시'도 '동일성'의 반복이 아니라 다르게 되풀이되는 과정의 시적 사유에서 생성될 터이다. 시대가 변했다고 해서 '가벼움'만이 미덕은 아니다. 아무리 실재현실과 가상현실이 뒤섞이는 시대라고 하더라도 시가 '제작'되거나 '조합'될 수는 없고, 나아가서 삶에 대해 질문하는 힘(the questioning power of life)의 형식을 빌지 않을 수 없기 때문이다. '동일성'이 반복되어 창조적 '생성'이 이루어지지 않는다면 더 이상 예술일 수 없다. 그렇다면 문제는 시적 전통과 시인의 개인적 관심이 다르게 반복되는 '새로움'을 창조하는 일일 것이다.

이러한 '새로움'을 최근 김명인(1946∼)의 시에서 발견해내는 일은 그렇게 어렵지 않다. 1973년 중앙일보 신춘문예에 「출향제」로 등단한 이래 『동두천』(1979), 『머나먼 곳 스와니』(1988), 『물 건너는 사람』(1992), 『푸른 강아지와 놀다』(1994), 『바닷가의 장례』(1996), 『길의 침묵』(1999), 『바다의 아코디언』(2002) 등 7권의 시집을 상재하면서 갈수록 왕성한 시작활동을 하고 있는 김명인 시인에게는 인간의 생존 조건과 사람의 길을 탐색하는 데 관심이 집중되었다. 초기 시에는 사회적 자아의 생존 조건에 대한 관심이 많았다고 한다면 1993년 소월시문학상을 수상하는 전후부터는 개인의 실존적 성찰이 시적 사유의 중심을 관류하고 있다. 그러나 여기에서 우리는 시인의 관심사보다는 오히려 시적 사유의 깊이와 방식이 어떻게 달라지고 있는가에 주목할 필요가 있다.

「동두천」 작시에서부터 1980년대에 씌어진 시들은 대부분 세계에 대한 낯섦과 통로가 차단된 실존의 막막함을 보여준다. 시인에게 '동두천'은 '우리민족의 내적 상처와 불행의 다른 이름'이면서 '아메리카에서 태어나지 못한 혼혈아들에게 외로움과 슬픔과 배고픔과 추위와 어둠이 뒤범벅되어 있는 춥고 시린 삶의 공간'이다.[1] 이때는 고통스러운 과거 체험이 '더러운 그리움'이라는 형상으로 드러나는데, 이 그리움은 현실적인 삶의 고통에서 오는 더러움을 잊기 위해 방법적으로 선택된 불행에의 인식

---

1) 장석주, 『20세기 한국문학의 탐험 4』 (시공사, 2000), 533쪽.

이었다.[2] 따라서 이 '더러운 그리움'이 '타인의 삶이나 자신의 삶의 어려움에 대한 심정적 동참'[3]을 뜻할지라도 그것이 진보에의 확신이나 그 어려운 삶의 개조에의 열망으로 바뀌지 않는다는 점에서 당대의 민중지향적 시인들의 시와는 구별된다. 시인은 사회적 자아가 처한 비극적 세계인식으로 가난한 삶의 생존조건이 얼마나 절망적인가를 보여준다.

이러한 비극적 세계인식은 1990년대 이후에도 계속된다. 다만 역사적 사회적 공동체의 일원으로서의 인간조건이 아니라 우리가 가야할 저 너머에 있는 길고 긴 또 다른 삶의 길에 대한 실존적 개인으로서의 인간조건을 문제 삼고 있다는 점이 다르다.

> 이런 마음의 풍경 몇 장 뒤적이며 부는 바람이여
> 눈이 오려는지, 사람들은 죄다
> 가지들이 휘는 곳으로 귀를 달고
> 메마른 세상에서 오는
> 죽음의 버석거림을 듣고 있다. 문득 살아온 날의 상처로
> 새삼스러이 넓혀지는 것이 저 빈터의 경계라면
> 아무리 가까이 다가가도
> 가을은 허전한 空腹일 뿐, 어떻게 채워야 하는 줄도 모르고
> 이제 새끼 치지 않는 짐승들만 어슬렁거리며
> 해거름 속을 돌아다니게 한다. 우리는
> 세월에 빌붙는 거지, 늙은

2) 황현산, 「강인한 정신의 서정 - 김명인의 시집 『바닷가의 장례』에 부쳐」, 『말과 시간의 깊이』 (문학과지성사, 2002), 315쪽.

3) 김현, 「더러운 그리움의 세계 - 김명인의 시적 세계」, 『김현문학전집 6』 (문학과지성사, 1992), 42쪽.

가을이 거두다 놓아 버린 거지

(「가을걷이」 부분)

‘살아온 날의 상처’를 안고 있는 시인에게는 사람과 사람 사이에 있는 길의 경계가 한없이 넓어져 있기 때문에 “메마른 세상에서 오는/ 죽음의 버석거림을 듣”지 않을 수가 없다. 그래서 풍요로운 가을도 ‘허전한 空腹’으로 인식하고, 그 속에서는 생산성 없는 짐승들만 어슬렁거리고, 시인 역시 늙은 가을이 거두다 놓아 버렸기 때문에 세월에 빌붙어서 늙어가고 있는 것이다. “우리네 삶의 자취가 저렇게 굶주림의 기록”임을 등나무꽃 그늘 아래 무료급식소 앞 긴 행렬에서 새삼스럽게 배운 시인에게는 “다음 생은/ 차라리 등꽃 보라나 되어 화라락 지고 싶어”한다.(「저 등나무꽃 그늘 아래」) 시인의 일상생활 속에는 늘 죽음이 함께한다. 그의 시 전편에 편재해 있는 바다 역시 죽음과 맞닿아 있다. 인생의 메타포로 쓰이고 있는 바다에는 죽음이 ‘연두빛 흐린 물결로’ 출렁거리고 있다. 그런데 그 죽음은 “다만 해안선 가득 부서지는/ 황홀한 파도의 띠를 두르고// 서천 저편으로 옮겨진다는, 질펀한/ 석양으로 깎여서 천천히 비워지는” 것에 지나지 않는다.(「바닷가의 장례」) 그 죽음은 결코 비극이 아니라 석양의 황홀함이고 “한 짐 꽃 지고 비로소 海印에 드는” 일이기에 “차창 안쪽에서도 오래 화사”할 수 있는 것이다.(「꽃상여」) 그러나 이처럼 죽음이 화사할 수 있는 것은 “먹장 매연(煤煙) 세월 썩는 육체를 안고 가는 여행 힘에 겹”지만, 진종일 수차를 돌리고 소금을 굽는 사람의 '무료한 노동'에 대한 연민의 눈물이 "다시 쓰린 소금으로 뭉치려고/ 드넓은 바다로 돌아서게" 하기 때문이다. 결국 시인에게 죽음은 빛과 소금으로서의 재생인 것이다.

이처럼 김명인 시인은 전망부재 속에서도 비극적 세계관에만 머물러 있지 않다. 시인은 "살아 있음이란 결코 지울 수 없는 파동, 그 숱한 멀미!/ 가득 실었다 해도/ 모든 滿船은 쓸쓸하다, 마침내 비워내고선/ 무얼 싣기도 버거운 저기 조각달처럼"(「아버지의 고기잡이」) 늘 고통을 수반하는 버거움일지라도 "저 세월 온몸으로 기지 않고선 건너지 못한다는 것"(「매미」)임을 통감하고 있다. 신분의 귀천고하를 막론하고 "살아내기에도 우리 인생 너무 벅찬 것"(「비 오기 전에 - 仁煥에게」)이라고 하더라도, 시인이 제45회(2000) 현대문학상 수상소감에서 밝힌 바대로, "멈추는 지점이 어디든 거기까지 함께 흘러가"야 한다고 믿고 있다. 이러한 공동체적 동행의 이미지는 초기의 시에서도 끊임없이 추구되었던 시인의 관심사이다.4) 다만 "살아서 마주보는 일조차 부끄러워"하면서도 "없는 사람 죽어서 불 밝힌 형형한 하늘"의 별을 닮아가기 위해서 함께 가자는 시적 자아의 태도가 좀더 사회적이다. 그러나 그러한 대사회적 태도는 점점 희석되면서 존재론적 삶에 대한 성찰로 이어져서 서정성을 담보하

4) "없는 사람 죽어서 불 밝힌 형형한 하늘 아래로/ 흘러가면 그 별빛에도 오래 젖게 되나니/ 살아서 마주잡는 손 떨려도 이 가을/ 끊을 수 없는 강물 하나로 흐르기로 하자/ 더욱 모진 날이 온다고 해도"(「가을江」)

게 된다.

시인의 시적 논리대로라면 우리는 멈추는 지점이 어디든 거기까지는 그 세월을 온몸으로 기어서 건너가야 한다. 제7시집 『바다의 아코디언』의 <시인의 말>에서 "모든 씨앗과 노래는 얼음 속에서도 함께 소용돌이친다."고 하여 근원적 생명력을 언급한 것은 이러한 견딤과 인내의 길을 제시한 것이다. 물론 이러한 생명력은 초봄의 보리에서 "겨울 속으로 트였던 희열의 길"을 발견할 수 있는 상상력과 "외로움의 해구를 지나와야"(「외로움의 미끼」) 시인의 촉수(감각)가 돋아난다는 경험적 진실과 밀접한 관련이 있다.

흘러가는 틈새에서 네가 바라보는 꽃,
언젠가는 기억이 전혀 닿지 않는 곳에서도 향기를 뿌리고
씨를 앉힐 것이다
그러므로 피는 것과 지는 것의 거리가 한없이 넓어질 때
그 만큼만의 간격으로 사람 사이에 길이 있다 하자
나는 이제 어두워서 누가 그 길 오고 가는지
저문 뒤에도 우리 길 여전할지
내리기 시작하는 비에 겹쳐 모든 생각 지우면서
후미진 골목 끝을 오래 바라보고 있다

「비 오기 전에 – 仁煥에게」 부분

시인은 눈에 보이지 않는 길, 마음으로만 볼 수 있는 길에 대해 사유한다. 자연은 우리의 기억이 전혀 닿지 않는 곳에서도 향기를 뿌리고 씨를 앉히면서 순환을 반복할 것이다. 우리의 인

생도 그러한 순환성에서 자유롭지 못하다. 다만 사람 사이의 길이 어두워서 망연자실 "후미진 골목을 오래 바라보고 있"을 뿐이다. 김명인 시인에게는 "물음이 지금의 풍경 안에서 생겨나듯 / 상상도 창 하나의 배경으로 떠오르는 것"(「침묵」)이기 때문에 풍경이 사라진 어둠 속에서는 '우리의 길 여전할지' 결코 알 수 없다. 그의 시에서 '어둠'이나 '안개'는 본질적인 실체를 은폐하는 상징물이다. 그것은 어떤 정경에 대한 사실적 묘사가 아니라 덫으로 작용하는 현실의 속성을 드러내기 위해 차용된 이미지이다.[5] 따라서 시인은 '모든 생각 지우면서' 침묵할 수밖에 없는 것이다. 그래서 시인은 "분간이 안 될 정도로 길은 이미 지워졌지만/ 누구나 제 안에서 들끓는 길의 침묵을/ 울면서 들어야 할 때도 있는 것"(「침묵」)이라고 말한다.

"제 안에서 들끓는 길의 침묵을/ 울면서" 듣는 일은 곧 시인의 존재론적 성찰에 다름 아니다. 시인이 화엄사에서 노고단을 오르는 길에 '살아온 날의 상처'를 치유할 수 있는 구도자의 길을 발견하는 것이 이를 잘 입증해준다.

> 그럼에도 무엇이 이 산을 힘들게 오르게 하는가
> 길은, 누군들에게 물음이
> 아니랴, 저기 산모롱이 이정표를 돌아
> 의문부호로 꼬부라져 우화등선(羽化登仙)해버린 듯 앞선 일행은
> 꼬리가 없다. 떨어져 떠도는 산울림처럼
> 이 허방 허우적거리며 여기까지 좇아와서도

5) 장석주, 앞의 책, 535쪽.

나는 정작 내 발의 티눈에 새삼스럽게 혼자 아픈가
길섶 풀물에 든
낡은 경(經)소리 한 구절 내내 떨쳐버리지 못해
시큰대는 발자국마다 마음 질척거리는데
화엄은 화음 속에 얼굴 감추고 하루종일
굴참나무 잔가지에 얹히는 경전(經典)을 들어 나를 후려친다

「화엄(華嚴)에 오르다」 부분

노고단에 오는 길은 단순한 길이 아니라 눈에 보이지 않는 또 다른 삶의 길이자 구도의 길이다. 따라서 "마음이 구절양장(九折羊腸)인 듯/ 길을 뚫는다는 것은" "언제나 처음인 막막한 저 낯선 흡입"이 아닐 수 없어서 "바위를 뚫는/ 천공 같은" 것이다. 그런데 시큰대는 발을 끌고 힘겹게 화엄에 오르는 구도자적 삶은 깨달음이 외부로부터 주어지는 것이 아니라 시인의 마음 안에 있다는 것을 간접적으로 보여준다. "화엄은 화음 속에 얼굴 감추고 하루종일/ 굴참나무 잔가지에 얹히는 경전(經典)을 들어 나를 후려친다"는 진술은 시인이 길섶 풀물이 든 고난의 행로에서 굴참나무 잔가지에 얻어맞으면서 화엄의 경전을 하루종일 되뇌고, 여기에서 화엄의 진리를 뼈아프게 깨닫는 것을 간접화한 것이다. 실제로 시인은 넘어지면서 길섶의 풀물이 들고, 굴참나무 가지에 얻어맞으면서 힘겹게 산을 오르고 있다. 이 등산 행위는 구도자적 고행과정을 함의한다. 시인이 그러한 고행을 통해 화엄의 진리를 깨닫는다고 직접 서술하지 않고 화엄이 굴참나무 잔가지를 들어 자신을 후려치면서 경전의 의미와 진

리를 가르친다고 말하고 있는 것이다. 이와 같은 피동형의 간접화 서술이 성찰의 깊이를 더해준다. 이러한 자기성찰의 연장선에서 시인은 "사무친 세간의 슬픔, 저버리지 못한/ 세월마저 허물어버린 뒤" 깊은 산속 너와집에 머물면서 "따라오는 등뒤의 오솔길도 아주 지우"고 "마침내 돌아서지 않겠네"(「너와집 한 채」)라고 하여 자연에의 귀의를 열망하기도 한다.

이러한 근원적 생명력에 대한 탐구와 '외로움의 해구'를 지나온 경험적 진실이 구도자의 몸짓으로 형상화된다. 「월인천강(月印千江)」과 「여름 감싸다」는 이러한 구도적 성찰과 여망을 잘 보여준다.

> 한판 다시 붙자는 말에
> 낮 동안 공들여 쌓았던 점수를 와르르 무너뜨리고
> 텅 빈 운동장 한 가운데 멈춰 선다
> 달이 골문으로 드는 것을 막아보려는데
> 어차피 자살골인 걸, 가방 속의 환청이 또 중얼거린다
> 저쪽은 오늘 하루도 구름 골키퍼가 지켜냈을까
> 아파트로 가로막힌 그늘을 밀쳐내며
> 천 개 달이 한꺼번에 쏟아져 들어오는데
> 어느새 미루나무는 자라 제 키 만큼만
> 달의 허공 정신없이 휘젓고 있다
> 하루 종일 해를 뒤쫓느라 지쳤을 내 별은
> 수천 이파리 중 어느 강에 주저앉아
> 오늘밤도 바람에 스치우나 운동장 구석으로 내몰린
> 미루나무 골대에 기대

나만 캄캄하게 천 개 저 환한 얼굴
하나씩 하염없이 받아내고 있다

「월인천강(月印千江)」 전문

이 시는 「월인천강지곡」[6]과 윤동주의 「서시」를 패러디하여 부처의 교화를 온몸으로 받아내면서 수행하는 모습을 잘 보여준다. 『월인석보』 제1장 첫머리에 따르면, '월인천강(月印千江)'이란 "부처가 수많은 세상에 몸을 바꾸어 태어나 중생을 교화하심이 마치 달이 천 개나 되는 강에 비침과 같으니라"라는 의미를 담고 있다. 이것은 시공을 초월하여 존재하는 부처와 그 공덕을 상징한다. 시인이 운동장 한가운데 멈춰 서서 달이 골문으로 드는 것을 막아보려는데 이성적 자아는 '어차피 자살골'이라고 중얼거린다. 다만 구름이 달을 가려준다면 몰라도. 그러나 달은 한 개가 아니라 천 개나 되어 한꺼번에 쏟아져 들어온다. 달이 떠오르면 사물의 형체가 모습을 드러낼 것이기 때문에 시인은 "어느새 미루나무는 자라 제 키 만큼만/ 달의 허공 정신없이 휘젓고 있다"고 표현하여 자연현상을 의미론적으로 우회하면서 동시에 어찌할 줄 모르고 허둥대는 자신의 몸짓과 정신상태를 간접화하고 있다. 그러나 시인이 윤동주의 「서시」에서 보여주고 있는 자기성찰 - 잎새에 이는 바람에도 괴로워할 만큼 하늘을 우러러 한 점 부끄럼이 없기를 바라고 별을 노래하는

6) 「월인천강지곡」은 1447년 왕의 명에 따라 수양대군이 소헌왕후의 명복을 빌기 위해 『석보상절』을 지어 올리자 세종이 석가의 공덕을 찬송하여 지은 노래이다. 이설에는 김수온이 지었다고도 한다.

마음으로 모든 죽어가는 것을 사랑하면서 자신에게 주어진 길을 가고자 하는 - 에 이르렀을 때라야만 천 개나 되는 '저 환한 얼굴'(달)을 "하나씩 하염없이 받아"낼 수 있게 된 것이다. 운동장 한가운데에서 당당히 맞설 때가 아니라 한없이 겸손하고 작아져서 구석으로 내몰린 다음에라야 '월인천강'이 이루어진다. 달이 떠오르는 풍경 속에서 이러한 시적 사유를 이끌어낼 수 있는 시인은 이미 '화엄'에 올랐다고 할 것이다.

「여름 감싸다」도 이러한 시적 사유로 읽힌다. 시인은 민경 심포에 가서 석양녘 밀물이 드는 풍경 속에서 근원적이고 초월적인 생명에의 여망을 이끌어낸다. 오생근의 지적처럼 김명인 시인은 '바다의 시인'이라고 할 만한데, 그에게 바다는 그의 시적 상상력의 중심적 토대를 이룰 뿐 아니라 상상력의 출발점이자 귀착점이기도 하다. 초기 시집의 바다가 어둡고 음울하고 척박한 고향의 바다와 연관된다면, 1990년대 이후 시집의 바다는 넓고 근원적이고 초월적인 생명의 바다와 연결되어 있다. 전자가 떠남과 헤어짐의 비극적 문맥에 삽입되어 있는 반면, 후자는 만남과 돌아옴이라는 화해로운 지향점에 수렴되어 있다.[7] 이 시에서도 바다는 삶의 바다이자 생명의 바다이다. 시인을 포함한 인간들이 바닷물 속에 잠겨 있는 바위(여)로 표상되고, 그 여가 밀물이 들면 물 첨벙 수다를 떨면서 잠방거리다 한 둘씩 너른 물보자기에 감싸 안기는 것이다. 마치 강보에 싸인 아기가 어머니

7) 오생근, 「삶의 바다와 실존적 의식」, 김명인, 『바다의 아코디언』(문학과지성사, 2002), 97~98쪽 참조.

의 품에 안기듯이. 그때의 풍경은 해가 수평선 너머로 자맥질을 하면서 구름을 물들여 하늘에 꽃놀의 장관을 연출한다.

바람과 파랑 다 떠메고
바다가 뭍으로 기어 온다
수평 한 금에 목이매여
하루 종일 외딴 절집 마당까지만!

「여를 감싸다」 부분

석양녘 아름다운 포구에서 밀물이 들면서 여가 생명의 보자기에 감싸 안기는 것을 시인은 “바람과 파랑 다 떠메고/ 바다가 뭍으로 기어 온다”고 표현한다. 여기에서 ‘바람’은 바람(風)과 소망(所望)의 의미를, ‘파랑’은 물결(波浪)과 푸른색(靑)의 의미를 동시에 지니고 있다. 푸른색은 오행 중 목성(木性)에 해당하기 때문에 동쪽과 봄, 그리고 아침과 희망을 상징한다. 따라서 바다가 ‘삶의 무수한 겹주름들’을 의미하는 ‘뻘 밭’을 덮고 밀려오는 것은 곧 삶의 건강성을 회복하는 일이다.[8] 시인은 그러한 바다가 하루 종일 절집 마당까지만 미치기를 바라지만 밀물이 하루 종일 머물러 있을 수만은 없기 때문에 생멸을 거듭한다는 것을 인식하고 있다. 다만 영원한 생명력과 삶의 건강성을 회복하고자 하는 시인의 여망만 구체화되면서 이것이 앞에서 살펴

8) 제7시집 제목이기도 한 「바다의 아코디언」에서 시인 파도의 건강성과 삶의 겹주름으로서의 뻘을 대비적으로 표상하면서 바다의 영원성이나 생멸의 거듭함을 노래하고 있다. “쓰려고 작정하면 어느새 바닥 드러내는/ 삶과 같아서 뻘 밭 위/ 무수한 겹주름들.”

본 '화엄'이나 '월인천강'의 세계와 맞닿아 있다.

「구름 정거장」도 노을 지는 저녁나절 구름 풍경에서의 몽상이다. 시인은 대체로 무료한 일상생활에서 과거에 대한 회한을 곱씹으면서 먼 풍경을 바라보기만 한다. "매운 실패가 생살을 저며내는 동안에 파도는/ 부서진 제 조각을 시리게 끌어 안"듯이 "다 털린 뒤에도 다시 시작하려고/ 시렁에 얹힌 먼지를 털어내고/ 비싼 일수를 찍으며 구멍가게 유리창/ 밖을 하루 종일 바라보"기도 하고(「파도」), "저문 뒤에도 우리길 여전할지/ 내리기 시작하는 비에 겹쳐 모든 생각 지우면서/ 후미진 골목 끝을 오래 바라보"기도 한다. 이처럼 바라보기만 하는 시선이 이 시에서는 변화를 보인다. 시인은 "종일 내달았던 하루 새삼 되새김"하는 과정에서 구름버스 갈아타는 승객이 된다. 그 되새김 과정에서의 막막함 때문에 "마음은 구름이라도 한 조각/ 하늘 깊숙이 들이밀고 싶어지는 것이다." 이 자기반성이 무료한 일상에서의 변화를 열망하게 한다. 그 변화는 바라보기만 하는 데서 몽상의 차원으로 넘어간다. 뭉게구름이 시커멓게 갑주를 껴입고 번개 앞장 세워 우레 때리면서 소나기로 쏟아져 내리곤 할지라도 낮달의 행로나 이끌고 있는 오늘 저녁의 뭉게구름은 무죄라는 것. 곧 자연현상은 인간세상 너머의 일이라는 메시지를 숨기고 있다. 시인이 등 뒤의 오솔길도 아주 지우고 마침내 돌아서지 않고 자연에 귀의하고자 하는 마음을 여기에서 또다시 확인할 수 있다.

「캄보디아 호텔」은 캄보디아 호텔 앞 담장 너머의 빈한한 삶림살이 풍경에서의 시적 사유를 보여준다. 초기의 시에서부터 꾸준히 추구해온 가난한 사람들에 대한 연민과 동참이 여기에서도 구체화된다. 그 무지막지한 살육의 현장인 킬링필드를 겪었을 것으로 보이는 사내가 윗도리도 벗은 채 짧은 반바지에 선글라스를 끼고 더는 낮출 수 없는 함석지붕 아래 서 있고, 앙코르아트의 문화유산을 창조한 민족이지만 이제는 가난 속에 오토바이를 타고 매음이 물결쳐 흐르는 현실에서 그 사내는 짝이 없어 "거기서 한 발짝도/ 더는 못 옮기"게 되고 말았다. 결코 남의 일 같지 않고 마치 1950년대 우리의 역사와 닮아 있는 캄보디아의 현실을 먼 풍경으로 거리를 유지하면서 담담하게 그려내고 있다.

「석류」는 시인이 석류를 보면서 첫사랑의 추억을 선도(鮮度) 높은 이미지로 보여주는 절편이다. 이 시도 풍경에서 시적 사유가 시작되고 여기에 경험적 진실이 어떤 깨달음으로 이어진다.

> 푸르스름한 둥근 공이 분홍빛 촉수를 열고
> 꼬마 알전구 하나 내밀면서
> 석류도 뒤늦게 꽃燈 매달았다
> 여름내 초록 숲길을 더듬고 가야 할
> 순 자연산 손전등,
> 대궁이자 열매인 꽃의 전부
> 저 불 깜박이면 검은 잎맥 사이에서 깨어나는
> 아가가 한 주먹 가득 잼 잼 움켜쥐겠지
> 우윳빛 볼 두덩에 살색 올리겠지

홍소(哄笑) 깨물고 가지런한 치열 벙글겠지
마침내 너도 한 입
시린 사랑 덥석 베어 물어야지
내가 들고 선 오늘이 보잘것없는 숫기임을
석류를 보면서 비로소 깨닫는다, 잇몸이
시큰거리도록 군침이 도는
비릿한 첫사랑 생살아!

석류가 뒤늦게 6월에 꽃을 피우고 열매를 맺으면 잼잼 움켜쥐는 아가의 주먹만 했다가 "우윳빛 볼 두덩에 살색 올리"고 나서 크게 웃는 입안의 가지런한 치열처럼 열매가 벙글어질 것이다. 이 벙글어진 석류를 덥석 베어 물 듯이 첫사랑의 임이라도 시린 사랑을 덥석 베어 물었었더라면 좋았을 것을, 시인도 역시 베어 물지 못하고 바라보기만한 '보잘것없는 숫기' 때문에 오늘에 이르러 석류를 보고 이를 깨닫는 것이다. 특히 "잇몸이/ 시큰거리도록 군침이 도는/ 비릿한 첫사랑 생살아!"라는 표현은 그 원관념이 석류의 과육이지만, 동시에 김명인 시인에게 좀처럼 보기드믄 에로스적 욕망과 이미지를 담고 있는 첫사랑의 임이기도 하다. 이러한 시적 형상성은 석류에 대한 객관적 묘사와 시인의 경험세계가 절묘하게 조화를 이루어 격물치지(格物致知)의 경지에 이른 것이라고 할 만하다. 이처럼 날로 김명인의 시세계가 깊이 있는 사유와 더불어 짙은 서정성을 동반하게 된 것은 시단의 주목을 받기에 충분하다.

이상에서 살펴본 시들은 자연 풍경에서 시적 사유가 시작되어 마음의 풍경으로 이어지고 여기에서 시인의 구도적 성찰이나 여망이 이미지화된 형상성을 얻게 된다. 여기에서 풍경의 깊이는 삶에 대한 성찰이 빚어낸 결과이기 때문에 시인의 내면의 깊이라고 할 수 있다. 이 풍경을 만들어내는 방식이 삶에 대해 질문하는 힘의 형식인 셈이다. "이 물음이 지금의 풍경 안에서 생겨나듯/ 상상도 창 하나의 배경으로 떠오르는 것"이기에 그의 시에서 모든 풍경은 객관적 세계의 사물과 주관적 세계의 경험적 진실이 주객일체의 내면풍경으로 융합되는 시적 사유의 과정을 거치게 된다. 그래서 시인은 텅 빈 운동장에서 달이 떠오르는 풍경에서 부처의 교화를 온몸으로 받아내는 수행과정을 형상하거나, 만경 심포의 바닷가 석양녘 밀물이 드는 풍경에서 삶의 건강성을 회복하고자 하는 여망을 구체화하고, 노을 지는 저녁나절 구름의 풍경에서 자연의 이법에 대해 몽상하며, 캄보디아 호텔에서 바라보는 그들의 삶의 풍경에서 가난한 삶에 동참하기도 하고, 석류에서 첫사랑의 추억과 경험적 진실에 대한 깨달음을 얻기도 한다. 자연의 풍경이 마음의 풍경으로 전환되는 과정에서 선도 높은 구체적 이미지가 시적 형상성을 담보하기 때문에 삶에 대한 깊은 성찰이라는 무거운 주제가 언어미학적 아름다움으로 읽히는 것이다. 이러한 시적 형상화의 방법은 김명인만의 개인적 관심이 시적 전통과 길항작용을 하면서 다르게 반복되는 '새로움'일 것이다.

Chapter 11

생성과 소멸에 대한 생태학적 상상력 - 유자효론

"운학 매병 푸르름 / 그를 따라 늙는다"(「해강 청자」)고 노래한 시인 유자효는 물질문명의 삭막함 속에서 전통과 자연의 소중함을 깨닫고 인문주의적 사유로 '소생의 힘'과 인간다운 삶의 조건을 추구하면서 유유자적한 태도로 시조를 쓰고 있다. 그래서 그의 시조에는 전통적인 것을 소재로 하는 것(예를 들면 '청자 매병', '청룡 벽화', '백호도', '만파식적(萬波息笛)', '한시', '혼례', '월하취적도' 등)과 자연을 소재로 한 것('별', '하늘', '이슬', '새', '나무', '남강', '소청도', '삼천포', '오동섬', '연꽃' 등)이 많은 비중을 차지한다. 또 한 세월의 무게를 감내하고 나서 얻은 깨달음은 유유자적한 삶의 모습으로 나타나는데 그것은 대체로 '싯달타'나 '달마', 혹은 '입적' '열반' '사리' 등과 같은 불교적 소재로 등장한다.

유자효의 시를 가능하게 하는 중요한 원동력은 시간의 흐름과 소멸에 대한 강박관념과 거기에서 비롯되는 자기성찰이다.

그는 늙어감과 소멸에 대하여 강박적 절박성을 느끼고 있다. 물질적 정신적으로 고통스러웠던 시절들을 통과하고 나서 이제는 여유를 가지고 살피며 살만하다고 느낄 때는 이미 늙어 있는 자신을 발견하게 된다. 그래서 시인에게는 그 시간들을 소중하게 지켜나가겠다는 의지가 생겨나게 되고, 그의 시에는 그러한 의지가 형상화되고 있는 것이다.

> 조용한 겨울밤 강물이 얼고, 많은 사연들이 갇히는 시간. 허영의 때는 끝났음을 냉엄하게 깨우쳐주는 차디찬 바람. 지금은 슬퍼할 때. 미완의 종장을 예감하며 말없이 스스로를 조상할 때.
>
> –「탄식」 전문

시인은 조용한 겨울밤 자아성찰을 하면서 그 시간을 '미완의 종장을 예감하며 말없이 스스로를 조상할 때'로 인식한다. 젊은 날은 허영에 들떠 살았을지라도 황금 같은 시간들이었는데 이제는 충만한 삶의 에네르기가 고갈되고 자신의 삶은 미완의 종장으로 치닫고 있음을 스스로 조상하고 있다. 그러나 젊은 날('허영의 때')은 속절없이 지나가 버린 것이 아니라 성숙을 위한 인고의 시간이었다. 시인이 진흙 속에 피고 지는 연꽃을 "탄식 같은 그 어여쁨"(「연꽃」)이라고 묘사하고 있는 것을 보면 그에게 젊은 날은 성숙을 위한 연단의 시간이었음을 알 수 있다. 그에게 '탄식'은 비통한 좌절과 슬픔만이 아니라 아픔을 통해 얻은 깨달음과 지혜인 것이다.

하지만 시인에게 시간이 흘렀다는 것과 자신이 늙어가고 있다는 것은 두 가지의 이율배반적 사유를 부추긴다. 하나는 늙어감에 대한 안타까움이고 다른 하나는 삶에의 달관과 체념이다.

모래처럼 많아서
때로는 성을 이루고

모래처럼 부드러워
손에서 빠져나간다.

깡그리 태워야 한다
잿더미가 되도록.

– 「시간」 전문

어린 시절, 시간은 주체할 수 없을 만큼 많아서 큰 성을 이루었지만 이제 와서 뒤돌아 보니 그것은 손아귀의 모래처럼 부드럽고 쉽게 빠져나가고 말았다. 시간이 흘러가 버렸음을 뒤늦게 깨달은 시인은 역설적이게도 지나가 버린 그 시간들을 깡그리 태우려고 한다. 시인은 자신의 생애를 “한 도막의 초처럼 닳고 있”(「선소리」)다고 생각하고 그 늙음을 슬퍼하며(「탄식」), 한 해를 마무리하는 세모에 “저 하늘이 닫힌다”고 하거나 처서를 맞아 “또 한철이 접힌다”고 하여 시간의 덧없음을 안타까워하고 있다. 시간의 흐름에 대한 이러한 강박적 거부는 소멸에 대한 강박관념을 드러내는 것이기도 하지만 동시에 어린 날의 순수성을 상실하는 것에 대한 두려움의 표명이기도 하다.

이 소멸에 대한 강박관념은 죽음을 노래하지 않을 수 없게 한다. 이것은 시인이 '미완의 종장을 예감'했기 때문인데, 이 예감에 따르면 "우리는 / 무덤이 없어 / 서성이는 / 바람"(「어떤 장례」)이 될 수밖에 없다. 몸은 살아 있으나 죽은 것과 다를 것이 없는 상태, 그것은 인생이 워낙 덧없이 짧고 빠르기 때문일 것이다. 그가 「만가」, 「어떤 장례」, 「입적」, 「열반」 등에서 죽음을 노래하고 있는 것도 동궤의 인식에서 나온 것이다. 그리고 시인은 이런 인식의 면면에서 '깃을 접고 돌아선' 공작새로부터 '음울한 죽음의 냄새'(「공작」)를 맡기도 하는 예민함을 보여주기도 한다. 자신의 직분이 끝나면 죽음만이 그를 기다릴 뿐이다. 그래서 시인은 인생을 이슬에 비유한다.

> 바람의 눈물 방울
> 밤이 남긴 보석들
>
> 무수한 별이 내려
> 영롱히 숨지노니
>
> 찰나에 영원을 사는
> 외마디 빛의 일생.
>
> －「이슬」 전문

인생은 "찰나에 영원을 사는 / 외마디 빛의 일생"으로서의 이슬과 같은 것. 이슬은 해가 떠오르면 순간에 사라지는 운명이지만 그 찰나에 영원을 사는 법을 알고 있다. 그것은 이슬에 '무수한 별'이 깃들여 있기 때문이다. '별'과 함께함으로써 이슬이 찰나에 영원을 사는 것이라면 인생도 '별'과 같은 속성을 지녔기 때문에 짧은 인생에서 영원과 영생을 얻는 것일 터이다.

그렇다면 그의 시에 있어서 '별'이란 어떤 상징성을 갖는가? 그의 시에는 천상의 이미지로서 '별'이 여러 곳에 구체화되어 있다. "언젠가 떨어진 별을 / 아직까지 본 자가 없다."(「내 영혼은」) ; "도망친 별들을 찾아올 순 없어도 / 우리는 지켜야 한다. 별들이 숨어든 곳 / 찾아가 만날 수 있는 우리 꿈의 고장을"(「별들은 산에 산다」) ; "남국의 하늘에는 무수한 별이 피고 / 땅 위엔 벚꽃들이 낭자히 자지러져 / 우주의 정령들이여 / 네 소리를 듣는다."(「삼천포」) 이상에서 보이는 '별'들은 생태학적 상상력으로서의 자연합일과 이상적인 형상의 대용물이다. 그런데 그 '별'은 어린애다운 순수성과 이상성을 대리 표시하면서도 동시에 '삶에서의 진실'이라는 의미를 갖기도 한다.

1
진실은 멀리 있으나
사라지지 않는다.

외로움이 굳어지면
깨어지지 않는다.

흘러간 시간은 모두
저기 모여 빛나다.

2

가장 아름다운 말은
“내 다시 오리라”

그 숱한 약속들이
헛되지 않았음을

무수한 저 별을 보면
기적처럼 알리라.

－「별」 전문

이 시에서 보면, ‘별’은 진실과 꿈 그리고 믿음의 등가물이다. 흘러간 시간이 모여 빛나는 별, 그곳을 보면서 시인은 옛날을 회상하고 있는 것이다. 그 무수한 별들에는 시인 자신의 과거가 오롯하게 간직되어 있을 뿐만 아니라 그것이 항상 진실하게 살아가도록 인생 항로를 밝혀주는 좌표가 되어주었기 때문에 시인은 그 별들을 보면서 “그 숱한 약속들이 / 헛되지 않았음을” 기적처럼 알아버린 것이다. 이런 점에서 ‘별’의 이미지는 ‘하늘’의 이미지와 맞물려서 진리의 좌표로서의 의미를 갖는다. 그 진리는 현실적 삶의 현장에서 분리된 것이 아니라 투쟁적 삶의 공간에서 얻은 것이다. “엄청난 혁명의 소용돌이에 오직 진실로 맞서게 하라”(「태풍」)고 자기 암시와 다짐을 하고 있는 시인의 의연한 모습에서 우리는 격동기를 살아가면서도 진실에 가까워지기를 바라는 마음을 읽을 수 있다.

그렇다면 이슬이 찰나에 영원을 사는 것과 같이 우리가 짧은 인생에서 영생을 얻기 위해서는 삶을 진실하게 사는 것이 필요하다는 역설이 「이슬」의 의미망이 된다. 시인은 자신이 진실하게 살아왔다고 믿기 때문에 현실에 안분 자족하면서 삶을 달관하는 자세를 보인다. 그래서 시인은 '운학 매병의 푸르름'을 따라 늙고자 하고, "세상에 미련없이 / 언제라도 / 나 가리라" (「가을에」)고 말한다. 이러한 의식 구조는 불교적 상상력과 맞닿아 있는 부분이기도 하다.

여기에 이르면 유자효 시인의 투명성이 드러난다. 그는 아름답고 가치 있는 것은 과거와 어린 시절 속에 있다고 믿으면서 천재성과 영감을 중시한다는 점에서 낭만주의적 세계관을 신봉하고 있다고 할 수 있다. 그런 징후들은 다음과 같이 여러 곳에서 드러난다. 여름의 꽃과 나비가 하늘에서 살고 있다가 겨울에 눈으로 내린다는 어린애의 동화적 상상력이나(「눈」), 갈대와 같은 자신의 영혼은 밤이면 자주 울지만 또한 돌이나 금강석처럼 견고하게 물결치는 꿈을 꾸기도 한다(「내 영혼은」)는 감정이입, 무지개와 젖은 창을 때리는 바람과 찬 하늘을 나는 하얀 새를 보고 눈물을 흘리는(「눈물」) 감수성, 행복은 과거 속에 있고(「행복론」) '천상의 베를 짜듯' 영혼이 만나야 좋은 소리가 되며, '흘러간 시간' 속에 진실이 있다(「별」)고 하는 믿음 등에서 우리는 낭만주의적 상상력과 맞부딪치게 된다. 이것은 하늘로부터 타고난 본성을 훼손하지 않고 있는 그대로의 순수성을 드러내는 것이 가치 있는 것이라는 시관(詩觀)이다. 그래서 그는 인위적 작위에 대한 거부를 드러낸다.

벗은 몸 둥근 배에
껄껄 웃는 늙은 화상

생각하고 또 생각코
다시 생각하였건만

세상에 오직 할 일은
웃음밖에 없는 걸.

–「달마」 전문

질서와 균형과 대칭을 인위적으로 짜 맞추는 것이 아니라 그러한 인위를 거부하고 '천상의 베'처럼 천의무봉(天衣無縫)하게 영감으로 시가 쓰이길 바라는 것이 그의 소망이다. 삶의 태도 역시 인위적 작위를 거부하고 천성대로 살려고 한다. 이런 태도는 어린애의 순수성을 유지하려는 것이면서 또한 투명한 삶으로의 지향이다. 그는 "가릴 것 이제 없으니 / 부끄럼도 없어라."(「토루소」), "더 이상 감출 게 없어 / 티끌처럼 가볍다."(「가을」), "함께 가진 것이 많아 / 차라리 슬프다."(「재회」) 등에서 보다시피 투명한 삶을 살려고 한다. 이것은 동양 사상에서 비어 있음은 가득 참이고, 가득 참은 비어 있음이라는 논리이기도 하다. 여기에서 우리는 비어 있다는 것, 어린애와 같이 채워질 가능성으로 남아 있다는 것이야말로 아름다움이라는 노자의 '허(虛)'의 개념과 같은 시인의 메시지를 읽어낼 수 있다.

이러한 시인의 태도는 자연스럽게 생태학적 상상력을 불러일으킨다. 이것은 낭만주의적 세계관에 따라 인위적으로 가공되지 않은 자연 그대로의 아름다움이 가치 있는 것이라는 사유 체계와 같은 논리 구조이다. 이런 논리 속에서 예술은 종종 원시주의의 모습을 보이기도 하면서 문명 비판적인 태도를 견지하게 된다.

별들은 수줍어 높은 곳에 숨었다.
캄캄한 산에서 보면 온 하늘을 꽉 채운 별
도회서 도망쳐 나와 높이 높이 숨었다.

사람들이 왜 싸우는지 산에 와서 알았다.
그들이 잃은 것은 별이 아니라 그들의 꿈
꿈들이 사라졌으니 남은 일은 싸움 뿐

도망친 별들을 찾아올 순 없어도
우리는 지켜야 한다. 별들이 숨어든 곳
찾아가 만날 수 있는 우리 꿈의 고장을

–「별들은 산에서 산다」 전문

앞에서도 살펴보았듯이 그의 시에서 '별'은 순수와 꿈의 객관적 상관물이다. 시인의 상상적 인식에 따르면 별은 인간의 도회에서 도망쳐 나와 숲의 하늘 높이 숨어 있다. 인위와 기계문명은 꿈을 앗아가 버리고, 꿈을 잃어버린 인간들은 오직 눈앞의 이익만을 추구하기 때문에 싸움질을 할 수밖에 없는 것이다. 따라서 우리가 그 잃어버린 꿈을 되찾기 위해서는 별들이 사는 숲으로 찾아가야 하고 또한 그 숲을 가꾸고 보존해야 하는 것이다. 숲이야말로 '우리 꿈의 고장'이기 때문이다. 이런 시적 사유 속에서 보면 나무를 베어내 버린 벌목림에서는 "햇살은 기댈 곳 없어 / 땅 위에 나뒹굴고 // 파리한 바람도 / 숨죽여 멈춘 사이 // 뼈저린 한기를 물고 / 나 여기 홀로"(「벌목림에서」) 서 있을 수밖에 없지만 그 폐허를 딛고 다시 "트이는 저 먼 숲으로 / 다시 길을 나서"지 않을 수도 없는 것이다.

유자효 시인이 이처럼 무위의 자연을 노래하면서 '남강'이나 '오동섬', '소청도', '산사', '벗꽃', '아침 수풀', '새' 등을 수묵담채화처럼 그리고 있는 것은 그 자연이 영생으로서의 소생의 힘을 지니고 있다고 믿기 때문이다.

인간의 죄들이사
이곳에도 물론 있다.

소생의 힘을 지닌
깨끗한 바람과 물

기어코 지켜야한다
이 마지막 고향을.

－「삼천포」 일부

시인은 소생의 힘을 지닌 자연을 '기어코 지켜야한다'고 역설한다. 그 자연은 반드시 삼천포가 아니어도 좋다. 소생의 힘을 지니고 우리의 고향으로 남아 있는 곳이면 어디든 상관할 일이 아니다. 그러나 시인은 이 도회를 마음대로 쉽게 떨치고 그런 자연으로 갈 수가 없다. 그래서 '옛 시풍으로' 자신의 마음을 패러디하고 있다. "나 이제 저자에서 떠나가리라. / 갈잎에 소소히 부는 바람에 / 사랑도 미움도 휘파람처럼 / 허공을 적시며 사라지노니 / 먼 훗날 길손이 나를 찾거든 / 목숨이 부끄러워 숨었다 하라." 저자에서 사라질 수 없기 때문에 시인은 자신의 생활태도를 기법적으로 희화화하여 자연으로 돌아가고자 하는 자신의 소망을 피력하고 있는 것이다. 시인에게 저자(시장)는 '텁텁한 사람 냄새를 맡'(「순대를 먹으며」)을 수 있는 곳이지만 아귀다툼을 하는 싸움터이기도 하다. 그래서 시인은 '시장'과 '숲'으로 대표되는 문명과 생명 사이에서 길항작용을 계속할 수밖에 없는 인간 존재의 숙명적인 부조리함을 형상화하려고 하는 것이다.

대체로 그의 시에는 자수성가한 시인의 안분 자족하는 삶의 모습이 나타나 있다. 그러한 자족적 삶을 구체화하기 위해서 시인은 반성적 태도로 젊은 날의 고생에서 벗어난 현재의 상태를 투명하게 그려내고자 한다. 그래서 그의 시에는 가족주의적 이데올로기가 여기저기에 그 모습을 드러낸다. 이 가족주의는, 앞에서 살펴본 생태학적 상상력에 의한 어린애다운 순수성과 함께 그의 시의 중심축을 이룬다. 이러한 순수성과 가족주의는 그의 시를 지탱하여 굴러가게 하는 두 수레바퀴인 것이다.

한편 그의 시에서 시인의 어린 시절은 '살고파 몸부림치는 내 추억의 그리메'로서 희미하게 밖에 드러나지 않는다. 어린 시절 고향을 떠나 올 때 인사도 부끄러워 그냥 돌아섰을 때 어머니는 끝내 말이 없으셨다는 것(「어머니」), 그 어머니는 6·25전쟁과 '불'의 고비를 눈물로 넘고 "젊어서 돌아가셔서 / 늘 고우"셨다는 것, 그래도 어머니는 "그 긴 세월을 / 제 곁에 계셨"다는 것(「추석」) 정도만 드러난다. 어머니가 일찍 돌아가시고 가난한 젊은 시절을 고통스럽게 보낸 시인에게는 그것이 하나의 한이 되었기 때문에 "이빨로 사려물고는 / 흔적조차 없어"(「한」)서 시 텍스트에는 구차했던 삶의 모습이 전혀 보이지 않는다. 다만 부산 피난 시절의 모습이 서술시조라고 할 수 있는 10수의 「부산 1953」에서 간접화되어 있을 뿐이다.

시인이 얼마나 가정을 소중하게 생각하는지는 「가정」이라는 시를 보면 금방 알 수 있다. 대단히 설교적이고 고압적으로 씌어진 시이지만 그의 의식구조를 명징하게 보여준다. 그에 따르면 가정에서는 "저음으로 말할 것 / 잔잔하게 웃을 것 // 햇빛을 가득하게 / 음악은 고풍으로 // 그리고 목숨을 걸고 / 그 평화를 지킬 것"이 필요하다. 이러한 가족 이데올로기는 시인의 마음속에 언제나 살아 계시는 어머니의 사랑에 기대고 있다.

되도록 무식하게
맹목적 이기적으로

누구에도 지지않는
강인한 투지력으로

그래서 내 새끼들이
가장 귀한 보물들

—「어머니의 사랑법」 전문

무식하고 맹목적이고 이기적이고 강인한 투지력을 가진 모성은 하느님으로부터 받은 고귀한 권능이고 선물이다. 이것은 인간의 이성에 의한 합리적 제도로는 설명되지 않는다. 그러나 그것만이 인간에게서 볼 수 있는 가장 고귀한 사랑의 실천인 것을. 그래서 시인에게는 아름다운 색시나 아내까지도 어머니와 같은 모습으로 나타난다. 혼례를 치른 새색시가 종가에서 밤 '새도록 수런대어' 사랑을 나누고 새벽 녘 별의 무리가 쓸릴 때 '홀연히 옷깃 여미며 / 일어서는'(「혼례」) 의연함을 보인다거나 다음과 같은 아내의 모습에는 어머니의 그림자가 투영되어 있다.

> 내가 나락의 늪에 들었을 때도 "나는 이해해요."
> 견디기 힘든 고통에 빠졌을 때도 "뜻대로 하세요."
> 언제나 내편일 뿐인 의젓한 나의 사람.
>
> "눈이 오네요" 했을 때 "눈이 오는군." 하고 대답할 수 있는 사람.
> "먼저 죽으면 죽여버릴거야." 하고 앙탈할 수 있는 사람.
> 거기에 그냥 있다는 사실만으로 외롭지 않은 사람.
>
> –「은혼」 일부

시인이 생각하는 아내는 어머니와 같을 뿐 아니라 애교와 앙탈을 부릴 줄도 아는 귀여운 사람이다. 25년 삶을 함께 했다는 사실 하나만으로도 궁합이 좋은 부부인 것만은 확실하다. 그러나 한 가지 기우는 이 행복한 남편이 가정에 안주해 버리지나 않을까 하는 것이다. 하지만 유자효의 시가 주어진 환경에서 최선을 다해 살아가는 중산층 보수주의자의 바람직한 삶을 보여주는 데 일조하고 있다는 점은 높이 평가되어야 할 것이다.

이제 필자를 포함해서 유자효의 시를 좋아하는 많은 독자들은 그의 삶의 두께에서 오는 지혜와 깨달음이, 공동선을 이루기 위해 나아가는 그의 부단한 노력에 든든한 버팀목이 되고 있다는 사실을 의심치 않는다.

Chapter 12

삶과 죽음 그리고 존재의 깊이에 대한 시적 형상성

1. 삶의 이행으로서의 시

지상의 모든 생명체는 그 기간의 길고 짧음은 있을지라도 언젠가 죽을 수밖에 없는 운명을 타고났다. 그 중에서 인간은 유일하게 그런 죽음에의 존재임을 자각하고 그 죽음에 대한 관념과 공포를 통해 삶의 가치를 극대화하려고 노력해 왔다. '지금 여기'에 있는 존재는 없음을 전제로 했을 때에만 그 실체를 드러낸다. 그래서 유사 이래로 인간은 죽음을 통해서 삶의 진실과 가치를 탐색하였고, 현명한 이들은 삶 속에서 죽음을, 죽음 속에 삶을 사는 지혜를 터득하여 있고 없음이 둘이 아니라 하나라는 것을 자각했으며, 그런 존재론적 자각에서 나를 고집하지 않고 더불어 나와 남을 가르지 않음으로써 모든 구속에서 벗어나 행동과 사유가 자유로운 불기(不羈)에 이르고자 하였다.

존재에 대한 이러한 인식론적 태도는 서정시의 세계와 닮아 있다. 시인은 대상과 환경의 총체적 세계를 '자신' 속으로 흡수하여 그 자신의 내면적 의식에 새겨 넣은 한편, 자아에 집중된 심정을 드러내며, 단순하고 막연한 감정을 직관과 표상의 영역으로 끌어올린다. 시는 이런 내용에 언어를 부여함으로써 이것이 내면성의 표현을 가능하게 하는 방법을 탐색해왔기 때문에 이 서정의 세계 속에서는 자아와 세계가 분리되지 않고 융합된다. 이것이 조동일 교수가 말하는 '세계의 자아화'이다. 그래서 시에서는 세계가 시인의 자아와 더는 맞서지 않는 모습으로 드러나고, 서정시의 시제는 영원한 현재일 수밖에 없다.[1] '지금 여기'에서 자아와 세계가 만나는 '순간의 상황성'이 외부로 드러나기 때문에 시의 서정성은 자아와 세계가 행복한 일치를 이루게 된다. 이같이 인간의 주관적 내면성이 외적 대상을 통해 외화된 서정의 세계는 시적 자아와 세계가 서로 녹아드는 느낌을 자아내는데 시학에서는 이것을 '시적 정조'라고 이름하였다.

이러한 시의 정신은 대상의 객관성에서 벗어나 자신 속으로 침강하여 스스로의 의식을 들여다보면서, 사물의 외적 실재가 아니라 영혼의 주관적 경향이나 마음의 경험, 또는 관념적 성찰 속에 현존하는 사상(事象)을 표현하며, 동시에 내면성 그 자체의 내용과 활동을 표현하려는 욕구를 만족시킨다. 이런 욕구에서 빚어지는 마음의 시적 토로는 정신을 해방시키되 감정으로부터 해방시키는 것이 아니라 감정으로써 해방시키는 것이 된다.[2]

---

1) 김열규, 『시적 체험과 그 형상』(예림기획, 1998), 80쪽.

존재와 시간의 문제를 깊이 천착한 하이데거를 따르지 않더라도 '지금 여기'에 있음으로서의 존재는 시간의 본질을 떠나서는 설명할 수 없다. 그 시간은 과거 현재 미래라는 선조적 의미의 시간이 아니라 존재 자체의 시원적 의미를 드러내는 깨달음의 차원에서의 시간이다. 시인은 존재의 소리나지 않는 소리에 귀를 기울이고, 모든 것을 그 본질에서 이름짓는다. 그 존재는 시인이 본질적인 언어로 명명함으로써 존재자로 우리에게 알려지게 된다. 그래서 시를 쓰는 행위는 '언어에 의한, 존재의 건립'을 가능하게 하는 일이다. 그러므로 하이데거에게 시작(Dichtung)은 언어를 단순한 경험의 매개물로서가 아니라 존재자를 존재자로서 들어내 보이는 일이다.[3)]

어떠한 경우든 우리가 글을 쓴다는 것은 자신의 추억, 자신의 여행, 자신의 사랑과 슬픔, 자신의 꿈과 환상 등을 이야기하는 것이다. 글은 자신의 체험에서 한 발자국도 벗어날 수 없다. 그러나 글쓰기는 자신이 체험한 재료에 단순히 표현형식을 부여하는 것은 아니다. 글쓰기는 늘 미완성으로 끝나는, 늘 일어나고 있는 생성 변화의 문제이다. 그것은 "체험할 수 있거나 체험한 것을 가로지르는 삶의 이행이다."[4)] 시 역시 시인이 체험한 것을 가로지르는 삶의 이행을 보여준다. 우리의 존재(Unser Sein)가 자연존재(Natursein)와 상호작용하면서 체험형식과 존재형식이

2) G.W.F. 헤겔/최동호 역, 『헤겔시학』(열음사, 1987), 161-162쪽.

3) 편집부 엮음, 『미학사전』(논장, 1988), 202쪽.

4) 질 들뢰즈/박성창 역, 「문학은 두더지의 죽음과 더불어 시작된다」, 《세계의 문학》 2000년 봄호, 246쪽.

'지금 여기'의 '순간의 상황성'으로 융합될 때 시인의 존재는 구체적인 이미지 형태로 드러나게 된다.

그래서 모든 시는 정도의 차이는 있을지언정 '체험할 수 있거나 체험한 것을 가로지르는 삶의 이행'으로써 '지금 여기'에서의 자기 존재에 대한 성찰을 보여줄 수밖에 없다. 그러나 그 존재에의 성찰을 드러내는 방식은 독특하고 개성적이며 특수하다. 이 글에서 최하림의 『풍경 뒤의 풍경』(문학과지성사, 2001), 오규원의 『토마토는 붉다 아니 달콤하다』(문학과지성사, 1999), 이형기의 『절벽』(문학세계사, 1998), 이진명의 『집에 돌아갈 날짜를 세어보다』(문학과지성사, 1994)를 중심으로 시인의 자기존재에의 성찰이 어떤 방식과 양태로 실현되고 있는가를 구체적으로 살피는 일은 시에서의 존재와 성찰이 어떻게 미학적 형상성을 획득하는가를 밝히는 작업이 될 것이다.

2. 존재 증명으로서의 시 : 최하림

1990년대부터 최하림의 시는 소외되고 궁핍한 민중의 현실태나 당대적 삶의 양식을 따뜻한 애정과 연민의 시각으로 감싸면서 서정적 감각으로 시화하려는 기존의 시적 경향에서 시인의 자기존재에 대한 성찰의 깊이를 시화하려는 방향으로 나아가고 있다. 이런 변화는 시인의 체험적 진실(그는 이것을 '몹쓸 병과의 싸움'이라고 말한다.)과 상호텍스트적인 상관성을 갖는다. 존재의 함몰에서 연유하는 실존적 불안을 극복하기 위해서 시인이 선택한 시작의 방법은 '풍경화 그리기'라고 할 수 있다.[5] 시인의 실존적 선택으로서 '풍경화 그리기'는 시적 화자의 세계인식을 형상적으로 제시하는 것이 아니라 시적 대상(자연존재)과 시인(또는 시적 화자)의 시선을 나란히 병치하여 제시하는 것, 시인은 대상세계의 뒷편으로 숨고 화자의 가치중립적 언어만 덩그러니 놓여 존재가 스스로를 드러내도록 하는 방법이다. 그러나 그 '풍경'은 움직임이 멈춘 후 관념과 상상 속에서 이루어진 존재 확인이다.

최하림의 제6시집 『풍경 뒤의 풍경』(2001)은 제5시집 『굴참나무 숲에서 아이들이 온다』(1998)의 연장선에서 시간 속에서의 인간존재가 갖는 의미와 삶의 태도를 더욱 구체적으로 보여준다. 시인에게 있어서 죽음과 짝을 이루는 인간존재는 구체적인 삶에 대한 추상이며 '지금 여기'에 대한 상상적 인식이다. 그 존재는 성찰을 통해 얻어진 깨달음으로 구체화된다. 그래서 시인은 "등피를 닦아 마루에 걸고 유리창을 내다보"면서 "시간의 그림자 같은 것이 언덕과 들길을 지나 // 파동을 일으키며 가"(「다시 빈집」)는 것을 담담하게 지켜본다. 그에게 저녁과 가을은 퇴락과 상실의 시공간이고, 밤과 겨울은 존재의 함몰이면서 '고요'에 이르는 시공간이다.

---

5) 한원균, 「물푸레나무 숲을 향한 길」, 신덕룡 편, 『우리시대의 시인읽기』(시와사람사, 2000), 35쪽 참조.

바람이 이는지 나무들이 한 방향으로 흔들리고 있다
몇 줄의 기억과 사유의 마디마디들이 달그닥거리면서
창 유리에 달라붙고 부질없는 시간들도 성에처럼 앞을 가린다
새들이 날기를 멈추고 어둠 속으로 들어간다 나그네들이 검은 여인숙으
　　로 들어간다
나는 블라인드를 걷고 불 켜진 창을 본다
겨울의 흰 산과 산 사이로 눈을 감고
오래도록 걸으면
우리는 물을 볼 수 있으려니
눈물을 흘리지 않아도 고요에
이를 수 있으려니
오오,
벌판에서는 아직도 눈이 내리고 띄엄띄엄
버드나무들이 흔들리고 그림자 같은 것들이
급류를 이루면서 흘러가고 있다 어느 지방에서는
별들이 돋아오르는지 하늘이 높아가고 있다

「바람이 이는지」 전문

이 시는 최하림의 시적 사유방식을 극명하게 보여준다. 헤겔의 관념철학의 명제처럼 미네르바의 부엉이는 밤이 되면 날기 시작하듯이 움직임을 멈출 때 사유는 더욱 명징해진다. 시인은 그 움직임을 멈추기 위한 방편으로 '유리창'이라는 매개물을 설정한다. 이때 창 너머로 보이는 사물은 움직임을 멈추고 하나의 '풍경'이 되는 것이다. 시인과 시적 대상 사이에 거리작용으로서 소외가 만들어지면서 존재가 스스로의 관계를 드러내게 되는데, 이것은 시인이 자신의 존재를 객관화하기 위한 장치이다. 시인

에게 '유리창'은 사유의 명징성을 담보하기 위한 매개물인 셈이다. 여기에서 연유하여 그의 시 대부분은 시인이 유리창 안에서 밖을 내다보는 방식으로 '풍경화 그리기'를 하고 있는 것이다. 더욱이 밤의 어둠은 모든 움직임이 멈추고 오직 상상 속에서 명징한 시적 사유가 끝없이 이어질 수 있는 여건을 강화하면서 또한 존재의 함몰을 상징하는 '고요'를 드러내기 위한 장치이기도 하다. 그래서 시인은 밤(어둠)에는 "내 것이 아닌 추억들이 소리 지르며 일어선다"(「황혼 저편으로」)고 토로한다.

시인은 유리창을 경계로 방안에 있기 때문에 나무들이 한 방향으로 흔들리는 것을 보고 바람이 이는 것을 느낀다. 바람에 흔들리는 창문의 달그닥거리는 소리에 성에처럼 달라붙는 지난날의 '부질없는 시간들'을 기억하면서 사유가 시작된다. 새들이 날기를 멈추고 나그네들이 여인숙에 드는 어둠이 내리면 움직임이 끝나고 미네르바의 부엉이처럼 본격적인 시적 사유가 시작된다. 그것은 '블라인드를 걷고 불켜진 창' 밖을 보는 행위로서 가능하다. 시인은 눈을 감고 창문 너머 상상의 세계를 여행한다. 시적 사유의 매개체인 유리창 너머로 시인은 상상 속에서 '겨울의 흰 산과 산 사이로 눈을 감고 // 오래도록 걸으면' 눈뿐인 세상을 지나 생명수이면서 동시에 죽음을 상징하는 '물'을 만날 수 있을 것이고, 또한 '눈물을 흘리지 않아도 고요에 // 이를 수 있'을 것이라는 시적 인식에 다다르게 된다. 시인은 시적 사유를 통해 시간의 흐름과 자신의 늙음 그리고 죽음에 대한 강박관념에서 벗어나 자신이 자연의 한 부분처럼 느끼는 성숙한 시각을 갖기에 이른다.

어느 시학자는 사람들의 눈감는 행위를 "바깥을 내 안에 있게 하는 눈짓"이라 규정하고, "이 위대한 눈감음, 이것이 시이다"[6]라고 설파한 바 있다. 그렇다면 최하림의 시에서 저녁이나 밤에 유리창 너머의 풍경을 그리는 일은 '위대한 눈감음'이고, 이것은 바깥의 세계를 시인의 내면세계 안에 머물게 하는 장치인 것이다. 더 나아가면 이것은 세계를 '세계 내 존재'로서 시적 주체인 시인과 더는 맞서지 않게 하여 실존에의 욕망에 면죄부를 주게 하는 작용을 한다. 최하림 시에서 이 '위대한 눈감음'은 다양하게 실현된다. 대개는 유리창을 매개하여 이루어지지만, "저녁, // 나는 옷 벗고 살 벗고 생각들도 벗어버리고 // 찬 마루에 등을 대고 눕는"(「억새풀들이 그들의 소리로」) 행위로 이루어지기도 하고, '유리창'이라는 매개 없이 주객을 분리시켜 사물을 응시하는 행위를 통해서도 이루어진다. 이런 '눈감음' 속에서는 시인의 감각이 살아나 시간의 흐름을 귀로 듣고 눈으로 보기도 하며[7], 자연의 내밀한 소리를 듣는 예민한 청각이 생생

6) 김열규, 앞의 책, 79쪽.

7) "겨울과 우리 사이에는 적절한지 모르는 / 거리가 언제나 그만쯤 있고 그 거리에서는 / 그림자도 없이 시간들이 소리를 내며 / 물과 같이 하늘로 저렇듯 / 눈부시게 흘러간다"(「버들가지들이 얼어 은빛으로」) ; "퐁당퐁당 시간들이 떨어지고"(「저녁 예감」) ; "시간들이 비명을 / 지른다 시간들은 형체도 없이 / 비천하게 발꿈치를 들고, / 가랑이를 벌리고, / 유적지처럼 / 어두워가고 / 있다"(「겨울 내몽고 1」) ; "시간은 주춤주춤 고장난 시계처럼 / 흘러간다 나는 창문을 빠끔히 열고 / 시간의 자국들을 보고 있다"(「포플러들아 포플러들아」) ; "불분명한 시간들이 산허리를 타고 / 강둑을 버드나무숲 쪽으로 휘어져간다"(「雨水」) ; "소리와 시간들이 용수철처럼 튀어오른다"(「강이 흐르는 것만으로도」)

하게 살아나 '물천어들이 지느러미를 움직이는 소리'를 듣거나(「한밤중」) 봄이 와서 '쩡쩡쩡 해동 소리 산을 울리'고 '아직도 풀리지 않은 얼음이 바위 아래 남아 있고 흙을 파며 두더지들이 통로를 내는 소리'를 듣기도 한다(「봄길」). 예민한 감각으로 포착된 세계는 시인과 행복한 합일의 세계로 나아간다. 이것은 자기 존재에 대한 확신이며 그것에 대한 의미 부여이다.

그러나 시간의 흐름은 시적 사유를 통해 얻은 시인의 마음을 흔들고 만다. "시간의 그림자 같은 것이 언덕과 들길을 지나 // 파동을 일으키며 간다"(「다시 빈집」)는 인식에 이르면 시간은 '급류를 이루면서 흘러가고' 말 것이기 때문에 눈 내리는 들판의 버드나무들이 존재의 흔들림을 당하듯이 시인 역시 그 흔들림 속에서 실존의 유한성을 뼈저리게 통감하지 않을 수 없게 된다. 별이 돋아오는 하늘의 초월적 세계와 대비되는 자신의 유한적 삶을 담담하게 수용하는 시인의 태도가 비장하면서도 조금은 처연하게 느껴지는 것은 그 때문이다.

이러한 시적 인식의 저변에는 시인의 살아있음에 대한 자각과 운명에 대한 항변이 깔려 있다.

> 밤은 아직도 유리창 밖에 움직이지 않고 있습니다
> 밤이 깔아놓은 길 위로 시간들은 사라진 것들의
> 이름을 부르며 가고 있습니다
> 나는 배고프게 세계의 중심에 있습니다
> 나는 울고 있습니다
>
> 「겨울이면 배고픈 까마귀들이」 부분

시인은 밤에 끊임없이 자신의 지난 삶을 성찰하고 그 과정에서 '살고 아파하고 이동하는 것들에' 관심하면서 존재의 의지를 울음으로 보여준다. 까마귀나 참새가 울음 우는 것과 시인이 울음 우는 것은 동일한 것이며, 시인에게 울음은 말의 본질을 찾아 제자리에 놓는 일, 바로 시를 통해서만 스스로의 구원에 이를 수 있다는 시인의 실존적 절규에 해당한다. 그러므로 시는 시인의 지상적 삶의 존재 이유이기도 한다. 그러나 시인의 울음은 "아무리 잘 다듬어진 경이가 흐르고, 찬비가 내리고, 잡초들의 들숨 날숨이 있었다고 해도, 그 이상의 바람과, 그리고 그것도 멈춘 평화가 오래오래 있어야 한다"(「들판」, 『굴참나무숲에서 아이들이 온다』)는 깨달음에 이르고 나서야 가능했다. 그는 죽음과 같은 '고요'에 이르지 않고는 존재의 말을 찾을 수 없다는 것, 그 말은 풍경 속에서 겨우 가능하다는 것을 시적 형상으로 보여준다.

이 풍경을 만들어내는 또 다른 방법이 시간의 공간화이다. 「함티 가는 길」에서 보면, 시인은 함티에 와서 '지붕이 무너지고 벽이 내려앉고' '벌써 몇 년째 빈집'을 응시하는 과정에서 '위대한 눈감음'에 이르게 되는데, 그 집에서 살던 두 아이와 어머니가 영동에서 아이스크림을 먹고 있었던 찬란한 지난날이 '지금 여기'에 현재화되고 있다. 시적 주체는 시간이 '지금 여기'에서 거꾸로 흘러 옛날 함티에 이르는 과정을 감각적으로 응시한다. 이것은 '처연한 고요' 속에 그들과 시인이 함께 되살아나는 과정이다. 결국 과거를 '지금 여기'에 되살리는 작업이 시인의 시작인 셈이다. 이 시간의 공간화가 한발 더 나아가면 시인과 사물이 간주관적으로 상호작용하여 타자성을 확보하게 된다.

> 밤새 마당엔 눈이 내려
> 마당과 머위나무는 눈에
> 덮히고 마당과 머위나무는 지금
> 눈 속에 하얀 빛과 소리로
> 있다 하얀 시간으로 있다
> 오오, 나의 너인 의자여
> 빛이 어둠 속으로 함몰되어가듯이
> 나는 네 속에서 하얀, 어둠이
> 내리는 마당을 보고 있다
> 머위나무를 보고 있다
>
> 「의자」 부분

시인은 '유리창 앞에' 있는 의자에 앉아서 어둠이 내리는 마당을 보고 있다. 의자에 앉아서 마당의 머위나무를 보고 있을지라도 시적 화자인 '나'는 의자 속으로 들어가 의자와 하나가 되었기 때문에 그가 본 것은 관념에 의해 덧칠해진 인간적 시각이 아니라 자연물 그대로의 모습이다. 객관존재가 스스로 자신을 드러내면서 시인도 그런 자연물과 동일한 차원에서 그 옆에 나란히 놓이게 된다. 그것이 시인의 존재 증명이다.

3. 자연존재와 병치의 시작 : 오규원

최하림의 시가 풍경의 세계를 그리고 있다면 오규원의 시는 세계의 실체로서 '현상적 사실' 자체가 '문화라는 명목으로 덧칠해 놓은 지배적 관념'을 벗기고 '날것'으로 제시되는 정물의 세계이다. 오규원의 시는 "모든 존재는 현상으로 자신을 말한다"[8]는 명제를 실현시키려고 한다. 그는 모든 '존재의 언어'는 '현상'이라고 믿는다. 이런 시적 사유 속에는 사물의 세계가 전체와 부분 또는 상하의 수직 구조로 되어 있지 않고 개체와 집합 또는 상호 수평적 연관 관계의 구조로 되어 있다는 전제가 깔려 있다. 그에게 존재를 드러내는 시작은 인간의 이성이 만들어내는 부분과 전체의 유기적 구조가 아니라 '언어와 대상이, 너와 내가, 세계와 내가' 공존하는 상호 수평적 연관 관계의 구조를 드러내는 일이 된다.

오규원이 시의 세계를 현상적 사실과 언어가 상호 연관관계를 맺는 '개방적 구조'로 인식하고 있는 것은 이성중심주의를 거부하고 '몸의 복권'을 지향하는 체험주의(experientialism)적 사고를 시작의 원리로 삼고 있기 때문이다. 이 체험주의는 한마디로 '몸의 철학적 담론'이라고 할 수 있는데, 존재들 각각의 가치가 인정되는 수평적 연관과 상대적 가치를 인정하는 다원주의를 새로운 가능성으로 받아들인다. 따라서 절대적 진리는 '우리가 원하는 것'의 이름일 뿐이지 존재하는 것의 이름이 아니라는 것,

8) 오규원, 『길, 골목, 호텔 그리고 강물소리』(문학과지성사, 1995)의 自序.

도덕적 명제나 규범들도 자연적 삶으로부터 비롯되는 추상적 사고의 산물이며 우리의 도덕적 희망의 표현에 불과하다는 것, 가치있는 것은 이런 절대적 진리가 아니라 '~에게 있어서의 진리'라는 것을 보여주고자 한다. 이런 사유체계를 따르는 그의 시학은 "관념의 더께를 떨궈낸 말과 사물과의 행복한 조응을 기도하는 '날[生] 이미지의 현상학'이"[9]면서 하이데거의 시작 개념에 매우 가깝다.

존재 현상이 '날것'으로 제시되는 이러한 의미의 미결정성은 우선 시집 이름과 시의 제목에서부터 발견된다. '토마토는 붉다 아니 달콤하다'라는 문장에는 방금 말하거나 쓴 것을 고치는 일종의 수사학적 교정에 해당하는 환어법(煥語法)이 쓰이고 있다. 이 수사학적 교정은 대화 상대자인 독자를 시인의 사고 발생에 참여시켜 독자 스스로 의미를 생성해 가도록 만든다. 그리고 시의 제목도 대부분 둘 이상의 사물을 병치시키고 있다. '사방과 그림자', '식탁과 비비추', '토마토와 나이프', '하늘과 돌멩이', '밤과 별', '물물과 높이', '오후와 아이들' 등등이 그 예이다. 그 각각의 사물들이 위계를 갖는 유기적 구조가 아니라 평등하게 수평적으로 그저 그렇게 완전한 개체들로 있을 뿐이다. 어느 것은 중심이고 어느 것이 주변이라는 구별이 없이 다만 동등한 자격으로 병치되어 있다. 이것은 사상(事象)들이 서로 어울려 세계를 말하고 있다는 것을 보여주기 위한 존재 표현의 장치이다. 예를

9) 최현식, 「시선의 조응과 그 깊이, 그리고 '몸'의 개방성」, 『토마토는 붉다 아니 달콤하다』(문학과지성사, 1999), 79쪽.

들어 「염소와 뿔」의 경우, '염소의 뿔'이 아니라 '염소와 뿔'인 까닭은, 이 시가 꽃대를 밟고 가는 검은 염소 위로 봄눈이 내리는 흑백의 대비적 세계를 보여주고 있는데, 염소의 몸뚱이는 살아 있는 생명체를, 뿔은 철근과 같은 공사장의 건축자재들을 환기시키기 위한 장치이자 더 나아가서 모든 존재는 부분과 부분이 유기적이고 계기적으로 결합된 것이 아니라 상호 독립된 병렬적 개체라는 것을 말하기 위함이다. 따라서 의미도 고정된 것이 아니라 언제나 새롭게 채워질 수 있도록 열려 있다는 것이다.

7월 31일이 가고 다음날인
7월 32일이 왔다
7월 32일이 와서는 가지 않고
족두리꽃이 피고
그 다음날인 33일이 오고
와서는 가지 않고
두릅나무에 꽃이 피고
34일, 35일이 이어서 왔지만
사람의 집에는
머물 곳이 없었다
나는 7월 32일을 자귀나무 속에 묻었다
그 다음과 다음날을 등나무 밑에
배롱나무 꽃 속에
남천에
쪽박새 울음 속에 묻었다

「물물과 나」 전문

이 시는 오규원의 시적 인식을 분명하게 보여주는 시이다. 제목에서 보여준 바대로 존재들의 개체로서 물물과 시적 주체인 '나'는 대등한 수평적 관계에 놓여 있다. '나'가 물물과 맺는 관계는 '사람의 집'이라고 언급된 인간의 통념이나 관념을 벗어나 '날것'과 '날것'이 마주치는 무균질의 세계이다. 이런 세계는 인위적으로 구분하는 시간 속에서는 불가능하다.

인간의 관념에 따른 시간은 7월 32일이 있을 수 없다. 그러나 '날것'으로서 시간은 그것에 어떤 이름을 붙이든 그냥 지니기고 있다. 시간이란 처음도 없고 끝도 없는 연속체에 인간의 관념이 작용하여 일정하게 토막치고 잘라서 연월일시분초로 나누어놓은 것에 불과하다. 이런 관념의 틀 속에서는 '나'와 사물이 대등하게 놓일 수 없다. 통념이라고 해야 할 관습에 따라 '나'는 사물의 본질을 보지 못하고 그 껍데기만을 만나게 되고, '나'와 사물 사이에 주종관계가 형성된다. 본질과 대면하기 위해서는 그 관념의 탈을 벗고 '날것'으로 맞부딪쳐야 하는데, 이것을 어느 평론가는 '순환적 시간으로의 탈주'[10)]라는 그럴듯한 이름을 붙여 놓았다. 그러나 인간의 언어가 본질적으로는 인간 관념의 그릇인 것을 어이하랴.

시적 화자인 '나'가 '자귀나무'와 '등나무'와 '배롱나무' 그리고 '남천'과 '쪽박새 울음'을 알몸으로 만나는 것을 시인은 그것들 속에 '묻었다'고 진술한다. 이것은 자연의 사실들이 서로 어울려 세계를 드러내도록 하는 시적 표현이다. 시원적 의미의 시간 속

10) 위의 글, 88쪽.

에서 자연의 물물이 서로 어울려 세계를 말하고 있다는 것을 알고 느낄 때 "우리는 어떤 현상에서 눈에 보이는 사실보다 더 무겁고 충격적인 심리적 총량으로서의 사실감을 자기의 것으로 받아들이게 된다".[11] 따라서 우리는 위의 시에서 8월이 되어서 꽃이 피고 새들이 날아들었다는 관념적 계절을 만나는 것이 아니라 족두리꽃, 두릅나무, 자귀나무, 등나무, 배롱나무 등의 꽃이 피고 남천에 쪽박새가 우는 생생한 자연 가운데 시적 주체인 '나'가 자연의 한 부분으로 놓여 있음을 '충격적인 심리적 총량으로서의 사실감'으로 느끼게 되는 것이다.

이런 시적 태도는 인간중심적 사유방식이 아니라 탈이성중심적 사유방식에 가깝다. 다음 시는 객관적 사물로서 장미의 존재론적 사유가 시의 중심을 이룬다.

장미를 땅에 심었다
순간 장미를 가운데 두고
사방이 생겼다 그 사방으로 길이 오고
숨긴 물을 몸 밖으로 내놓은 흙 위로
물보다 진한 그들의 그림자가 덮쳤다
그림자는 그러나
길이 오는 사방을 지우지는 않았다

「사방과 그림자」, 전문

장미를 땅에 심는 주체는 시적 화자이다. 그러나 장미를 가운

---

11) 오규원, 『가슴이 붉은 딱새』(문학동네, 1996), 135쪽.

데 두고 사방이 생기고 또 그 사방으로 길이 온다고 느끼는 주체는 장미다. 그 장미의 진한 그림자가 덮친다고 해도 길이 오는 사방을 지우지는 않는다는 인식 역시 장미가 우주의 중심에 놓여 있는 존재자임을 보여주고 있다. 이처럼 우리는 사물의 시각이거나 제3의 시각을 오규원의 시에서 자주 접하게 된다. "콩새가 서로 다른 방향으로 먹이를 찾고 / 새들이 먹이를 삼킬 때마다 / 덤불 밖의 하늘이 꼬리 쪽으로 자주 기우는 날입니다"(「물물과 높이」)라는 진술 역시 시인의 시각이 아니라 먹이를 삼킨 새들이 기우뚱거려 꼬리 쪽으로 하늘이 기울게 느껴지는 새의 시각이다. 오규원의 시에서는 시적 주체가 자연 사물과 행복한 일치를 보인 '세계의 자아화'는 거의 드물고, 대신에 시인의 시각은 사라지고 그곳에 사물들의 시각에 의한 '존재의 언어'가 스스로 제자리를 찾아 앉아 있다.

이것은 사물의 자리바꿈으로 존재의 다층성과 복합성을 부각하려는 시인의 의도와 맞물려 있다. 예를 들면, "길 한켠 모래가 바위를 들어올려 / 자기 몸 위에 놓아두고 있다"(「하늘과 돌멩이」)는 진술은 일상의 관념으로는 거꾸로 뒤집힌 표현이다. 통념상 바위 밑에 모래가 깔려 있는 형국일 터인데, 시인은 그 통념을 뒤집고 모래가 바위를 들어올려 자기 몸 위에 놓아두고 있다고 인식한 것이다. 또 한 여자가 정원에서 흰나비 두 마리에 몰두해 있는 것을 시인은 "정원의 잔디는 두 마리 흰 나비와 / 그림자에 붙어 있는 한 여자를 / 묶어놓고 / 집 앞에서 반짝이고 있다"(「장미와 정원」)라고 표현한다. '정원의 잔디'라는 무

생물을 주어로 삼아 두 마리 흰나비와 한 여자의 실상을 눈에 잡힐 듯이 보여줄 수 있게 된 것이다. 이런 전복적 사고는 참신한 느낌을 주기도 하지만 지나칠 때는 자칫 가볍다는 느낌을 주기도 한다. 그러나 이 가벼움 속에서는 시인이 도달하고자 했던 정물 같은 풍경이 생생하게 살아나는 경우가 많다.

방가지똥을 지나면
괭이밥을 밟아야 하는

잠자리가 문득
새콩덩굴을 밟아야 하는

한 아이가 문득
멈추어야 하는 길입니다

「새콩덩굴과 아이」 부분

이 시는 오규원이 따라 배우려고 하는, '세계의 여여(如如)를 밝히는 존재의 시'로서 세잔느의 풍경화 「생트 빅트와르 산」보다 더 정물 같은 풍경이다. 시인은 메를로 퐁티가 "풍경은 내 속에서 자기 자신을 사유하고 있는 것이며, 그리고 내 자신은 풍경의 의식"[12]이라고 한 말에 크게 공감하고 자연의 한 부분을 '존재 그 자체'로 재현하려고 한다.[13] 한 아이가 엉겅퀴, 명아주, 수영, 여뀌, 뱀딸기, 메꽃, 매듭풀, 갈퀴덩굴, 새콩덩굴, 방가

12) 메를로 퐁티/오병남 역, 『현상학과 예술』(서광사, 1983), 199쪽.

13) 오규원, 『가슴이 붉은 딱새』, 163쪽 참조.

지똥, 괭이밥 등이 우거져 있는 들길을 가는데 잠자리가 새콩덩굴 위에 앉아 있고, 그 아이는 문득 그 잠자리를 잡기 위해 숨죽이며 길을 멈추는 상황을 한 폭의 풍경으로 그려내고 있다. 그 풍경 너머로 시인의 존재가 어렴풋하게 겹친다. 이것은 자연 존재가 '날것'으로 드러나는 것을 보여줄 뿐 인간적 삶에 대한 은유 구조로 읽히는 것을 원천적으로 봉쇄하려는 시적 전략의 일단이며, 여기에 오규원시의 묘미가 있다.

4. 지상적 삶의 가치와 자성 : 이형기와 이진명

최하림과 오규원이 풍경을 그리면서 매우 간접적으로 자기 존재를 드러내고 있다면, 이형기와 이진명은 시적 대상을 시인의 내면 세계에 끌어들여 주체와 객체의 상호작용을 형상적 성찰로 보여준다. 그래서 시적 주체는 전자들보다는 후자들이 시인을 더욱 더 많이 닮아 있다. 그 시집만을 읽고도 시인의 실재적 삶의 궤적을 어렴풋이 어림짐작을 할 수 있는 것은 그 때문이다.

이형기 시인은 시집 『절벽』(1998)에서 살아 있는 자가 누리는 삶의 특권으로 죽음을 노래한다. 그는 생물학적 인간의 죽음을 초월할 수 있는 것이 시라고 믿고 있다. 왜냐하면 시인은 '존재하지 않는 나무'도 그릴 수 있고, 더욱이 '자신의 죽음조차도 허구화할 수 있'으며, 이미 죽은 다음에도 우리의 '은밀한 시간 속에 살아 있'기 때문이다. 이런 깨달음은 이 시집 제5장에 '시를 위한 아포리즘'이라는 설명이 붙은 「불꽃 속의 싸락눈」 속에 고스란히 담겨 있다.[14] 그에 따르면 시인이란 '본향'을 찾아 떠도는 '정신적 방랑자'이자 가장 비능률적인 인간이면서 '언어의 일상적인 의미체계의 파괴자'이고, '근원적 생명력의 분출'인 그의 상상력은 세계를 해방시킨다는 것이다.

이 원로시인은 죽음과 대면하여 불멸을 꿈꾸고, 죽음을 통해 자기존재를 확인하려고 한다. 그의 시적 사유에 따르면 "존재를 존재이게 하는 근원적인 조건은 소멸이라는 존재의 결락"(「불꽃 속의 싸락눈」18.)이기 때문에 시란 없음을 통하여 있음을 확인하는 작업이 된다. 먼저 시인은 병마와 싸우면서 친구 박재삼 시인을 먼저 보내고 그를 애도하며(「이름 한번 물러보자 박재삼」), 사람이 죽는다고 하더라도 그 이튿날도 어김없이 해는 동쪽에서 떠서 서쪽으로 지고 '아무 일도 일어나지 않았다'(「아무 일도 일어나지 않았다」)는 사실에 경악한다. 이 죽음에 대한 강박관념이 현실에서 '절벽'을 느끼게 한다.

시인은 '거기 그렇게' '냉혹함으로' '완강하게 버텨 서 있는' 절벽에서 '존재의 결락'으로서의 죽음을 본 것이다. 「절벽」과 상호텍스트적으로 읽힐 수 있는 「저쪽 낭떠러지」는 죽음의 공포와 허무가 여과 없이 잘 드러난다. 시인이 오늘도 목발을 짚고 절뚝거리며 가고 있는 '이 길'은 필경 저쪽 낭떠러지에 이르고,

14) 이 5장 「불꽃 속의 싸락눈」을 재편집하고 여기에 문학 강의 4편을 덧보탠 것이 2000년 고려원에서 출간된 『존재하지 않는 나무』이다.

그 종점에 이르면 만사가 허망하게 끝나버린다는 것을 전율하도록 인식하고 있다.

> 그야 뭘 틀림없이 거꾸로 떨어지지 / 모든 기억의 등불 한꺼번에 / 캄캄하게 꺼져버리는 어둠 / 어둠의 공포 / 그리고 만사가 끝나버린다 허망하게 (「저쪽 낭떠러지」 3연)

그러나 시인이 데카르트의 명제를 패러디하여 "나는 멸망한다 / 그러므로 나는 존재한다"(「미래를 믿지 않는 바다」)고 애써 죽음을 초월하려고 하지만 죽음의 공포와 허무는 시인의 의식과 무의식의 사고를 지배한다. 의식의 세계 속에서는 죽음이 존재의 근원적인 조건임을 꿰뚫고 선선히 자연의 한 부분으로 되돌아가겠노라고 선언하듯이 언명한다.

> 비 오는 날이면
> 추적대는 빗줄기
> 휴우휴우 바람 부는 밤이면
> 불어대는 그 바람으로 날려서
>
> 공중에 무수하게 찍혀 있는
> 새의 발자국 그것이나 주어서
> 가는 길 하늘에 고수레하고
> 기꺼이 사라질 것이다
>
> 무엇이든 마지막엔 드러나는 바탕
> 아무것도 없음이여

억조(億兆)의 죽음을 삼키고도 예전 그대로
없음만이 찰랑대는 그곳 허무의 집으로
나는 선선히 돌아갈 것이다

「새 발자국 고수레」 부분

시인은 '공중에 무수하게 찍혀 있는 / 새의 발자국 그것이나 주어서 / 가는 길 하늘에 고수레하고' '원래의' 자리인 본향으로 사라지듯 선선히 돌아갈 것이기 때문에 묘비는 말할 것도 없고 무덤도 짓지 말라고 언명하고 있다. 의식의 세계에서는 그 슬픔의 뿌리가 늙음(죽음)에 있을지라도 늙음 자체의 슬픔을 과장하지 않고 직시하는 여유를 보이기도 하지만(「그래 그렇구나」) 무의식에서는 죽음의 공포를 절망적으로 체험한다.

깨어지고 나서야 없음으로 돌아가
제기랄 편히 쉬고 있는 것

이제야 그것이 보이지 않게
완성되어 있다

「완성」 부분

귀중한 '상감청자'든 하잘것없는 '국밥집 뚝배기'든 모든 그릇은 한번 아차 하는 순간에 깨지고, 깨지면 '복원할 수 없는' 것이 되고 만다. 삶과 죽음의 은유로 읽히는 이 시에서 깨어진 그 그릇은 원래의 본모습으로 돌아갔기 때문에 완성되었다는 논리를 펴고 있는바, 이것이 평소 시인의 생사관이다. 그러나 '제기

랄'이란 시어는 그런 '완성'이 달가운 것이 아님을 무의식은 보여준다. 최하림 시인이 '울음'으로 운명에 저항하듯이 그는 죽음이라고 해야할 그 '완성'을 무의식적으로 거부하고 있는 것이다. 원숙한 시인은 이런 "모순과 모순이 함께 하는 순리"(「모순」)를 자연 속에서 읽어내고자 노력하고 있다.

이형기 시인이 의지적으로 자기존재를 증명하고 있다면, 이진명 시인은 반성적으로 자기존재를 성찰하고 있다. 제2시집 『집에 돌아갈 날짜를 세어보다』에는 '치욕과 난장의 반생'(「참회」)을 넘어오는 과정이 선명하게 투사되어 있다. 거기에는 시적 주체로서 그녀가 고단한 삶을 꾸려갈지라도 그 속에서 타자성을 체험하는 성숙함이 있다. 그는 지금 자신의 생의 한 귀퉁이가 크게 베어 먹혀버렸다는 것을 알았을 때 그만큼 맛있었기 때문에 베어 먹힌 것이라고 자기합리화하거나(「학교 적 미술시간에」), 여중고 동창생에게서 '밑에서부터 올라오는 그 묵직한 느낌'인 인정의 그리움을 체험하거나(「괜히 김치를 놓고」), 아궁이 없는 방(「방」)이나 습기 찬 지하방에 세 들어 사는 일(「물먹는 하마」) 등에서도 주어진 환경을 원망하거나 저주하지 않고 그것 자체를 삶의 일부로 받아들인다. 시 속에서 모든 사상(事象)은 시인과 어떤 모습으로든 화해를 한다.

이런 화해는 시인이 낮아질 수 있는 데까지 낮아졌기 때문에 가능하다. 철저하게 감정을 숨기고 존재의 비극을 그리고 있는 「배추 파는 여자」와 「나는 내 미래를 알아보았다」를 상호텍스트적으로 읽으면, 시장통 입구에서 배추를 팔고 있는 그 뚱뚱한 여자, '광에서 내다가 바깥에 꿍쳐논 오랜 부대자루처럼' 그냥 그렇게 있는 여자와 시인이 동일시되면서 시인은 그녀에게서 자신의 미래와 아름다움을 동시에 보게 된다. 시인이 기층민중들에게 보내는 따뜻한 애정도 이에 다름이 아니다. 이런 시적 사고는 독자들에게 "무엇을 속에 계속 넣고 있지 말고 비우기를 / 자리를 고집하지 말고 구멍 숭숭한 허한 곳으로 나가앉기를"(「쉰 냄새」) 충고하면서 자기다짐을 하는 곳에서 극명하게 읽힌다.

자빠진 빗자루를 바로 세우니
마당이 쓸고 싶어졌습니다
마당을 쓸고 나니
물을 뿌리고 싶어졌습니다
물을 뿌리고 나니
마루턱에 낮아 슬리퍼 바닥에 박힌 돌을 빼내도 좋았습니다

그렇게 제 곳이 아닌 곳에 자빠져 있는 마음을 일으키면
바로 세우면

그러나 마음 이미 너무 비뚤어져 화만 낼지도
싸움꾼처럼 덤비기만 할지도

「짧은 얘기」 전문

"도회지의 밤골목마다에서 취해 휘청거리"고 "비명과 은밀한 불빛과 기름진 냄새의 유혹"에서 자유롭지 못했던 지난날을 "온몸에 두른 털가죽옷이 헐렁해지도록 앓"으면서 참회하고, 승

리와 열광 그리고 열정이 "불안과 공포와 탐욕의 다른 이름"이라는 깨달음에 이를 때(「참회」) 시인은 마음을 바로 세우는 일이 가능해진다. 물론 자신의 삶이 버거워 마음이 너무 비뚤어졌을지라도 그 마음을 바로 세우려고 한다. 사람들은 세상의 관습적 소망에 따라 '제대로 살아야' 한다는 강박관념에 짓눌려 살고 있지만(「접시를 선물 받고」) 시인은 세상이 말하는 관념과 제도로서는 제대로 살 수 없을 것이라고 판단한다. 따라서 시인의 내면세계에서는 정녀가 되어 숭고하게 살고자 하는 욕망과 세속으로 돌아가 제대로 살고자 하는 욕망이 갈등하고, 그 속에서 초월적 세계를 동경하게 된다.(「나도 田作 나가고 싶어요」) 그 초월적 세계는 시인이 온몸으로 헌신하는 죽음의 공간이다.

> 난 나중에 담장가에 쓰러져 목숨 벗으면
> 누가 나를 주워올려 이 헌식대 위에 올려놓아주었으면
> 여기 사람들이 그랬던 것처럼 한술의 밥처럼
> 떠도는 배고픈 바람들에게 적은 요기라고 되게 해주었으면
> 그럼 하늘을 나는 내 친구들
> 그 친구들의 친구들까지
> 다들 제 몸 속에 나를 나누어 싣고
> 전나무 꼭대기 오색 빛살 속으로 쏜살같이……
> 나, 쥐, 헌식대에 앉아
> 오직 소망은
> 그렇게 내 몸이 바쳐지는 것뿐이니
> 긴 암흑의 꼬리 해 아래 누이는 것뿐이니
>
> 「참회」의 끝 부분

시적 주체는 남에게 봉사하는 삶을 살고자 하나 현실 속에서는 불가능하기 때문에 죽어서라도 자연을 위해 바쳐지기를 바란다. 자신의 현세적 삶이 '속까지 시커멓던 쥐'와 다르지 않다는 처절한 참회가 이루어질 때 이 같은 시적 사유는 가능해진다. 그렇다고 해서 죽음의 허무를 예찬하고 있는 것은 결코 아니다. '삶이라는 거대한 학교'에서 '집에 돌아갈 날짜를 세어본다는 일은 부질없다'는 것도 잘 알고 있다. 집은 곧 죽음인데, '이제는 얼마든지 쉬고 잘 수 있는 기쁨과 평안을 안고' 있는 '집이 나를 꼭 부를 것'이기 때문에 서둘러 가는 날짜를 세기보다는 '올올한 공부'를 하는 것이 더 중요하다는 삶에의 성찰이다. 앞으로 이진명 시인의 시를 읽는 재미는 그 '올올한 공부'가 어떤 모습으로 드러날 것인가를 살피는 일이 될 것이다.

5. 존재와 생태학적 상상력

이상에서 우리는 직접적으로든 간접적으로든 존재를 드러내는 방식의 구체적인 실상을 살펴보았다. 시란 본디 주체의 체험형식과 객체의 존재형식이 '지금 여기'의 '순간의 상황성'으로 융합하기 때문에 이 둘 사이에는 더 이상 맞섬이나 다툼이 있을 수 없다. 그 다양한 시들은 이 체험형식과 존재형식이라는 양극단의 스펙트럼 사이에 일정하게 자리하고 있다. 이때 주체와 객체 사이에는 일정한 거리가 존재할 수 있고 사유방식도 다르다.

인식주체와 인식대상을 동등한 하나의 주체로 상정한다면 존재형식에 가까워지고, 인식주체가 인식대상을 종속적 관계 속에서 이해한다면 체험형식에 가까워진다. 동화와 투사의 원리를 신봉하고 등가의 원리를 선택의 축에서 결합의 축으로 투사하는 전통 서정시의 세계가 체험형식을 중시하였다면, 이성중심주의적 사유의 폭력성을 해체하려는 오늘날의 시는 존재형식을 선호하는 경향이 있다.

이형기의 시가 체험형식 쪽에 가깝다면 오규원의 시는 존재형식에 가깝고 그 사이에 이진명과 최하림의 시가 놓인다. 최하림과 이진명의 시가 이형기나 오규원의 시보다 울림의 폭이 깊은 이유도 여기에 있다. 인간과 세계가 하나의 '상황적 존재' 속에서 균형을 이루는 것이 후자보다는 전자 쪽에서 잘 이루어지기 때문이다. 아무래도 이형기시는 인간 쪽에, 오규원시는 세계 쪽에 무게 중심이 놓이고, 최하림과 이진명의 경우는 인간과 세계가 '세계 내 존재'로서 시인 안에 화해하면서 공존한다. 그러나 이런 울림의 폭이 깊다고 해서 시적 사유의 깊이와 형상성이 뛰어나다고 할 수는 없다. 그것은 다른 차원의 문제이다. 존재의 내면을 오래도록 깊이 있게 들여다 볼 수 있는 사람만이 자아성찰에 이를 수 있고, 그것에 '존재의 언어'가 닿을 때 시적 형상성을 얻기 때문이다.

문화진화론적 입장에서 보았을 때 시는 체험형식에서 존재형식으로 움직이고 있다. 지상의 모든 생명체가 공존하려면 인간중심적이거나 이성중심적인 사고의 폭력성에서 벗어날 필요가 있기 때문이다. 인간과 세계가 하나의 '상황적 존재'임을 절실하게 깨닫고 서로가 동등한 자격으로 만날 때 생태계의 진정한 민주화가 가능해진다. 오늘날 생존의 전략적 사고로 각광받고 있는 생태학적 상상력이라는 것도 인간과 세계를 하나의 '상황적 존재' 속에 있게 할 문제를 해결하려는 것에 지나지 않으며, 시적 인간과 생태적 인간을 강조한 소이도 여기에 있다.

Chapter 13

1980년대 시인들의 정신적 살림살이

20세기 불세출의 문예미학자 루카치는 소설 구성의 아이러니 형식을 설명하면서 <길은 시작되었는데도 여행은 끝났다.>고 설파한 바 있다. 자본주의적 삶의 양식이 분업과 개별화를 지향하면서 우리는 합리적 개인주의라는 달콤한 수확을 얻었으나 인간소외와 아노미 현상이라는 대가를 치르고 있는 것이다. 개인주의의 경쟁 관계는 '너'와 '나'의 이익이 공존하는 것을 어렵게 하였고, 자율이라는 이름 아래 능력별로 줄을 세우는 일이 일반화되면서 인간의 정신 영역까지도 돈으로 바꿔지는 '타락한 세계'가 되었다. 이 물화(物化)된 세계에서는 그리스나 요순(堯舜) 시대와 같은 전체성 상실이 가속화되면서 가정이 해체되고, 범죄가 급증하며, 마약이 범람하고, 성 윤리가 문란해지며, 정치에 대한 냉소주의가 확산될 수밖에 없다.

일찍이 이러한 인간소외와 아노미 현상을 간파한 루카치는 전체성이 분열된 자본주의의 '산문적 세계'에서 '인류의 유년시절'이자 인간 이성의 유토피아인 그리스의 '시적 세계'를 갈망한 것이다. 그러나 잃어버린 전체성을 복원하려는 우리들의 노력은 아무리 이율배반적이고 아이러니컬할지라도 지금 계속되고 있고 앞으로도 계속되어야 할 것이다. 우리 앞에 길은 무한히 다양하게 열려 있지만 시인은 그 어떤 길에서도 인간 정신의 해방과 이상 세계를 꿈꾸지 않을 수 없다. '여행'의 목적지는 '시적 세계'로 완결되어 있고, 다만 그곳에 이르기 위한 길들이 다양하게 펼쳐져 있는 것이다. 1980년대 이 땅의 시인들도 모두 그 길 위에 서 있다.

1980년대 시인들은 5월 광주의 문제에서 자유롭지 못하다. 어찌됐든 5월 광주는 우리 역사를 새롭게 다시쓰기를 강요하고 있기 때문이다. 오늘날 5월의 상처는 자유와 화해를 잉태하면서 새살이 차오르는 과정에 있지만, 예민한 촉수를 지니고 있는 시인들에게 5·18은 아직도 건너야 할 심연이다. 그 5월의 싱그러움이 앞으로 한 세대 이상의 정신적 지주가 되어 우리 문학을 포함한 인문학의 이념이 될지라도 그들에게는 아직도 늪으로 작용하고 있다. 마치 동학혁명과 3·1운동과 4·19가 그렇듯이 5·18은 이 시대의 에피스테메(epistéme)를 형성하는 데 크게 작용했다고 하더라도 80년대 시인들에게는 그 속에 매몰되지 않으려고 부단히 노력하지 않으면 안 되는 이유가 여기에 있다. 그래서 시인은 중심을 잡아야 하고, 나아가서 스스로의 정신세계를 믿어야 했다.

강은 넉넉하게
흘러가고 있었다네
가뭄에 말라붙은
척박한 가슴에는
흘러도
떠내려 갈 수 없는
몇 개의 돌쯤은 있는 거다.

– 지성찬의 「흘러가다 보면」 전문

아무리 이 시대가 척박하게 메말라 있을 지라도 시인의 가슴에는 "흘러도 / 떠내려 갈 수 없는 / 몇 개의 돌쯤은" 정신적 살림살이의 버팀돌로 남아 있는, 남아 있어야 하는 것이다. 누구에게나, 그것이 무엇이었든지 하나의 정신적 지주가 없다면 중심 없는 오늘의 허방한 삶을 꾸려갈 수 없을 것임은 자명하다. 일상인에게는 그것이 돈이 될 수도 있고, 수호신이나 부적이 될 수도 있고, 종교적 신념의 체계일 수도 있으며, 오감으로 느끼는 감각을 절대화시키는 자기만족일 수도 있다. 그러나 80년대 시인들은 일상에 뿌리를 두고 살면서도 일정하게 거리를 유지하여 탈속한 정신적 살림살이를 마련하고 있다. 그들은 이 정신적 살림살이로서의 버팀돌로 하여금 다양한 길을 마련하게 하고 그 길속에서 독특한 시 세계를 구체화하고 있는 것이다. 이 버팀돌들의 실체가 무엇인가를 구체적으로 밝히는 일이 80년대 시인들의 시세계를 규명하는 일이 될 것이다.

80년대 시인들의 가슴에 남아 있는 가장 큰 버팀돌은 사랑이다. 사랑의 버팀돌은 자식과 이웃에 대한 사랑으로, 때로는 부조리한 현실과 제도에 대한 분노로 나타난다. 사랑은 영원한 예술의 주제 아닌가? 인간이 개똥밭에 굴러도 인간에 대한 신뢰와 사랑을 게 눈 만큼이라도 믿기 때문에, 주체하기도 어려운 가죽부대를 이끌고 허위허위 저 고개를 넘어갈 수 있지 않겠는가? 그 사랑 중에서도 어머니의 사랑은 가장 소중한 알곡이 아닐까? 인간 존재의 근원에 대한 자기 확신을 줄 수 있다는 점에서.

아홉배미 길 질컥질컥해서
오늘도 삭신이 꾹꾹 쑤신다.

아가 서울 가는 인편에 쌀 쪼깐 부친다 비민하것냐만 그래도 잘
챙겨묵거라 아이엠 에픈가 뭔가가 징허긴 징헌갑다 느그 오래비도
존화로만 기별 딸랑하고 지난 설에도 안와브렀다 애비가 알믄 배락을
칠 것인디 그 냥반 까무잡잡하던 낯짝도 인자는 가뭇가뭇하다 나도 얼릉
따라 나서야 것는디 모진 것이 목숨이라 이도저도 못하고 그러냐 안.
쑥 한 바구리 캐와 따듬다 말고 쏘주 한 잔 혔다 지랄 놈의 농사는 지먼
뭣 하냐 그래도 자석들한테 팥이란 돈부, 깨, 콩, 고추 보내는
재미였는디 너할코 종신서원이라니 …… 그것은 하느님하고 갤혼하는
것이라는디 …… 더 살기 팍팍해서 어째야 쓸란가 모르것다 너는 이
에미더러 보고 자퍼도
꾹 전디라고 했는디 달구똥마냥 니 생각 끈하다

복사꽃 저리 환하게 핀 것이
혼자 볼랑께 영 아깝다야

– 이지엽의 「해남에서 온 편지」 전문

이지엽의 시에서 우리는 어머니의 뻐근한 사랑을 느끼고 전율하게 된다. "아흡배미 길 질컥질컥해서 / 오늘도 삭신이 꾹꾹 쑤"시는 고단한 삶 속에서도, 어머니는 수녀가 된 딸에게 더 이상 나누어 줄 것이 없게 된 상황을 애달파 하면서, 흐드러지게 핀 복사꽃이라도 함께 완상하기를 바라는 마음을 진도 무당의 씻김굿 사설처럼 읊조리고 있다. 나누어주고 싶은 마음 간절하여, 자신의 처지보다 딸의 앞날을 걱정하면서 염려하는 어머니의 마음이 출렁거린다. 이런 사랑을 버팀돌로 만들어두고 있는 시인이라야 허무와 절망까지도 끌어안을 수 있는 것이다. 그래서 어느 시인은 남해(南海) 바다가 "속살 깊이 사랑을 심고 / 수평으로 멀리 나가 / 햇살로 꺾어져 들며 / 無明으로 보챈다"(강영환의 「南海」)는 사실을 알아차리기도 하고, "빈 들이 껴안고 있는 / 상채기와 / 새의 평화(平和)"(김일연의 「빈 들의 집」)를 보아내기도 하며, 한밤에 내리는 흰눈이 "누군가 간절한 절망으로 / 부딪히는 영혼들"과 연상 작용하면서 흰눈 내리는 것이 마치 "눈부신 순백의 / 화해로 다가오는 것"(전원범의 「雪夜」)으로 느끼고, 때로는 "이 가을 / 푸른 胎敎로 산국화 피고 있다"(김경자의 「五歲庵의 바람 - 萬海韻」)고 여긴다. 이 시인들은 자연의 사물을 자신의 내면으로 끌어들여 사랑으로 동화시키거나 자연 사물에 감정을 이입시켜 자신의 사랑을 투사하는 행복한 낭만주의자들이다.

시인의 가슴 저 밑바닥에 있는 이 사랑의 버팀돌은 생태학적 상상력을 불러일으켜 자연과 인간이 조화롭게 공존하려는 모습으로 나타나기도 한다. 그 모습은 "대나무 숲을 만나 함께 속을 비"(이승은의 「赤壁에서」)우는 도 닦는 일이기도 하고, 때로는 자연이 마치 어머니의 품과도 같아서 그곳으로 찾아들기도 한다.

> 효석이 밟던 길을 따라 미운 정 남기고 나는 간다.
> 메밀꽃 흐드러지게 피어버린 산허리 지나 괴로움의 다발 구름처럼 펼쳐진 이 밤을 지나 내 귀에 사운거리는 가을의 밀어 경전으로 들으며,
> 하얀 꽃 새하얀 들판의 넓은 가슴에 안기러 간다.
>
> ― 오종문의 「봉평, 메밀꽃 필 무렵」 일부

자연과 인간이 조화롭게 공존하는 것을 부당하게 위협할 때는 "한 몸의 강과 사람을 차갑게 나눈 누군가를" "강은 일어서고 싶었다 단 한 번 꿈틀거림으로 다스리고 싶"(정일근의 「겨울 東江에서」)은 것이다. 일어서서 꿈틀거림으로 생태 파괴자를 정죄하려는 시인의 의도가 동강에 투사된 것이다.

이러한 사랑의 변이형들은 이웃에 대한 따뜻한 애정이나 부조리한 현실과 제도에 대한 분노와 저항으로 나타난다. 어느 시인은 "낡은 재봉틀에 허기진 가계를 얹고 / 또 하루 순명의 시간을 박음질로 달"(이승은의 「최씨의 하루」)래는 늙은 재봉사를 그윽하게 바라보기도 하고, 일상에 지치고 행동하지 못하는 우리 모두에게 "원한다면 주저앉아도 좋다 짓눌려온 자의 슬픔이 달라붙어 있는 아스팔트의 얼굴을 들여다보아도 좋다 길바닥이, 길바닥에 내려온 하늘이 되어도 좋다 너의 그리움이었던 무엇

이 되어도 좋다 앞뒤로 늘어선 차를 똥배를 뭉개버리고 경마말 왕발산보다, 풍운아보다 더 빨리 / 뛰어 봐 달려 봐 날아 봐 무너지도록 바람이 되어 웃어 봐 소나기로 실컷 울어 봐 울어 그 울음을 지워 봐 너를 지워 봐”(김일연의 「해산!」) 라고 절규하기도 한다. 부당한 현실의 억압에 우리 모두는 '멍청한' '멀대들'일 수밖에 없는 무력감과 공허함이 배어난다.

이 행동성 결핍에 대한 자조는 5월 광주를 치르고 난 80년대 시인들의 부채의식에서 나온 것이기도 하다. 그래서 귀 밝은 시인은 “돌아올 수 없는 사람을 생각”하면서 “그대 가슴과 내 가슴으로 / 흐르는 미리내 한자락 / 오랜 날을 뒤척이며 / 속울음 우는 강”(전원범의 「강물소리」)물 소리를 듣는다. 5월은 사람과 사람 사이에 흐르는 “속울음 우는 강”을 남겼다. 이 강이 사랑으로 승화되는 곳에서 진달래는 피어난다.

누구나 갖고 싶은 별 하나 품고 산다
비바람 눈보라에 징을 맞은 나무야
계사년 푸른 침묵을 깨뜨리며 나른다.

거창 산청 골바람
피빛으로 몰리고
지리산 진달래가
한빛으로 타오를 때
어둠의 뿌리 들추고
떠오르는 아침해.

하늘 보고 땅 보고 사는 것이 죄가 되어
무더기로 죽어간 억울한 혼령들이
비로소 눈 뜨는 역사
하얀뼈가 붉게 탄다.

– 윤정란의 「지리산 진달래」 전문

시인은 진달래 피는 것을 계사년(1953년) 이념의 소용돌이 속에서 “하늘 보고 땅 보고 사는 것이 죄가 되어 / 무더기로 죽어간 억울한 혼령들이 / 비로소 눈 뜨는” 것으로 인식한다. 민중들에 대한 애정은 그들이 역사의 주체로 거듭나야 한다는 것을 전제로 한다. 이것은 5월 광주가 남긴 값진 유산이다. 여기에서 시인의 개인적 정서는 운명 공동체와 민중에 대한 집단적 정서를 머금게 되는 것이다. 우리에게도 “작지만 소리지를 기력이 있었지. 우리 / 오염과 순수 사이를 뚜렷이 언쟁하며 / 아, 정말 목울대 곧추세우며 / 살던 때가 있었”(조근호의 「소리, 그리고 默音」)다. 80년 이후 정치 경제 사회 문화 예술 모든 분야에서 정의를 말하고 민주화를 외치면서 언쟁하고 행동했다. 그러나 좌파의 종주국인 동구권이 몰락하고, 정치의 합종연횡이 반복되면서 정치적 냉소주의가 팽배하고, 마치 우리 사회가 복지사회가 실현된 것 마냥 포스트모더니즘의 가짜 논리가 횡행하면서 바람부는 날이면 압구정동으로 몰려가서 비상구 없는 욕망을 발산하고, 찌든 생활 속에 감각적 일탈을 꿈꾸는 묵음(默音)의 시대에 우리는 살고 있다. 이런 불확실한 시대를 살면서도 우리는 맺힌 것을 풀어갈 수밖에 없는 것이다.

직립의 유품들이 만장(輓章)을 펄럭여도
혼절한 햇살 앞에 환생의 꿈을 꾸는
어쨌든 결빙을 풀자
우리들의 세대여.

– 조근호의 「소리, 그리고 默音」 일부

척박한 현실에서 "꿈의 다리 / 걸고 있는"(정공량의 「꿈의 공터」) 시인들은 너무도 소박하게 "실없이 아무 때나 품어 보는 욕심으로"(강세화의 「그 곳에 가고 싶다」) '그 곳'을 가고 싶어 한다. '그 곳'은 "사람이 제대로 숨쉬는 곳"이고, "마음 편한 사람들끼리 따뜻이 쳐다보고 / 깔보고 업신여기는 그런 일은 없는 곳"이며, "아무도 잘난 척 안하"고 "반가운 마음을 저울질하지 않고 / 대놓고 부당한 뜻으로 층하두지 않는 곳"이며, "설움도 울화도 무시로 허망하지도 않고 / 공들인 만치는 보람도 보태면서 / 죄 없이 안숨어도 되는 그런 곳"이다. 이 같은 좋은 세상에 대한 열망은 우리의 삶의 조건과 현실이 매우 바람직하지 않다는 것을 강변하고 있는 것이다. 뒤집어 놓고 보면 오늘 우리의 현실은 제대로 숨도 쉬기 어렵고, 서로 질시하고 업신여기고, 잘난 척하고, 매사를 저울질하며, 모든 것에 층하가 있고, 죄 없이 숨어야 되고, 공들인 만큼 보람이 없는, 정의가 죽은 사회라는 것과 다르지 않다. 이런 부정적 현실을 극복하는 방법은 정신적 살림살이의 버팀돌로서 사랑을 키워 가는 길이다.

그래서 80년대 시인은 "눈물이 / 절망이 없는 곳 / 그곳은 이미 죽은 곳"(황인원의 「그곳」)으로 인식하여 삶의 고뇌와 치열함 속에서 사랑을 키워가고 있는 것이다.

그 어떤 길에도 나, 깃들이지 못하여
길들이는 길의 손을 선뜻 잡지 아니해
길 밖을 오래 걸었네
털만 잔뜩 세운 채

무한질주 대로에서 살내 나는 골목으로
결국은 집으로 수긋 드는 길을 보면
그 끝의 여윈 등불이 신생의 꽃인 것을

그 꽃에 깃들이면 꿀 같은 잠을 먹고
굽었던 하루의 목도 한껏 피는 것을
일용할 희망의 곳간 거느릴 줄을 잊고

겨운 사랑 하나 내려놓지 아니해
밟고 가라 꽃잎처럼, 저물도록 눕지 못해
집 밖에 여직 서 있네
옛길이 매우 치네

– 정수자의 「길 밖을 오래 걷다」 전문

시인은 사랑을 가슴에 품기 위하여 제도적 현실에 갈등하면서 고뇌하는 모습을 보인다. 그는 세상의 욕망의 길로 길들이는 손을 뿌리치고, 경계하는 짐승처럼 "털만 잔뜩 세운 채" "길 밖을"을 서성이고 있다. 세상의 길에 길들지 않으려는 시인의 자세는 아웃사이더의 대책 없음이 아니라 의지적 선택이다. 대로와 골목, 그리고 집으로 이어지는 길은 관습과 제도의 길이다. 시인도 그 길을 따라 "신생의 꽃"이 벙그는 가정에 이르면 꿀 같은 잠을 잘 수도 있고, 그곳이 하루의 노고를 보상받을 수 있는 "일용할 희망의 곳간"임을 알고 있다. 그러나 시인은 "겨운 사랑 하나 내려놓지 아니해" 저물도록 눕지 못하고 "집 밖에 여직 서 있"는 것이다. 시인은, 그 사랑의 실체가 무엇이었든지, 사랑을 내려놓지 못하는 것이 아니라 「내려놓지 아니하는」 것이다. 여기서 우리는 시인의 수제석 의시를 읽을 수 있다.

이상에서 살펴본 정신적 살림살이로서의 버팀돌인 80년대 시인들의 사랑은 인간 자체에 대한 애정인데, 이 애정의 밑바닥에는 유년시절 체험했던 가난과 허기가 애끈하게 깔려 있다. 이 가난과 허기에 대한 체험은 그들의 사랑을 더욱 건강하게 한다.

수근의 절구통은 반쯤 기울어져서
둥글대로 둥근 虛飢 가득히 채우고 있다
누군가, 설움의 모양을 이리 빚어 놓은 이는

— 이정환의 「圓에 관하여 – 3. 절구통」

방금 나온 따뜻한 달걀을 만지노라면
논 다랑이 휘어진 길들과 보름달
둥글어 더 내줄 것 없는
가난들이 보인다.

— 이지엽의 「線에 관한 명상」 일부

바라만 보아도 허기부터 지는 곳

독새풀 쫙 깔린 봉답이며 개울가
수상한 바람이 엿보는 맹물 같은 산마을.

– 윤정란의 「산마을 달빛을 추스르다」 일부

경제적 풍요로움 속에 살고 있는 오늘의 시인에게도 절구통 모양이 허기(虛飢)로 가득 찬 "설움의 모양"으로 인식되고, 절구의 둥근 모양은 비어 있음을 연상시키면서 절제된 배고픔의 정서를 만들어 내고 있다. 또 시인은 "방금 나온 따뜻한 달걀을 만지"면서도 "논다랑이 휘어진 길들과 보름달"을 연상하고, 그 속에서 가난을 보는 것이다. 어린 그 시절 달걀은 어찌 그리도 귀했던지. 잡초(독새풀)만 무성한 봉답과 맹물같은 산마을을 바라만 보아도 허기부터 지는 시인의 정신세계는 체험의 세계이기도 하다. 이런 유년 시절의 체험은 물질문명의 향락에 쉽게 무너지지 않고 정신적 살림살이를 더욱 풍요롭게 하는 데 크게 기여한다. 대부분의 성인들은 이런 가난을 체험했을 것이나 지금은 장롱 깊숙이 숨겨둔 돈궤 밑바닥에 그 아픔의 흔적들을 유폐시켜 두고 있다. 시인들은 그 아픔의 흔적들을 장롱 깊숙한 곳에서 꺼내 우리로 하여금 되새김질하게 만드는 것이다. 그래서 우리에게 자신의 정체성을 확인할 수 있는 계기가 부여되는 것이다.

이제는 이 글을 마무리할 때가 가까워 진 것 같다. 그렇다면 80년대 시인들은 우리에게 '사랑'타령만을 하고 있는 것인가? 물론 그렇지 않다. 그 나름대로의 다양성이 존재한다. 다만 사랑이 우위를 차지하는 것은 80년대 이후의 정치적 격변기를 버겁게 견디어야 했던 우리네 살림살이에서 무엇보다 중요한 것은 사랑이었기 때문이리라. 덧붙여 장르적 특성상 시조는 성리학적 이념이나 선비적 강단성을 보여주기에 적절하다면 이성을 통한 절제된 아름다움의 주제는 사랑이어야 했을 것이다.

그러나 인간의 삶은 아무리 좋은 것이라고 하더라도 획일화되어서는 아니 되고, 획일화될 수도 없는 것이다. 양과 질에서 정도의 차이를 인정하고, 삶의 방법이나 태도 또는 그 양태가 "달라서 서로 달라서 그들 함께 아름답다"(문무학의 「달과 늪 - 우포에서」)고 하는 다원주의를 실현하는 것이 바람직할 것이다. 그래서 깨어 있는 시인은, "사람은 몸 가운데라도 창을 내기 마련"이듯, 제 각각 제 길을 만들어 가는 것임을 보여주면서 다음과 같이 조심스럽게 권고하고 있는 것이다.

> 바다가 꼭 목적이 아니라면 바다는
> 어디에도 있고 또 아무데도 없으리니
> 꽃핀 길 한때의 나무 밑에 잠시 짐을 내려두자
>
> – 이지엽 「하동 가는 길」 일부

"내 그대 찾아가는 길 애초부터 없었을 거라고" 생각한 시인은 그대에게 가는 길을 만들어 가야한다. '어디에도 있고 아무데도 없다'는 역설은 불교의 선적 깨달음의 세계이고, 넉넉한 장자적 사유이기도 하다. 그가 가는 길에 꽃이라도 피면 짐을 내려놓고 꽃을 "바라보는 것만으로도 눈부신 사랑은 남아" 그대를 만나니 그대는 여기에 있으면서도 없다. 이런 세계는 경쟁과 줄서기에서 얼마나 멀리 벗어나 있는 정신적 공간인가? 우리가 시를 읽는 재미는 이런 정신적 여유를 느끼고 자기 인식에 도달할 수 있기 때문에 오기도 하지만 때로는 아래 시와 같이 언어 자체에서 오는 아름다움과 사적 공간에서 보이는 인간 정신의 섬세함에서 오기도 한다.

만약 네가 풀이 아니고 새라면
네 가는 울음소리는 분명 비비추 비비추
그렇게 울고 말 거다 비비추 비비추.

그러나 너는 울 수 없어서 울 수가 없어서
꽃대궁 길게 뽑아 연보랏빛 종을 달고
비비추 그 소리로 한번 떨고 싶은 게다 비비추.

그래 네가 비비추 비비추 그렇게 떨면서
눈물나게 연한 보랏빛 그 종을 흔들면
잊었던 얼굴 하나가 눈 비비며 다가선다.

– 문무학의 「비비추에 관한 연상」 전문

아직 잠들지 않는 窓
비비새.
비비새가 운다

눈빛으로도 알 수 없는
우리들의 거리처럼

가녀린
선 끝에 서서
수화기는 목이 쉰다.

마른 풀숲더미에
쥐불만한
불씨가 일며

창백했던 기억들이
四角 공간에 너울대고

밤새 쓴
그 긴 편지가
금속 울음에 젖는다.

— 신군자의 「가을 밤 전화벨 소리는」 전문

앞의 시에서는 우리말의 아름다움이 시어의 선택과 배열에서 오는 음악성으로 실현된다. 비비추가 백합과의 다년생 산초라고 하지만 그것이 무엇인지 모른다 할지라도 "비비추 비비추"로 인하여 "눈 비비며" 다가서는 잊었던 얼굴을 만나게 되는 것이다. 뒤의 시에서는 화해할 수 없는 삶의 편린들을 읽어냄으로써 시적 화자의 모순된 행동과 태도에 공감하게 되는 것이다. 이 시는 철저하게 개별화된 사적인 공간이다. 시적 화자는 비비새 우는 창가에서 추억의 불씨를 지피며 밤새 긴 편지를 쓰고, 상대로부터 걸려온 전화는 끝없이 울리고, 그 소리가 결국에는 "울음"으로 변하여 화자를 울리고 만다. 이런 파국의 원인은 오직 "눈빛으로도 알 수 없는 / 우리들의 거리"라는 대단히 막연한 것이지만 우리의 관계를 어찌해볼 도리가 없는 절박함으로 드러내는 사적 공간의 창조가 미적 감흥을 주게 된다.

그러나 전반적으로 80년대 시인들에게서는 아직 사적 공간을 그리는 다원성이 다소 미약하게 감지되는 것은 무엇 때문일까? 그 원인이 시조 양식의 장르적 속성 때문이라고만 하기에는 아무래도 석연치 않은 점이 많다. 혹여 절제된 언어 미학의 바다에 빠져 허우적대는 것은 아닌지 염려가 된다. 이것은 정신적 살림살이보다는 표현의 문제에 집착하고 있다는 말과 크게 다르지 않다. 1980년대 시인들에게 다양한 읽을거리와 재미를 기대한다. 이제는 더 이상 독자를 외면하거나 무시하는 시는 시가 아니다. 시의 독자는 시인들만큼이나 상상력과 감수성이 계발되어 있기 때문이다. 지금 우리의 문학 현실은 시인이 독자이고, 독자가 시인인 시대에 접어들어 시인과 독자 사이의 경계선 다시 긋기를 모색하고 있는 중이라는 것을 잊지 말자.

임환모 (林桓模)

1958년 전남 영암 출생
전남대학교 및 동 대학원 졸업
문학박사
현재 전남대학교 국어국문학과 교수
limhm@jnu.ac.kr

저서

『문학적 이념과 비평적 지성』(1993)
『송기숙의 소설세계』(편저, 2001)
『우리시대의 시인연구』(공저, 2001)
『글쓰기』(공저, 2005; 2007)
『호남문학과 근대성 연구 1』(공저, 2007) 등

한국 현대시의 형상성과 풍경의 깊이

2007년 10월 20일 인쇄
2007년 10월 30일 발행

저 자 — 임환모
발행인 — 강정채
발행처 — 전남대학교출판부

등록 1981. 5. 21. 제53호
500-757 광주광역시 북구 용봉동 300
TEL. (062) 530-0571~3
FAX. (062) 530-0579
http://altair.chonnam.ac.kr/~cnup

값 13,000 원

ISBN 978-89-7598-635-2 (93800)

이 도서의 국립중앙도서관 출판시도서목록(CIP)은 e-CIP홈페이지(http://www.nl.go.kr/cip.php)에서 이용하실 수 있습니다. (CIP제어번호: CIP2007003408)